Victor von Hagen

Capac Ñan

Die Schicksalsstraße der Inka

Deutsch von Gustav Kilpper

Rowohlt

Die Originalausgabe
erschien unter dem Titel
The Royal Road of the Inca
im Verlag Gordon & Cremonesi, London
Schutzumschlag- und Einbandentwurf
von Werner Rebhuhn
(Foto Loren A. McIntyre)

1. Auflage August 1978

Printed in Germany
ISBN 3 498 02842 1

Inhaltsverzeichnis

Zeittafel

1526 *März.* Vertrag zwischen Francisco Pizarro, Almagro und Fernando de Luque über die Suche nach Peru

Januar. Vertrag zwischen Spanien und Frankreich: Franz I. wieder frei

1527 Francisco Pizarro auf der Insel Gallo

Die Medici werden aus Florenz vertrieben

Francisco Pizarro landet zum erstenmal in Tumbes

1529 Francisco Pizarro erhält einen königlichen Vertrag über die Eroberung von Peru

Kardinal Wolsey verliert sein Amt als Lordkanzler von England

Sultan Suleiman greift Wien an

1532 *16. Mai.* Francisco Pizarro landet in Tumbes und marschiert landeinwärts auf Cajamarca

Hernando de Soto sieht als erster Europäer die Königsstraße über die Anden

16. November. Gefangennahme Atahualpas

1533 *April–Januar 1534.* Hernando Pizarro reist über die Inkastraßen nach Pachacamac

Heinrich VIII. läßt sich von Katharina von Aragon scheiden und heiratet Anna Boleyn

Juli. Verteilung von Atahualpas Lösegeld. Atahualpa wird getötet

August. Die Konquistadoren wenden sich südwärts nach Cuzco

Dezember. Francisco Pizarro marschiert in Cuzco ein.

Manco Capac wird Marionetten-Inka

1534 *23. März.* Cuzco als spanische Stadt neu gegründet

Juni. Sebastián Belalcázar erobert Quito

Der Jesuitenorden wird gegründet

1535 *5. Januar.* Lima als koloniale Hauptstadt von Peru gegründet. Sir Thomas Morus enthauptet

Felipe Huamán Poma de Ayalá in Cuzco geboren

Francisco Pizarro und Almagro unterzeichnen eine neue Vereinbarung über die Teilung von Peru

3. Juli. Diego de Almagro beginnt den Marsch nach Chile

1536 *6. Mai.* Aufstand von Manco Capac, Belagerung von Cuzco

Heinrich VIII. befiehlt die Hinrichtung von Anna Boleyn

1537 Almagro kehrt von seiner Reise zurück und hebt die Belagerung von Cuzco auf

1538 Almagro und die Männer von Chile werden in der Schlacht von Las Salinas von Francisco Pizarros Streitkräften geschlagen; Almagro wird auf Befehl von Hernando Pizarro erwürgt

1539 Francisco de Orellana entdeckt den Amazonas

17. April. Garcilaso de la Vega, «der Inka», in Cuzco geboren

1540 Pedro de Valdivia bricht zur Wiedereroberung von Chile auf

Heinrich VIII. läßt Thomas Cromwell enthaupten

1541 *26. Juli.* Francisco Pizarro wird von den «Männern von Chile» ermordet

August. Pater Vicente de Valverde wird auf der Insel Puná von den Eingeborenen getötet

Ungarn wird von den Türken überrannt

1542 *16. September.* Schlacht von Chupas

Francisco de Carbajal kommt nach Peru

20. November. Karl V. erläßt die «Neuen Gesetze zum Schutz der Indianer»

Manco Capac errichtet die letzte Hauptstadt der Inka in Vilcabamba
Maria Stuart wird Königin von Schottland
Kopernikus veröffentlicht sein Werk über das Sonnensystem

1543 *30. Juni.* Vaca de Castro erläßt die *Ordenanzas de Tambos,* die den Unterhalt der Inkastraßen und Tampu regeln

1544 Der erste Vizekönig von Peru, Blasco Núñez, kommt an
Oktober. Gonzalo Pizarro erklärt den Krieg gegen den Vizekönig und verfolgt ihn bis Quito

1545 Entdeckung der reichsten Silberminen der Welt in Potosí, Bolivien
Konzil von Trient

1546 Der Vizekönig Blasco Núñez wird geschlagen und enthauptet

1547 Schlacht von Huarina
Pedro de Cieza de León kommt nach Peru
Heinrich VIII. stirbt, sein Sohn Eduard VI. wird gekrönt
Cervantes wird geboren

1548 Bürgerkrieg zwischen der spanischen Krone und den Streitkräften von Gonzalo Pizarro
9. April. La Gasca besiegt Pizarro und Carbajal und läßt sie hinrichten
Pedro de Cieza wird zum «Ersten Chronisten der Indien» ernannt
August. Neuverteilung der *encomiendas* durch La Gasca

1552 Antonio de Mendoza, der zweite Vizekönig von Peru, kommt an

1553 Cieza veröffentlicht seinen ‹*Teil I der Geschichte von Peru*›

1554 Cieza stirbt

1617 Vásquez de Espinosa reist durch Peru

1799–1804 Alexander von Humboldt reist durch Ecuador und Peru

1848 William H. Prescott veröffentlicht seine ‹*Eroberung von Peru*›

1852–1880 Sir Clements Markham reist durch Peru

1877	E. George Squier veröffentlicht sein ‹*Peru*› – es gehört mit zum wichtigsten Quellenmaterial für das Studium der Inkastraßen
1911	Hiram Bingham entdeckt Machu Picchu
1931	Robert Shippee und Leutnant Johnson bahnen durch ihre Luftaufnahmen den Weg für das Studium der Inkastraßen; sie entdecken die «große Mauer von Peru»
1938	Alberto Regal, ‹*Los Caminos del Inca en el Antiguo Peru*›, Lima
1947	Victor W. von Hagen beginnt mit dem Studium der Inkastraßen
1952–1960	Von Hagen erforscht systematisch die Inkastraßen
1967	Gene Savoy entdeckt die letzte Hauptstadt der Inka in Vilcabamba

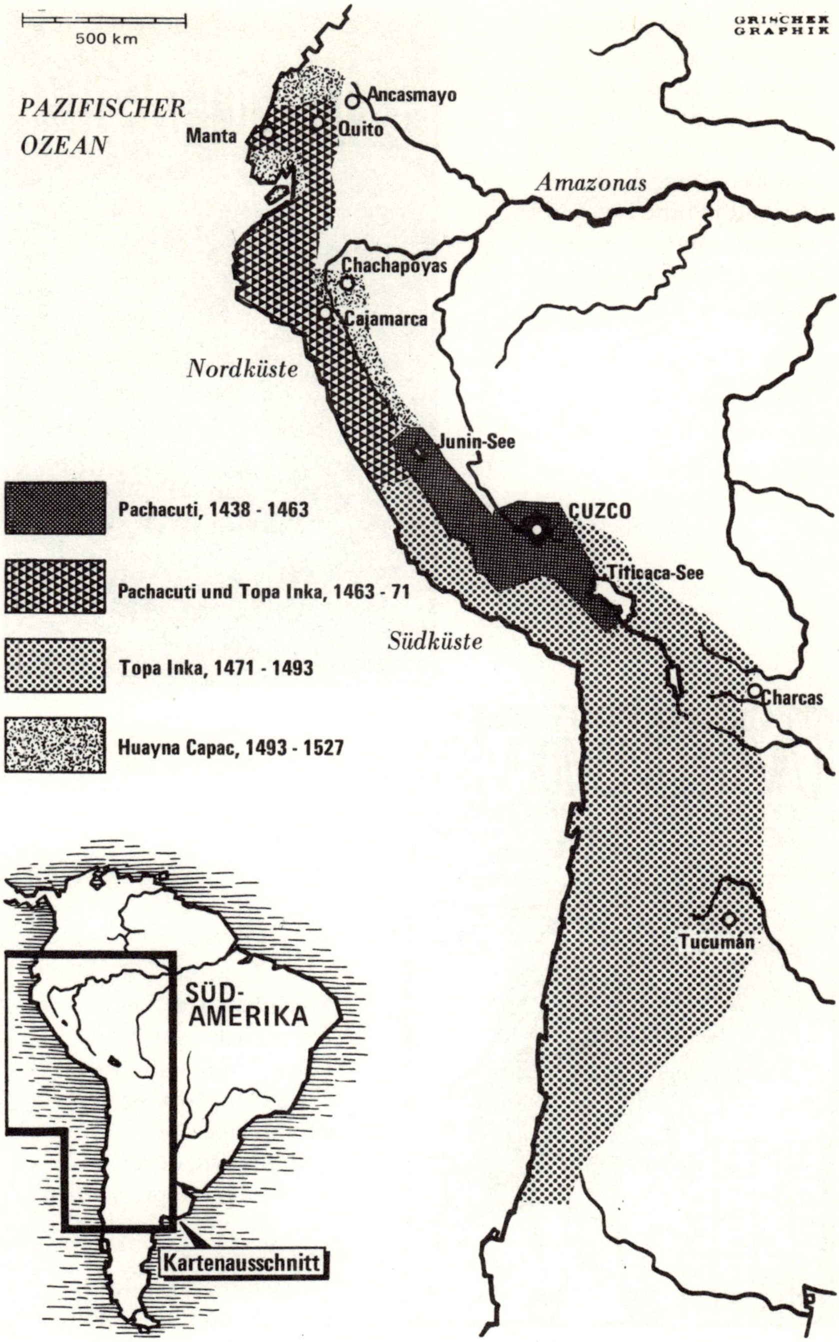
500 km
GRISCHEK GRAPHIK
PAZIFISCHER OZEAN
Ancasmayo
Manta
Quito
Amazonas
Chachapoyas
Cajamarca
Nordküste
Junin-See
CUZCO
Titicaca-See
Südküste
Charcas
Tucumán
Pachacuti, 1438 - 1463
Pachacuti und Topa Inka, 1463 - 71
Topa Inka, 1471 - 1493
Huayna Capac, 1493 - 1527
SÜD-AMERIKA
Kartenausschnitt

Kurier der Inka (Chasqui), von Jugend an darauf trainiert, in großen Höhen zu laufen. In einem Staffellauf von jeweils drei Kilometern konnte eine mündliche Botschaft in fünf Tagen über eine Entfernung von 2000 Kilometern weitergeleitet werden.

Ein Inkakurier, der ein Quipu hält, eine Reihe von Schnüren, die von einer Hauptschnur herabhängen. Halbknoten, die in die Schnüre geknüpft wurden, bedeuteten Dezimaleinheiten und dienten als Gedächtnisstütze für Berichte und Botschaften.

KAPITEL

I

Capac Ñan, die schöne Straße

Dies ist die Geschichte einer Straße – nicht einer gewöhnlichen Straße, sondern der Königsstraße der Inka. Die ersten Spanier, die sie sahen und auf ihr reisten, priesen sie als «die längste und großartigste der Welt», während die Inka selbst sie Capac Ñan, die «schöne Straße» nannten.

Sie wurde zu einer Zeit erbaut, in der die Menschen in Europa, in dem große Gegensätze herrschten, die Landverbindungen eher zu unterbinden versuchten, weil sie ihnen als Sicherheitsrisiko erschienen. In Peru war jedoch genau das Gegenteil der Fall: Die Straße wurde geplant und erbaut, um durch sie ein weites und vielgestaltiges Gebiet zu einigen, das die geographischen Extreme des Gebirges und des Dschungels in sich einschloß.

An den öden Küsten von Peru und Chile war jede an einem Fluß gelegene Oase von ihren Nachbarn durch einen breiten Streifen unbewohnbarer Wüste getrennt, der nicht nur eine geographische, sondern auch eine kulturelle Barriere bedeutete. Die Inkastraße verband diese Oasen miteinander. In den Anden gab es bis zum Auftreten der Inka eine große Zahl von verschiedenen Stämmen, von denen jeder vom Kontakt mit anderen durch oft unüberwindliche Hindernisse – Flüsse, Berge und tiefe Schluchten – getrennt war. Nachdem diese über eine Entfernung von 5000 Kilometer von den bei jedem Wetter passierbaren, überallhin vordringenden Straßen – denn es gab nicht nur eine Straße, sondern ein ganzes Straßennetz – miteinander verbunden worden waren, gab es für die Einigung kein Hindernis mehr. Querstraßen, die von den Hauptstraßen abzweigten und in den Dschungel vorstießen, wurden gebaut, und so nahm ein umfassendes Netz von Verbindungen Gestalt an.

Auf diese Weise überwanden die Inka die geographischen Gegensätze und integrierten die vielfältigen Stämme zu einem politischen Ganzen, dem Tihuanti-suyu, dem Reich der vier Provinzen.

Es war jedoch gerade dieses Straßensystem, das den Inka zum Verhängnis wurde; als ein neues Volk aus der Alten Welt, das mit überlegenen Waffen ausgerüstet war, in ihr Land eindrang, trug die Leistungsfähigkeit ihres Straßennetzes mit seinen Brücken, den vielen ständig besetzten Wegstationen und seinem Kuriersystem mehr als jeder sonstige Faktor zur endgültigen Zerstörung des Inkareiches bei. Dieses Straßensystem war so gut durchdacht und der Geographie des Landes so gut angepaßt, daß die Eroberer gar nicht anders konnten, als es zu benutzen. Die Wegstationen, die Tampu, wurden zu Dörfern, die Dörfer zu Städten und entwickelten sich vom achtzehnten Jahrhundert an zu Metropolen. Ausnahmslos hat jede große Stadt im westlichen Teil von Südamerika – Quito, Cajamarca, Juaja, Cuzco und Arequipa, und an der Küste Trujillo, Lima, Ica und, 3400 Kilometer im Süden, Concepción in Chile – ihren Ursprung in der Inkavergangenheit.

Diese «längste und großartigste Straße der Welt», deren Hauptschlagadern von Quito in Ecuador nach Cuzco in Peru, nach Chuquisaca in Bolivien, dann tief nach Chile hinein und an der Küste entlang zurück nach Ecuador – eine Gesamtentfernung von über 8500 Kilometer – verliefen, stellte die Bühne dar, auf der über tausend Jahre Geschichte abrollten.

Die Route, der die Straße folgte, war schon tausend Jahre vor der Ankunft der Inka in Gebrauch. Dann begannen die Inka seit ungefähr 1100 n. Chr. mit ihren Eroberungen, die dazu führten, daß sie ihrem Reich Stämme eingliederten, die schon viele Jahrhunderte vorher in diesem Gebiet lebten und in manchen Fällen sogar eine höher entwickelte Kultur als sie selbst hatten.

Mit den Inka rückten auch die Straßen vor, indem sie ihren Heeren folgten oder ihnen auch oft vorauseilten. 1493 schließlich – in dem Jahr, in dem Christoph Kolumbus auf seiner dritten Reise in die Neue Welt an der Atlantikküste Südamerikas erschien – war das ganze Reich von Chile bis Quito durch ein bei jedem Wetter benutzbares Straßennetz erschlossen.

1532 tauchte Francisco Pizarro mit seiner kleinen Schar von Anhängern in Peru auf. Schon im ersten Augenblick, als sie in Tumbes, einer Küstenstadt am äußersten nördlichen Rand des Inkareiches, Fuß faßten, wurden sie mit den Straßen bekannt, die entscheidend für den Erfolg ihrer Eroberungszüge wurden. «Wir marschierten auf einer breiten Straße», schrieb der offizielle Schreiber, «die von Menschenhand erbaut war und das ganze Land durchzog. Neben der Straße fließt Wasser in Kanälen. Am Ende einer Tagesreise gibt es ein Tampu, ähnlich einer Herberge. Teilweise ist die Straße gepflastert und auf beiden Seiten von einer Mauer eingefaßt. Zwei Karren können nebeneinander fahren; auf vielen Strecken sind auf beiden Seiten Baumreihen gepflanzt, um Schatten zu spenden.» In den Anden «wo die Straße durch das Gebirge geht, ist sie gepflastert; sie ist so breit, daß sechs Männer auf Pferden nebeneinander reiten können».

Der erste Eindruck, den diese Straßen auf die Spanier machten, war so stark, daß er auch im Laufe der Zeit nicht verblaßte. Indem sie dem Zickzack der Treppenstraße in die Kordilleren hinauf folgten, brauchten sie nur zwei Reisetage, um von der Küste auf eine Höhe von 3300 Meter über Meereshöhe hinaufzusteigen. Diese Straße bestand aus einer langen Reihe von ohne Mörtel verlegten Steinstufen mit Abzweigungen und Rastplätzen. Der Schreiber bemerkte: «Die Straße war sehr steil, aber außer dieser Straße gab es keine andere Möglichkeit des Aufstiegs.»

Was muß das für ein Gegensatz zu den Straßen Europas gewesen sein, die sie gerade erst verlassen hatten! Wie ein Reisender aus dem sechzehnten Jahrhundert sagte, brauchte man auf ihnen «das Auge des Falken, das Ohr des Esels, das Gesicht des Affen, die Sprache des Händlers, den Rücken des Kamels, das Maul des Hundes und den Fuß des Rehs», um an seinen Bestimmungsort zu gelangen.

Die Inkastraße war Pizarro im Geist gegenwärtig, als er den Brief diktierte, der dem König von Spanien die erste Nachricht von der Eroberung übermittelte. Bekannt als *‹Pizarros Brief›* wurden die Exemplare dieses Briefes, nachdem er gedruckt war, so begierig gelesen und von den vielen Händen so vollständig zerfleddert, daß keines mehr existiert. Man darf aber annehmen, daß der wesentliche Inhalt von Pizarros Brief in einer kleinen Broschüre enthalten ist, die 1534 in Lyon unter dem seltsamen Titel ‹*Nouvelles de certaines Isles de Perou*› veröffentlicht wurde. Dort wird die Inkastraße fünfzehnmal auf den fünfzehn kleinen Halboktavdruckseiten erwähnt: *«Les chemins du pays sont fort beaux et larges.»* Im gleichen Jahr erschien das Buch ‹*Die wahre Geschichte der Eroberung . . .*›, geschrieben von Pizarros Sekretär Francisco de Xeréz. Die einzige Abbildung darin zeigt Atahualpa, wie er in seiner Sänfte den Spaniern gegenübersitzt, während im Vordergrund, deutlich dargestellt, die gepflasterte Inkastraße mit Bordschwellen und allem Zubehör zu sehen ist.

Direkt an der Inkastraße lag auch der Ort, an dem Pizarro den inzwischen gefangengenommenen Großinka Atahualpa festhielt. Der Großinka hoffte freizukommen, indem er sich erbot, seinen Gefängnisraum zweimal mit Gold und einmal mit Silber zu füllen. Hernando Pizarro, der Bruder des Konquistadors, machte sich auf den Weg, um den Strom des Inkalösegeldes aus den Hunderte von Kilometern entfernten Heiligtümern an der Küste zu beschleunigen. Obwohl er dieses Ziel hartnäckig verfolgte, war er von den Straßen der Inka so beeindruckt, daß er auf seiner Reise nach dem Gold ausrief: «Die Königsstraße über das Gebirge ist etwas, das man wirklich gesehen haben sollte, weil das Gelände so wild zerklüftet ist. Solche schönen Straßen kann man wahrlich nirgends im Abendland finden. Zum größten Teil sind sie gepflastert. Über alle Flüsse gibt es Brücken; es gibt zahlreiche Hängebrücken, die wunderbar anzusehen sind.»

Pedro de Cieza de León, der erste Historiker des Inkareiches und seiner Straßen, kam 1547 nach Peru. Um diese Zeit – vierzehn Jahre nach der Eroberung – war das Reich schon zerstückelt, die beiden früher die Macht ausübenden Konquistadoren Almagro und Pizarro waren tot, und Bürgerkriege zwischen den Überlebenden hatten deren Zahl weiter reduziert.

Gonzalo Pizarro, der als letzter der vier Pizarros noch am Leben und in Peru war, war damals der Herr des Landes. Er hatte die Waffen gegen seinen Lehnsherrn Karl V. erhoben, und ein Bischof,

1532 wurde Atahualpa, der letzte Herrscher des Inkareichs, in der nordperuanischen Stadt Cajamarca von Francisco Pizarro gefangengenommen. Um sich von den Spaniern freizukaufen, versprach ihnen Atahualpa den oben gezeigten Raum zu drei Vierteln mit Gold füllen zu lassen. Obwohl er sein Versprechen erfüllte, wurde er 1533 auf Befehl von Pizarro öffentlich hingerichtet, indem man ihn erdrosselte.

Das von den Inka hoch in den Anden errichtete Machu Picchu ist heute die am besten erhaltene inkaische Ruinenstadt. Sie lag an der Grenze des inkaischen Machtbereichs, rund 110 km nordwestlich von Cuzco, 600 Meter über dem Urubamba-Fluß auf einem steilen Gebirgsgrat. Die Stadt, deren Entstehungszeit bis heute unbekannt ist, war nur über einen einzigen Bergpfad zu erreichen, der über die Anden führte.

Die Architektur der Stadt zeugt nicht nur von der hohen kulturellen Entwicklung, sondern auch vom technischen Können ihrer Erbauer. Aus Granit, der in den umgebenden Bergen gebrochen wurde, errichtete man Tempel, Opferstätten, eine Sonnenwarte, Häuser und Kasernen, die durch Treppen miteinander verbunden waren. Landwirtschaftlich nutzbare Terrassen umgaben die Stadt. Mit dem Bau von Machu Picchu vollbrachten die Inka wahrscheinlich die eindrucksvollste technische Leistung des alten Amerika. Links: Tempelbezirk von Machu Picchu. Oben: Blick in den sogenannten Kasernenbezirk.

Machu Picchu wurde wahrscheinlich nach der spanischen Eroberung verlassen, obwohl nie ein spanischer Konquistador seinen Fuß in diese Stadt gesetzt hatte. Vier Jahrhunderte lang geriet die Stadt in völlige Vergessenheit, bis der amerikanische Archäologe Bingham 1911 die alte Bergfestung wiederentdeckte. Blick auf den Tempelbezirk.

Pedro de La Gasca, war gekommen, um die Revolte niederzuschlagen. Dieser war mit nichts anderem bewaffnet als einer Mappe mit könglichen Blankodekreten mit der Unterschrift und dem Siegel des Königs von Spanien. Der Bischof konnte also einfach durch Federstriche vergeben oder verdammen.

Noch nie zuvor war die Feder eine so viel wirksamere Waffe als das Schwert gewesen: Männer, unter denen auch Pedro de Cieza de León war, wurden dadurch angestiftet, die Seite zu wechseln. In seinen unnachahmlichen Historien dieser Zeit hat uns Pedro de Cieza ein faszinierendes Bild von den letzten Spuren des Inkareiches, zu dem auch seine Straßen gehören, hinterlassen.

Ums Jahr 1550 wurden die Konquistadoren durch die Siedler abgelöst, und mit ihnen kam auch eine kleine Schar von Patres, deren Aufgabe es war, neben der Durchführung der Heirats- und Begräbniszeremonien, dafür zu sorgen, daß die Indianer bekehrt wurden. Zu dieser Gruppe gehörte der gelehrte Jesuit José de Acosta; interessiert und tolerant, zählt er zu den Chronisten der Inkastraße. Weitere Patres folgten: der gebrechliche Cristóbal de Molina, dessen Gebrechlichkeit noch durch die Anstrengung, mit Diego de Almagro «bis ans Ende der Erde», nämlich Chile, zu reisen, verschlimmert wurde; Antonio Vásquez de Espinosa, der 1617 ausgesandt wurde, um die Häupter der Indianer, die Gottes Kreuz angenommen hatten, zu zählen; und viele andere.

Das Zeitalter der Aufklärung brachte dann im achtzehnten Jahrhundert französische und spanische Naturphilosophen in das alte Reich der Inka. Leutnant Jorge Juan war, wie andere mit ihm, überrascht von den Resten der Inkastraße, auf die sie noch überall im Andenreich trafen. Sie schrieben ihre Eindrücke auf und trugen dazu bei, das Bild zu vervollständigen. Das gleiche gilt für Alexander Freiherr von Humboldt, der seine Reisen machte, um «Wissen zu erlangen». Nachdem er Hunderte von Kilometern auf den Inkastraßen gereist war, nannte er sie «die nützlichsten und erstaunlichsten Werke, die der Mensch je geschaffen hat». Seine vielen Schriften enthalten eine Fülle von Hinweisen auf sie.

William Prescott, der die Straßen nicht selbst sah, weil er fast blind und nie nach Südamerika gereist war, bezog seine Informationen für seine ‹*Eroberung Perus*› aus originalen spanischen Quellen. Er berichtete, wie «die Straße weglose, von Schnee bedeckte Gebirge überwand; meilenweite Stollen – wahrscheinlich wäre ‹meterweit› das zutreffendere Wort gewesen – wurden durch den gewachsenen Fels gehauen; Flüsse wurden auf schwankenden Hängebrücken überquert; Abstürze wurden auf aus dem Felsgrund ausgehauenen Treppenwegen erstiegen – Schwierigkeiten, die die mutigsten Ingenieure moderner Zeiten abgeschreckt hätten».

Prescotts Beschreibungen riefen eine neue Generation von Reisenden auf den Plan, die nun mit Meßband und Camera lucida kamen, um wissenschaftliche Untersuchungen über ihre Beobachtungen anzustellen. Sir Clements Markham, dem Prescott gesagt hatte, er müsse sich die Inkastraßen mit eigenen Augen ansehen, griff die Anregung auf und leistete einen bedeutenden Beitrag zur archäologischen Literatur über dieses Thema. Ephraim George Squier, ein New Yorker, der sich trotz äußerster Armut eine technische Ausbildung erworben hatte und neben vielen anderen Fähigkeiten Geometer war, verlieh dem Zweig der Archäologie, der sich mit Peru auseinandersetzte, eine neue wissenschaftliche Exaktheit. Ihm verdanken wir die einzigen authentischen und genauen Illustrationen der inkaischen Hängebrücken, die es zu seiner Zeit noch gab.

Hiram Bingham, der berühmte Entdecker von Machu Picchu, reiste nach Peru, weil er ein Bild der Brücke über den Apurimac in Squiers Buch gesehen hatte. Er folgte den alten Straßen bis vor die Tore der letzten Hauptstadt der Inka.

Während der ersten vier Dekaden des zwanzigsten Jahrhunderts erforschten Wissenschaftler, Reisende und Archäologen, was von dem einst so gewaltigen Straßennetz noch übriggeblieben war. 1931 stießen Robert Shippee als Pilot und Leutnant Johnson als Luftfotograf in ihren Aufnahmen immer wieder auf Spuren der Inkastraßen; aber da den Straßen nicht ihr Hauptinteresse galt und sie nicht die Möglichkeit hatten, auf dem Boden an den Entdeckungen zu arbeiten, die sie fotografiert hatten, blieben diese bruchstückhaft. Ein peruanischer Wissenschaftler versuchte dann, das Straßennetz zu rekonstruieren, indem er die alte und die moderne Literatur über das Thema eingehend studierte. Seine Mühe blieb jedoch vergeblich, denn die Erde selbst, in die die Straßen geschrieben waren, mußte erforscht werden.

1934 kam der Autor dieses Buches nach Ecuador, um sich mit dieser Aufgabe auseinanderzusetzen. Die damals noch fragmentarische Suche wurde sporadisch bis 1952 fortgesetzt, wo dann unter der Schirmherrschaft der American Geographical Society eine Expedition in Peru ins Leben gerufen wurde, die für eine vollständige Erforschung der dortigen Natur und der Bauweise und Geschichte des inkaischen Straßennetzes ausgerüstet war.

Diese Feldforschung dauerte bis 1958 und führte zu der ersten kartographischen Erfassung des Straßensystems. Diese Arbeit erschloß den Archäologen den ganzen südlichen Teil von Peru, den sie zuvor kaum berührt hatten. Neue archäologische Gebiete wurden im Norden erschlossen, und das Bemühen der Expedition, die Straßen zu finden, die zu der letzten Hauptstadt der Inka in Vilcabamba führten, die in den Wäldern des oberen Amazonas begraben war, wurden 1965 zum Anstoß für die von Gene Savoy geleitete Expedition, die sie schließlich fand.

Erstes und einziges authentisches Bild von Atahuallpas Begegnung mit den Spaniern. Er hält eine Bibel in der Hand, während Pater Valverde mit ihm spricht. Hinter Valverde die Pizarros. Im Vordergrund eine Kurve der Inkastraße (aus «La Historia Verdadera ...» von Francisco de Xere, Sevilla 1535).

KAPITEL

II

Im Reich der Quitu

Die Königsstraße des Chincha-suyu (der Luchs-Provinz – einer der vier Provinzen des Inkareichs) erschien den ersten Europäern, die sie 1533 sahen, als die längste zusammenhängende Straße der Welt. Nach ihrem Beginn beim heiligen Schrein von Cuzco, wo der Reisende eine *mocha*, eine ehrfürchtige Verbeugung machte, um sich zu vergewissern, daß er eine sichere Reise haben würde, führte die Straße nach Quito und noch weiter darüber hinaus – auf eine Entfernung von 2100 Kilometer. Am nördlichen Ende dieser Straße begann der Soldat und Chronist Pedro de Cieza de León im Jahre 1547 seine Reise durch das Inkareich.

Was man über die Umstände seiner Geburt weiß, läßt einen kaum erwarten, daß Cieza, wie er gewöhnlich genannt wird, der erste bedeutende Chronist der Inka werden würde. Er wurde in Villa de Llerena in Spanien als Sohn des kleinen Ladenbesitzers Lope de León geboren.

Bevor er nach der Neuen Welt abreiste, «in einem so zarten Alter, daß ich kaum dreizehn Jahre erreicht hatte», gelang es Cieza, sich eine gewisse Bildung anzueignen, obwohl er ganz offensichtlich keine Universität besucht hatte. Er gibt freimütig zu, daß seine Versuche, Geschichte zu schreiben, «vermessen waren von einem, der so wenig mit der Kunst des Schreibens vertraut war», aber er fand trotzdem zu einem gefälligen Stil und hatte den Blick des Forschers. Außerdem erlangte er, wie viele Menschen seiner Zeit, früh die geistige Reife.

Bei der Ankunft des peruanischen Schatzschiffes *Santa Maria del Campo* am 9. Januar 1534 in Sevilla wurde in ihm der sehnliche

Wunsch wach, das Glück in der Neuen Welt zu suchen. «Ich erinnere mich an die kostbaren Objekte aus Gold, die ich in Sevilla sah und die aus Cassamarca kamen, wo der den Spaniern versprochene Schatz von Atahualpa gesammelt worden war», und zweifellos hatte er – wie viele andere auch – die kleine Schrift ‹*La Conquista del Perú*› gelesen, die von einem Soldaten nach seiner Rückkehr nach Spanien als Anonymus herausgebracht worden war.

Im Jahr 1535 verließ Cieza mit der Zustimmung seines Vaters Spanien an Bord des Schiffes *Cifuentes* und ging in Cartagena «in den Indien» – zum Unterschied von den beiden anderen Städten desselben Namens in Afrika und Spanien – an Land. Er schloß sich sogleich einer Gruppe von Forschern an, die nach dem Sinú aufbrachen, und elf Jahre lang diente er als einfacher Soldat bei verschiedenen Unternehmungen, die die Stämme von Kolumbien erforschten und unterwarfen. Als er nach Peru kam, um einer Einberufung des Königs zur Niederwerfung eines dortigen Aufstands Folge zu leisten, war er sechsundzwanzig und hatte sich schon seit einiger Zeit sorgfältige Notizen über alles, was er gesehen hatte, gemacht. Ja, seine Aufzeichnungen waren schon so umfangreich geworden, daß er zu Fuß gehen mußte, damit sein Pferd sie tragen konnte.

Sobald die Abteilung, zu der Cieza gehörte, die Naturbrücke von Rumichaca – jetzt die Grenze zwischen Kolumbien und Ecuador und damals die Nordgrenze des Inkareiches – überschritten hatte, schrieb er in sein Tagebuch: «Die Zeit ist gekommen, um meine Feder den großen Dingen zu leihen, die von Peru zu erzählen sind.» Das erste und eindrucksvollste der «großen Dinge» war die Straße: «Zu den ersten Dingen, die meine Aufmerksamkeit erregten, gehörte, wie die großen und wunderbaren Straßen, die man in ihrem ganzen Reich findet, erbaut wurden; die Anzahl der Menschen, die erforderlich waren; welche Werkzeuge und Methoden angewendet wurden, um die Berge zu ebnen und Straßen durch den Fels zu brechen, damit sie so breit und zweckmäßig wurden, wie sie sind und wir sie heute sehen.»

Obwohl die Spanier weit herumgekommen waren, hatten sie kein anderes Land kennengelernt, dessen geographische Beschaffenheit auch nur entfernt derjenigen glich, die sie im Inkareich antrafen. Die

Küste, wo niemals Regen fiel, war eine über 5000 Kilometer lange Wüste. An ihr lagen über vierzig Flußoasen, wo Stämme wohnten, die Landwirtschaft betrieben. Weil Bäume ziemlich selten waren, waren die Götzenbilder dieser Küstenbewohner aus Holz. Da die drohende Sonne immer da war und nicht besänftigt werden konnte, war ihre Hauptgottheit, die über das Meer herrschte, der Mond. Das wichtigste Baumaterial war Lehm – daher auch ihre Vorliebe für die Töpferei, die schönste, die man kennt. Häuser und Tempel waren aus getrockneten Ziegeln – Adobe – erbaut, so daß ihre wunderbarsten Städte in Wirklichkeit aus nichts anderem als Lehm errichtet waren. Das war das eine Peru.

In den hohen Gebirgen fanden die Spanier völlig andere Umweltbedingungen vor, die das ausmachten, was wir das zweite Peru nennen wollen. Dieses Gebiet war mehr oder weniger ein baumloses Hochland, das mit hohem Gras bedeckt und über Mittag äußerster Hitze und in der Nacht äußerster Kälte ausgesetzt war. Regen gab es jeweils den Jahreszeiten nach, der Boden war fruchtbar und die Luft dünn, und das Gebiet war verhältnismäßig dicht besiedelt. Es gab tiefe Schluchten und Cañons, die, wenn es keine Straßen und Brükken gegeben hätte, die Stämme vollständig voneinander isoliert hätten, wie es ja auch der Fall war, bevor die Inkakultur entstand.

Östlich der Kordilleren war die Montaña – das dritte Peru. Die unaufhörlichen Regenfälle, die die Passatwinde heranführten, brachten in diesem Gebiet eine üppige Vegetation hervor, die in einer Höhe von 2400 Meter aus dichtem Wald aus Buschwerk und knorrigen Bäumen mit wunderbaren Blüten und im tiefer gelegenen Land aus tropischem Dschungel bestand. Die Inkastraßen durchdrangen sogar dieses unwirtliche Land.

Peru war also ein Land mit starken geographischen und klimatischen Kontrasten, und ähnliche Bedingungen herrschten auch im übrigen Inkareich, das außer Peru das heutige Ecuador und Bolivien, einen Teil von Paraguay, die gebirgigen Gegenden von Argentinien und fast ganz Chile umfaßte. Als Pedro de Cieza der Fahne seines Regenten auf der Königsstraße folgte, ermaß er die Größe der Leistung der Inka beim Bau der Straßen, die dieses weite Land zusammenhielten, und schrieb seine Gedanken darüber nieder.

Die Straßen der Inka in Chincha-suyu: Die großen Städte des heutigen Peru und Ecuador waren schon damals durch dieses Straßensystem miteinander verbunden.

Die Abteilung marschierte von Rumichaca im äußersten Norden des Inkareiches südwärts und erreichte als ersten Stamm die Cara im jetzigen Ecuador. Bevor diese besiegt und dem Inkareich einverleibt worden waren, waren die Cara einer der vielen unabhängigen Stämme der Anden. Ihre Häuser waren kreisförmig mit Mauern aus Lehm, und sie betrieben die Landwirtschaft, wie es in den Anden üblich war: sie bauten Mais, Quinoa (peruanischer Reis) und Kartoffeln an; die Meerschweinchen, die sie in ihren Häusern hielten, waren eine reichliche Quelle für Eiweiß; und auch sie hatten das Lama als Haustier.

1493, als Kolumbus sich in Spanien nach der Entdeckung der Neuen Welt in seinem ersten Triumph sonnte, begann Huayna Capac, der elfte Inka, mit der Unterwerfung der Cara. Dieses Unternehmen erforderte lange und verlustreiche Kämpfe. Der Widerstand des Stammes erbitterte Huayna Capac so sehr, daß er den Befehl gab, alle Häuptlinge am Ufer eines Sees zu enthaupten. Es floß so viel Blut, daß das Wasser sich rötete, und von da an wurde der See Yahuarcocha genannt – der See aus Blut. Caranqui wurde die neue Provinzhauptstadt. Alle dortigen Inkabauwerke wurden zwischen 1493 und 1527 errichtet. Diese Gebäude sah Pedro de Cieza, als er im Sommer 1547 mit seiner Abteilung durch den Ort kam.

«Vom Mira-Fluß», schrieb Cieza, «über welchen Hängebrücken gespannt sind, steigt man auf der Königsstraße zu den großen und prächtigen Wohnungen von Caranqui hinab, von wo man den See aus Blut sehen kann. Diese Wohnungen sind ein kleines Viereck. In der Mitte ist ein schön gebauter steinerner Teich. Die Paläste und Häuser der Inka sind ebenfalls aus schönen großen Steinen errichtet, die ohne Mörtel kunstvoll zusammengefügt sind – sie sind eine Augenweide. Es gab auch einen Sonnentempel, dessen Wände einst mit gehämmerten Gold- und Silberblechen bedeckt waren. Er ist jetzt zerfallen.» Jetzt sind dort nicht einmal mehr Spuren einer ehemaligen Steinmauer zu sehen, obwohl, wie aus Berichten aus der damaligen Zeit hervorgeht, 1735 eines der Gebäude noch gestanden hat.

Von Caranqui ging Pedro de Cieza «auf der berühmten Straße der Inka zur Siedlung Otavalo». Zwischen den Otavalo und den Caranqui hatte es eine lange Stammesfehde gegeben, aber irgendwie war es den Otavalo gelungen, als Stammeseinheit zu überleben. Sogar heute noch folgt der Otavalo-Indianer der Trasse der Inkastraße, auch wenn die Straße schon seit langem verschwunden ist. In ihrem südlichen Verlauf kreuzte die Straße dann einen schneebedeckten Paß nach Cochasqui, wo als Bestätigung der Existenz der Straße Inkaruinen gefunden wurden.

Hinter Cochasqui beginnen die Vulkane. Der schneebedeckte, zackige Gipfel des Cayambe ist der erste in einer Kette von dreißig, auf die der Reisende auf seinem Weg nach Süden trifft; manche davon sind noch tätig, und die meisten sind von ewigem Schnee bedeckt. Die Tätigkeit der Vulkane ist jahrhundertealt.

Pedro de Cieza beschrieb Quito, eine der bedeutendsten Stationen der Inkastraße, 25 Kilometer südlich des Äquators, «gesund und eher kühl als warm». In einer Höhe von 2800 Meter «lag es in einer Ebene wie in einer Mulde zwischen den hohen Bergen der Umgebung». In dem Jahrzehnt seit seiner Eroberung durch die Spanier war Weizen, der 1540 von dem flämischen Priester Jodôko Ricke mitgebracht worden war, angepflanzt worden, man hatte Gerste eingeführt, und die Kolonisten hatten die wärmeren Täler mit europäischen Obstbäumen, wie Orangen und Limonen, dicht bepflanzt und sogar angefangen, Weintrauben anzubauen. Cieza beschreibt die Bewohner von Quito als «von mittlerer Größe, gut aussehend und noch mit den Lebensformen, wie sie die Inka eingeführt hatten».

Das Kontingent der Männer des Königs, zu dem Cieza gehörte, eine der vielen Gruppen, die in Befolgung der Einberufung des Königs auf der Straße marschierten, wurde in Quito freundlich empfangen, und zwar mit gutem Grund: der Eroberer von Quito, Sebastián Belalcázar, der der Lehnsherr des Landes war, führte persönlich das Kontingent an.

Ein Viertel seines Lebens war er zwar ein unbeschriebenes Blatt – er konnte sich nicht an seinen Familiennamen erinnern, und der, den er trug, war einfach derjenige der maurischen Stadt, wo er geboren wurde – aber Don Sebastián war ein harter und erfolgreicher Mann. Er erzählte, daß er mit sechzehn Jahren ein Maultier durch einen

Faustschlag auf den Kopf getötet habe, weil das Tier sich nicht selbst aus einem Sumpf befreien konnte. Aus Furcht vor dem Zorn seines Vaters machte er sich nach Sevilla auf und ließ sich auf einem Schiff nach Panama anheuern. Dort entfaltete er eine Tatkraft wie kaum jemand: er übertraf im Marschieren, Kämpfen und sogar im Lieben alle anderen seiner Truppe. Er nahm am Sieg über die Inka teil, bekam einen hübschen Anteil an dem Lösegeld von Atahualpa, indem er 9909 Peso Gold und 407 Mark Silber erhielt und wurde 1534 mit der Verfolgung des letzten Inkagenerals Rumiñahui beauftragt. Die Inka gingen auf ihrem Rückzug nach Norden auf Quito zurück, steckten die Grasdächer der schönen Gebäude der Stadt in Brand und zogen sich noch weiter zurück. An Pfingsten 1534 fiel Quito in die Hände Belalcázars. Er wurde der Gründer von San Francisco de Quito.

Diesem Belalcázar folgte Pedro de Cieza, um der Einberufung zur Niederschlagung der Revolte von Gonzalo Pizarro Folge zu leisten.

Gonzalo hatte 1542, nach seiner Rückkehr von einer abenteuerlichen Expedition in den Dschungel des Oberlaufs des Amazonas – den er entdeckte –, erfahren, daß sein Bruder Francisco tot und das Inkareich zwischen den Anhängern der ersten Eroberer Francisco und Diego de Almagro – der auch schon tot war – aufgeteilt worden war. Vom Indienrat waren die sogenannten «Neuen Gesetze» eingeführt worden, die unter anderem die Freiheit der Indianer proklamierten. Die zu Siedlern gewordenen Konquistadoren, denen bisher die Indianer durch die *encomienda* – das ihnen zugewiesene Gebiet, dessen Bewohner ihnen tributpflichtig waren – untertan waren, sahen sich plötzlich ihrer Arbeitskräfte beraubt, was zur Folge hatte, daß aller materieller Fortschritt zum Erliegen kam. Gonzalo Pizarro nahm auf Drängen der Mehrheit der Siedler den Titel *procurador* von Peru an und wurde der Anführer der Truppen, die Perus ersten Vizekönig umbrachten.

1546 wurde eine neue Streitmacht unter dem Befehl des Bischofs Pedro de La Gasca, der den Titel «Präsident» erhielt, gegen ihn ausgesandt. Daraufhin versuchte Gonzalo Pizarro, seine alten Hauptleute auf seine Seite zu ziehen. Am 8. April 1547 schrieb er an

Belalcázar und fuhr, nachdem er ihn von allem, was geschehen war, unterrichtet hatte, fort: «Wenn La Gasca Euch verleiten will, bedenkt, was wichtig für den einen ist und was den anderen berührt. Setzt mich von allem in Kenntnis, denn was Euch betrifft, betrifft auch mich, und was mich betrifft, betrifft auch Euch.»

Die Stämme in der Gegend von Quito waren wie fast alle den Inka, die sie in ihr Reich eingegliedert hatten, feindlich gesonnen, und im frühen fünfzehnten Jahrhundert hatten sie eine Liga gegen das Vordringen der Inka ins Leben gerufen. 1463 eroberte jedoch das Heer der Inka von Süden her die ganze nördliche Küste von Peru und dehnte das Reich bis Quito selbst aus. Straßen wurden erweitert, Stationen für die Kuriere (Chasqui) eingerichtet, und schließlich kam der Augenblick für die endgültige Eroberung durch die Inka. Huayna Capac eroberte Quito und dehnte bis 1493 die Grenzen des Reiches bis zur Naturbrücke von Rumichaca aus.

Wenn die Inka sich einem widerspenstigen Volk gegenübersahen, war es ihre Politik, Aufsässige zu gezähmteren Stämmen umzusiedeln und das Gebiet mit loyalen Untertanen neu zu bevölkern. Diese ketschuasprechenden Kolonisten, die Mitimaes, beschleunigten den Integrationsprozeß, indem sie viele Züge der Inkakultur mitbrachten: die Dreieraufteilung des Landes zwischen Volk, Religion und Staat; die Arbeitssteuer Mita; die Einrichtung von Lagerhäusern und andere neue Organisationsformen; und schließlich eine Ausdehnung des Straßennetzes mit seinem Post- und Kuriersystem und seinen vielen Tampu.

Es heißt, Huayna Capac habe Quito ins Herz geschlossen. Die gewohnten, gut gebauten Gebäude wurden hier errichtet: ein Sonnentempel, Häuser für die Adligen und ein besonders schönes Haus für Huayna Capac. In diesem Teil des Reiches wurde ihm ein weiterer Sohn geboren, den er Atahualpa («tapferer Truthahn») nannte. Dieser sollte dann die Katastrophe über das Inkareich bringen.

Die Königsstraße begann in Quito. «Trotz der großen Entfernung (2100 Kilometer) von Quito nach Cuzco, die größer ist als die zwischen Sevilla und Rom», sagte Pedro de Cieza, «ist die Straße belebt wie die von Sevilla nach Triana, was das Höchste ist, das man von ihr sagen kann.» Die Römerstraße, auf die er hier anspielt, ist die

Via Argenta, die nach 24 n. Chr. von Kaiser Tiberius erbaut wurde und von Salamanca nach Sevilla führte. Nur durch den Vergleich mit den Römerstraßen konnte Cieza seinen Lesern die Ausdehnung und Struktur der peruanischen Straßen begreiflich machen, denn es gab kein anderes derartiges Straßennetz in Europa.

«Wenn man Quito verlassen hat, kommt man zuerst in das Dorf Panzaleo. Die Leute dort unterscheiden sich von ihren Nachbarn besonders durch ihre Stirnbänder, denn auf diese Weise kann man die verschiedenen Stämme erkennen. Sie tragen eine Art von wollenem Poncho ohne Ärmel und Kragen. Als Schuhzeug tragen sie Sandalen aus der Faser einer Pflanze, die sie *cabuya* nennen, die Bäusche mit langen Dornen hervorbringt, aus denen die hanfenen Fasern für ihre Sandalen, für die Stirnbänder und auch für die dicken Seile gewonnen werden, die sie für die Taue verwenden, an denen sie ihre Hängebrücken aufhängen. Manche Frauen kleiden sich nach der Mode von Cuzco, sehr hübsch mit einer langen Decke, die sie vom Nacken bis zu den Füßen bedeckt. In der Taille gürten sie sich mit einem schön gewobenen Gürtel.»

Das nächste Dorf, in das die Truppe kam, war Mulahalo – das jetzige Mulalo –, wo es «große Wohnungen und Versorgungslager für die Inka und ihre Hauptleute, die hier durchreisten, gab». Das Dorf lag östlich des Flusses San Felipe, dem die Königsstraße folgte. In der Nähe ragte der schneebedeckte Gipfel des Cotopaxi in den blauen Himmel. Die Eingeborenen waren voll von Erzählungen über seine heftigen Ausbrüche. Dieser Vulkan war gerade tätig, als die Spanier 1534 das Gebiet eroberten, «damals gab es mehrere Tage lang einen Aschenregen».

Der Ort Tacunga – richtiger Llactacunga – folgte nach weiteren 25 Kilometern – der idealen Entfernung zwischen Haltepunkten. «In keiner Stadt, durch die wir kamen, waren die Häuser der Inka und die Wohnquartiere so prächtig wie in Llactacunga. Obwohl jetzt zerfallen, erkennt man noch ihre frühere Pracht, denn an manchen Mauern kann man noch gut sehen, daß die Darstellungen von Lamas vergoldet waren. Besonders in den den Inka vorbehaltenen Räumen war diese Pracht anzutreffen.»

Reste von diesen Gebäuden waren noch erhalten geblieben, als

Antonio de Ulloa zwei Jahrhunderte später, im Jahre 1735, den Schauplatz betrat. Sein Interesse für Altertümer war so groß, daß er die Überreste zeichnen ließ und die Zeichnungen in seinem Buch veröffentlichte.

Gut fünfzig Jahre später folgte ihm Alexander von Humboldt, der später so berühmte Geograph, in dieses Gebiet, und ihm verdankt die Archäologie die einzige fachmännische Beschreibung von Llactacunga sowie eine wunderbare Zeichnung. 1801 kam Humboldt, indem er der Route der Inkastraße nach Peru folgte, im dritten Jahr seiner fünfjährigen Expedition nach Llactacunga. Er stellte fest, daß das Gebäude ein Viereck bildete, dessen Seiten ungefähr fünfunddreißig Meter lang waren. Vier große trapezförmige Tore waren erkennbar. Es gab acht Räume; die Wände waren über fünf Meter hoch und etwa einen Meter dick. Achtzehn Nischen – das Leitmotiv der Inkaarchitektur – waren, wie Humboldt schrieb «in vollendeter Symmetrie» angeordnet.

Cieza bemerkte, daß «die Leute von Llactacunga in wollene, gut gearbeitete und schöne Ponchos gekleidet sind. Ihre Häuser sind aus Stein und mit Gras bedeckt. Sie trinken, wie alle Indianer Chicha, ein leicht alkoholisches Maisgetränk. Die Frauen sind liebenswürdig und manche sogar sehr hübsch.»

Ambato war das nächste Tampu. Der Ambato-Fluß, der nach Osten fließt, wurde auf einer Hängebrücke überquert, die so baufällig zu sein schien, daß ein Pater Angst bekam. Cieza schrieb: «Unterhalb von Ambato ist eine Seilbrücke über den Fluß, der sehr reißend und angeschwollen ist.»

Nach weiteren 15 Kilometern über das gleiche hochliegende, kühle Gelände erreichte die Straße Mocha – 3250 Meter hoch – und seine «prächtigen Wohngebäude, die so zahlreich und groß sind, daß ich überrascht war», wie Cieza schrieb. «Nachdem die Inkaherren nach 1533 ihre Macht verloren hatten, sind alle Paläste und Wohngebäude zerfallen, und in ihrem jetzigen Zustand sind nur noch die Umrisse zu sehen; aber da sie aus schönen Steinen gut erbaut waren, werden sie Jahrhunderte überdauern, ohne ganz zu verschwinden.» Gäbe es nicht diese Beschreibung und weitere aus dem folgenden Jahrhundert, so wäre es schwer, daran zu glauben, daß das ecuadorianische

Hochland wirklich von den Inka besetzt war, denn es existiert kaum mehr eine Spur von diesen Gebäuden.

Die Inkastraße, die in Ermangelung einer anderen Straße bis ins neunzehnte Jahrhundert benutzt wurde, verschwand ebenfalls im Zuge des Fortschritts, obwohl noch 1870 ein amerikanischer Naturwissenschaftler davon schrieb, «er sei über einen Abschnitt dieser antiken Straße, die mit behauenen Blöcken aus dunklem Porphyr gepflastert war, in Richtung auf Riobamba gereist. Sie ist nicht planiert, sondern paßt sich den Unregelmäßigkeiten des Geländes an.»

In den nächsten paar Tagen wurde das Land, durch das Cieza und seine Kameraden reisten, von dem erloschenen Vulkan Chimborazo beherrscht. Mit seiner Höhe von 6267 Meter war er jahrhundertelang als der höchste Berg der Erde berühmt. Alexander von Humboldt erstieg ihn 1802 und hielt ihn für den mächtigsten Berg der Welt. «Ich hatte mir mein ganzes Leben lang eingebildet, daß ich unter allen Sterblichen der einzige sei, der am höchsten in der Welt aufgestiegen war.»

Beim Chimborazo lag Riobamba – Lirepampa –, die Hauptstadt des Stammes der Puruhá. Das Gebiet war dicht bevölkert, hatte viele Dörfer, und wurde, obwohl sehr hoch gelegen, landwirtschaftlich sehr intensiv genutzt: Mais, Bohnen, Kürbis, Kartoffeln und Quinoa wurden angebaut. Die Sprache der Puruhá ist seit langem untergegangen, aber die noch existierenden Orts- und Familiennamen zeigen, daß der Stamm ein sehr ausgedehntes Gebiet bewohnte. Die Puruhá trugen ärmellose wollene Ponchos, aber man konnte sie am besten daran erkennen, daß sie ihr langes Haar, mit einer Schnur aus Fasern der *cabuya* zusammengebunden, als Kranz auf dem Kopf trugen. Cieza berichtete, daß «sie die in Cuzco übliche Sprache [Ketschua] sprechen, obwohl sie eine eigene besitzen. Im Westen liegt der schneebedeckte erloschene Vulkan Urcolazo [Chimborazo], wo es wenige Bewohner gibt. Diesem Gebirge entlang zieht sich die Straße, die zu der Küstenstadt Guayaquil führt.»

Von hier aus überquerte die Königsstraße, da es keine Alternative gab, in südlicher Richtung die hohe und kalte Puna, wie die trockenen, wüstenähnlichen Steppen über 3900 Meter hoch heißen. Es ist ein weites, ödes Land mit großen Flächen von hohem und hartem *ichu*-Gras, einer mageren Weide für die wilden Guanakos. Das Land wurde eine eintönige Reihe von Bergketten und Senkungen, über die die Königsstraße sich hinzog – fast neun Meter breit, vom Gras gesäubert, aber ohne festen Untergrund, da der harte Boden eine ausreichende Grundlage für den Verkehr einer Kultur bot, die keine Fahrzeuge mit Rädern kannte. Aber die Straße war von einer kleinen Mauer aus Feldsteinen, die durch Lehmzement verbunden waren, eingesäumt.

Auf ihrem Weg durch dieses Gebiet zog sich die Straße an einem eisgesäumten Teich entlang, dem Colta. Die Felsen an seinem Ufer waren mit Moos und Flechten bedeckt, und leuchtend blühende Lupinen entsprossen einem Teppich von wolligen Blättern. In der Nähe des Sees gab es kleine Rinnsale, die den Oberlauf des Guamote-Flusses bildeten, der dann dem Tambo de Guamote seinen Namen gab, und dieses Gebiet fand Cieza «überall eben und sehr kalt».

An dieser Stelle ist nur noch die Trasse der Inkastraße zu sehen, denn was von ihr noch erhalten geblieben war, wurde durch den Bau einer modernen Straße zerstört, die heute die fast arktischen Bedingungen des Knotenpunktes Tiocajas überwindet. Wie in den Zeiten von Cieza sind hier auch heute noch Reste einer Festung zu sehen. Die Indianer dieses Gebietes, die Cañari, wurden von den Inka, die dieses Gebiet erst kurz zuvor erobert hatten, gezwungen die Festung zu bauen, um das Gebiet gegen jegliche von Norden kommende Angriffe zu verteidigen.

Belalcázar, der an der Spitze der Kolonne ritt, rühmte sich, daß er 1534 hier, auf dieser öden und unbewohnten Puna, eine Schlacht gegen die inkaischen Verteidiger der Festung und ihren General Rumiñahui gewonnen hatte.

Ticsán, wo auch heute noch Ruinen eines Tampu und einer kleinen Festung vorhanden sind, liegt 3650 Meter hoch auf einem *páramo*, einer windgepeitschten Ebene. In der Nähe ist die heutige Stadt Alausi. In den Zeiten der Inka lag Ticsán an der Stelle, wo von der Hauptstraße eine Nebenroute zur Küste abzweigte.

Hier hatte 1492 Huayna Capac, der gleichzeitig die Invasion sowohl der Küstenregion als auch des Gebirges vorantrieb, gehört, daß einige seiner Häuptlinge auf der Insel Puná bei Guayaquil, dem wichtigsten Hafen für den Zugang nach Ecuador, ermordet worden waren. Es sind zwar nur 120 Kilometer von diesem Punkt nach Guayaquil, aber man muß die hohe Kordillere überqueren und durch die dicht bewaldete Montaña absteigen, denn hier liegen die westlichen Berge schon in der tropischen Zone. Trotzdem erzwangen die Ingenieure der Inka den Bau der Straße durch dieses Gebiet entlang des Oberlaufes des Flusses Alausi. Pedro de Cieza schreibt: «Huayna Capac befahl, daß eine Straße entlang des Guayaquil-Flusses, der sehr groß ist, gebaut würde. Diese Straße war, nach den Abschnitten, die noch erhalten geblieben sind, zu urteilen, großartig. Sie ist bekannt als der Paß von Huayna Capac.» Diese Beschreibung wurde durch die Funde und Entdeckungen der heutigen Ingenieure bestätigt, als sie mit dem Bau der neuen Straße begannen, die den Seehafen mit dem Gebirge verbindet und der Route der alten Inkastraße folgt.

Auf seinem weiteren Weg nach Süden notierte Cieza: «Rechts und links der Straße, auf der ich reise, gibt es ganz wenige Siedlungen und Tampu.» Die erste war Pomallacta – Achupallas –, wo Überreste eines Tampu zu finden sind und wo der kleine Sonnentempel Teil der Pfarrkirche geworden ist. Dann kam Sinazahuán, von dem Alexander von Humboldt berichtete, daß es für Reisende gefährlich sei. Es war dort überaus kalt und öde, und das Tampu lag 3350 Meter über dem Meeresspiegel.

Inzwischen hatte die Straße das Gebiet der Cañari erreicht. Um dorthin zu gelangen, stieg sie auf ihren höchsten Punkt an – über 4500 Meter – und verlief über eine häufig sturmgepeitschte Hochebene, um schließlich zum Tampu und den Wohnungen der Inka zu kommen. Im Juli 1801 schrieb Humboldt: «Man überschreitet den Paß der Anden, der *parama de Azuay* genannt wird, in einer Höhe von 4372 Meter. Das ist fast so hoch wie der Montblanc. Während unsere Maultiere nur mit großer Mühe über eine Distanz von siebeneinhalb Kilometern auf dem sumpfigen Boden vorankamen, konnten wir die Überreste der großartigen Inkastraße sehen; sie war etwa sieben Meter breit und ruhte auf tief in die Erde verlegten Fundamenten. Die Oberfläche der Straße war mit Blöcken aus schwärzlichem Porphyr gepflastert.»

Nun wandte sich die Straße südwärts nach Inga Pirca, wo es auch einen Palast gab. Dieser war an einem kleinen Fluß über der Schlucht von Intihuaynca erbaut, in deren Fels ein Bild der Sonne – *inti* – eingemeißelt ist. Die Ruine – es sind die einzigen noch existierenden Überreste eines Inkagebäudes in ganz Ecuador – hatte viele Zimmer. Es gibt auch einen ovalen Teil, typisch für den späten Inkastil, auf dem einst ein zweizimmriges Giebelhaus stand, das Humboldt zum Glück zeichnete, denn jetzt steht es nicht mehr. Ein Chronist, sowohl der Inka als auch der Spanier, zählt es als königlichen Ruhesitz auf.

Von nun an ging die Straße abwärts nach Tumpipampa. Die Berge traten zurück, die sonst eher rauhe Luft wurde fast mild. Die Felder waren purpurrot von Kartoffelblüten, und kilometerweit war die Straße von *cabuya*, einem fleischigen Kaktus, eingesäumt. In 2600 Meter Höhe quillt das Land scheinbar über von Fruchtbarkeit. In dieser «blühenden Ebene» lag Tumpipampa. Das Land selbst gehörte den Cañari.

Die Cañari, die das Hochland vom Chimborazo südwärts bis Loja bevölkerten, waren zweifellos «ein sehr großer, mächtiger Stamm, der über viele andere herrschte». Wie die anderen Stämme waren sie in erster Linie Ackerbauer und in zweiter Linie Krieger; der Ackerbau war trotz des ungünstigen Klimas weit verbreitet. Die Cañari hatten zu den meisten Nachbarn gute Beziehungen. Zu ihren Verbündeten gehörten die Jivaro, die das Gebiet des oberen Amazonas bewohnten, das zwar hoch gelegen, aber in zwei Tagesmärschen zu erreichen war. Zu den Ritualen der Jivaro gehörte es, von ihren getöteten Feinden Schrumpfköpfe herzustellen. Waren sie in Gefahr, verbündeten sie sich mit den Cañari, mit denen sie auch Handel trieben und von denen sie Chontaholz, Papageienfedern, Pfeilgift und verschiedene tropische Nahrungsmittel, wie Erdnüsse, Süßkartoffeln und Maniok, erhielten. Die Cañari waren ausgezeichnete Metallbearbeiter, und ihre Artefakte aus Gold, Silber und Kupfer waren so reich und so schön gearbeitet, daß die Goldgegenstände, die den Schmelztiegeln der Konquistadoren entgingen, die europäischen Goldschmiede des sechzehnten Jahrhunderts in Erstaunen versetzten. Kupfer war bei den Cañari so selbstverständlich im

Gebrauch, daß allein in einem großen Gemeinschaftsgrab so viele Bronzeäxte entdeckt wurden, daß sie zusammen mehr als eine Tonne wogen.

Schon vor dem Auftreten der Inka hielten die Cañari Lamaherden und spannen die Alpakafasern zu feinem Tuch, das eine begehrte Handelsware wurde. Ihre Währung bestand aus Salz und Kupfer. «Sie tragen das Haar lang», sagt Pedro de Cieza, «schlingen es wie eine Krone um den Kopf und tragen darauf einen Holzring, so fein wie Siebdraht, der manchmal mit Bändern befestigt ist. Man kann sie überall sogleich als Cañari erkennen. Die Indianer tragen verschiedene Erkennungszeichen auf dem Kopf, damit man die einzelnen Stämme voneinander unterscheiden kann, gerade wie Kaiser Karl V. ein Heer aus Spaniern, Deutschen und Flamen hat, die alle eigene Kleidung und Kopfbedeckung haben.»

Die Königsstraße ging dann weiter nach Tumpipampa oder Tombebamba – heute Cuenca –, das in einer Ebene liegt, in der zwei Flüsse zusammenfließen. «Der Sonnentempel», sagt Pedro de Cieza, «war aus Stein erbaut und auf höchst kunstvolle Weise ohne Mörtel zusammengefügt. Die Fassaden der Gebäude waren schön und reich geschmückt, einzelne mit Edelsteinen besetzt. Die Mauern des Tempels und der Paläste der Inka waren mit Blechen aus feinstem Gold bedeckt. Die Dächer dieser Gebäude bestehen aus Grasbündeln, die so dicht verlegt sind, daß sie eine Ewigkeit überdauern müßten, falls nicht ein Brand sie zerstört. Diese Wohnungen von Tombebamba sind wirklich bemerkenswert. Heute [1547] ist alles zerstört und zu Ruinen zerfallen, aber man kann noch sehen, wie großartig es war.»

Topa, der zehnte Inka, erschien 1463 hier mit seinem Heer, und sein Sohn Huayna Capac folgte ihm. Nachdem er die kriegerischen und gefürchteten Cañari 1480 unterworfen hatte, machte er sie später zu seiner Garde. Hier in Tumpipampa, als die Ingenieure der Inka eine Straße von dieser neu eroberten Stadt zu den Goldminen von Zaruma vollendeten, erfuhr Huayna Capac von der ersten Landung von Francisco Pizarro und seinen «dreizehn Mann von Gallo» in Tumbes. Als Pizarro 1527 wieder heimsegelte, nachdem er zwei Männer, Alonso de Molina und einen Neger namens Ginés, zurückgelassen hatte, soll Huayna Capac befohlen haben, die beiden Männer zu ihm zu bringen, denn da er von anderen *suncasapa* – bärtigen Männern – gehört hatte, die einige Jahre vorher in Bolivien an der Grenze seines Reiches erschienen waren, wollte er diese Neuankömmlinge verhören. Es ist nicht mehr möglich, zu klären, was mit ihnen geschehen ist: ein Geheimnis umgibt ihr Schicksal.

1527 starb Huayna Capac. Da im politischen System der Inka die Frage der Nachfolge nicht deutlich geklärt war, mußte einer der vielen Söhne des regierenden Inka auf Grund des Vorschlags eines Ältestenrats gewählt werden. Der Erwählte wurde dann auf seine Rolle als Sapa Inka vorbereitet. So wurde nach Huayna Capacs Tod sein in Cuzco geborener Sohn Huascar gewählt. Zu dieser Wahl kam es, obwohl Huayna Capac, als er bereits im Sterben lag, spürte, daß das Reich zu groß und weitläufig geworden war, und daher noch erwog, es in zwei Verwaltungsbezirke zu teilen: Cuzco im Süden, Quito im Norden.

Atahualpa, ein anderer seiner Söhne, der fünf Jahre älter als Huascar war, amtierte de facto als Vizeregent des Nordens. Er weigerte sich, den Trauerzug mit der Mumie seines Vaters zurück nach Cuzco zu begleiten und dort seinem Bruder Huascar als dem Inka zu huldigen. Seine Entschuldigungen waren stichhaltig, aber in den Augen seines Bruders handelte es sich um Majestätsbeleidigung. «Huascar», sagt ein peruanisch-spanischer Chronist, dessen Familie von ihm abstammte, «war in Cuzco beliebt. Obwohl er freundlich und fromm war, war er auch tapfer und tollkühn. Er war ungefähr fünfundzwanzig Jahre alt.»

Atahualpa war aus härterem Holz geschnitzt. Er war mit seinem Vater weit herumgekommen, hatte an der Unterwerfung von Quito teilgenommen und war mit den besten Generälen bekannt. «Er war rücksichtslos und rachsüchtig – ein Mann von großer Entschlossenheit.»

1530 forderte Huascar die Cañari in Tumpipampa auf, ihr Freundschaftsgelöbnis einzulösen und ihm als Inka beizustehen, worauf die Cañari durch eine List Atahualpa gefangennahmen, um ihn mit Gewalt zu Huascar zu bringen. Atahualpa entkam jedoch in den Norden, hob Heere aus und schlug Huascar in einer Reihe von Schlachten. Als er in Tumpipampa einzog, befahl er ein furchtbares

Massaker unter den Cañari, weil sie Huascar geholfen hatten. Daraufhin wurden die Cañari Feinde von Atahualpa, so daß sie, als die Spanier kamen, ihre treuesten Verbündeten wurden.

«Wenn man Tumpipampa auf der großen Straße nach der Stadt Cuzco verlassen hat», fährt Cieza fort, «durchquert man das ganze Gebiet der Cañari; es gibt zahlreiche Siedlungen.» Die Höhe des Landes nahm wieder zu, und die Straße ging durch Cumbe auf der Hochebene und Nabon auf den Anhöhen über dem Leonquiacu-Fluß. Als nächstes kam Ona, nachdem man die Hochebene und dann die Brücke von Alpachaca, eine Hängebrücke, überquert hatte. Dieser Teil der Straße lag etwa 3400 Meter hoch. Im Juli 1801 sah Alexander von Humboldt, der den Spuren sowohl der Königsstraße als auch Pedro de Ciezas folgte, von dort aus im Westen den Pazifischen Ozean in einer Entfernung von hundert Kilometern liegen.

Die nächste Haltestation der Königsstraße war Saraguru. «Man kommt hier», berichtet Cieza, «in das Gebiet der Palta, die das Haar lang tragen und außer ihrer eigenen Sprache diejenige von Cuzco sprechen. Die Palta haben dieselben Lebensgewohnheiten wie die Cañari und tragen Stirnbänder. Die Frucht *palta* wächst in ihrem Gebiet im Überfluß.» *Palta* ist das peruanische Wort für Avocado, eine Frucht, die hier so groß wie eine Melone wurde.

Bei den Palta war es Brauch, Stirn und Hinterkopf der Neugeborenen einzuschnüren, um den Schädel zu deformieren. Nach dem Bericht des 1535 in Cuzco von einer inkaischen Mutter und einem spanischen Vater geborenen Garcilaso de la Vega, «drückten sie den Kopf der neugeborenen Kinder zwischen zwei Brettern zusammen und bewirkten damit einen langen Schädel. Solche Kinder nannte man abschätzig *palta uma* [Paltaköpfe], weil sie so aussahen.»

In Saragura gibt es noch Reste eines Tampu und an einem Ort namens Paquishapa eine Festung, wodurch Ciezas Feststellung, «daß diese Provinz der Palta Bedeutung hatte und die Wohnräume schön und geräumig waren», bestätigt wird.

Hinter Saraguru stieg die Straße weiter an, überquerte den Alto de Pullal, ein ödes Gebiet mit verkrüppelten, kleinblättrigen und leuchtend blühenden Bäumen. Das Land wurde von farbenprächtig schimmernden Kolibris und Kondoren, die sich von den Kadavern-

von Tieren und Menschen, die in dieser abgelegenen Gegend umgekommen waren, ernährten, bewohnt. Alexander von Humboldt erinnerte sich an das «feierliche Gefühl», das er hatte, als er die absolute Unbewohnbarkeit der Kordilleren gleichzeitig mit den noch vorhandenen, wunderbaren Überresten der großen Straße der Inka sah.

Nach Tambo Blanco, das so hieß, weil die ersten Spanier, die des Weges kamen, es mit Schnee bedeckt sahen, fiel das Land plötzlich ab, und die Straße ging im Zickzack hinunter, überquerte den Catamayu – *mayu* ist das Ketschuawort für Fluß – und führte nach Loja.

Pedro de Cieza war, wie die anderen auf dem Weg nach Cuzco, überrascht von der Anzahl der Spanier, die sich schon in der Gegend von Loja angesiedelt hatten. Da das Land eine für die Anden geringe Höhe von nur 2300 Meter hatte, gab es viele Dörfer von Palta-Indianern, «sehr große Dörfer mit Eingeborenen, die dieselben Gebräuche haben wie ihre Nachbarn». Die Indianer, die den Konquistadoren vermittels des *encomienda*-Systems zugeteilt waren, bauten sowohl einheimische Früchte an, wie auch solche, die von den Spaniern eingeführt worden waren: Weintrauben, Feigen, Orangen und Äpfel. Es gab auch große Schweineherden. Loja lag in einer Zwischenzone zwischen den immergrünen und den Laubbäumen. In den tiefer gelegenen, üppigen Tälern gediehen große Baumfarne zusammen mit vielen Feigenarten, zum Beispiel der Würgerfeige, und der gewaltige Kapokbaum, der die Kapokfaser lieferte, die die Indianer zum Weben verwendeten. Im folgenden Jahrhundert wurde Loja durch die Entdeckung des Cinchonabaums berühmt, aus dessen Rinde Chinin, das Heilmittel gegen die tertiäre Malaria, gewonnen wird.

Loja war 1549 gegründet worden, in dem Jahr, bevor Cieza hierher kam. Ganz in der Nähe war das königliche Tampu von Cusipampa. Die Gebäude wie auch die vielbenutzte Straße waren 1560, als Pater Salinas Loyola hier reiste, noch vorhanden.

Es gab «alte Gebäude überall entlang der Königsstraße, Tampu oder Wohnhäuser der Eingeborenen aus steinernem Mauerwerk regelmäßig alle 20 bis 25 Kilometer erbaut. Die guten Straßen, die die Indianer anlegten, sind die bemerkenswertesten in der ganzen Welt und die am schönsten hergestellten, auch in schwierigem und zerklüftetem Gelände. Man macht den Versuch, sie in gutem Zustand zu erhalten, aber nicht mit derselben Sorgfalt und dem gleichen Erfolg wie unter den Inkaherrschern.»

Alonso Mercadillo, der Gründer der neuen Siedlung Loja, ritt aus, um die Abteilung zu begrüßen. Als Freund von Gonzalo Pizarro, der nun offen gegen die Krone rebellierte, hatte Mercadillo einen Vertrag über die Gründung der neuen Stadt erhalten und, um ihm das zu ermöglichen, eine sehr große Zuteilung – *repartimientos*, wie man das nannte – von Indianern. Vor der Ankunft der königlichen Armee hatte er an Gonzalo Pizarro geschrieben: «Ich werde anordnen, daß die Ebenen entvölkert werden», damit die königlichen Heere keine Nahrung und keine Eingeborenen, die sie hätten unterstützen können, finden; aber das war noch nicht geschehen. Als Pizarro ihm einen Monat später nach Loja schrieb, war Mercadillo zu La Gasca übergelaufen. Er merkte, woher der Wind wehte, so daß er, als Belalcázar mit seiner stark bewaffneten Abteilung heranrückte, nicht mehr zögerte, sondern sich für den König gegen Gonzalo Pizarro erklärte und mit all seinen Leuten zu ihm übertrat. Ein paar Monate später erfuhr Karl V. von Spanien in einem offiziellen Bericht, daß «Mercadillo sich ihm mit seinen Truppen in Loja angeschlossen habe».

KAPITEL

III

Auf der Straße nach Cajamarca

An einem Ort namens Colampó, mehrere Kilometer südlich von Loja, teilte sich die Straße in drei Zweige. Der erste, keine Hauptstraße und wenig benutzt, führte bis an die öde Küste und zur Stadt Piura, einer der ersten von den Spaniern gegründeten Städte, die 1533 auf den Ruinen einer inkaischen Haltestation entstanden war. Die zweite Straße ging durch Malacato und führte dann in das dicht bewachsene, tropische Tal des Chinchipe-Flusses hinab, der nicht ganz 160 Kilometer weiter in den Marañón mündete, einen der größten Nebenflüsse des Amazonas. Der Chinchipe war ein stark goldhaltiger Fluß, und die an ihm beheimateten Kulturen waren sehr fortgeschritten; sie trieben mit den das Hochland bewohnenden Inka Handel. Die dritte Straße, die eigentliche Königsstraße, ging direkt nach Süden und überquerte den Calvas-Fluß auf einer Hängebrücke.

Nach Cariamanga, dem nächsten Tampu, führte die Straße über die *altos*, die Höhen von Ayahuaca und stieg dann nach Ayahuaca selbst hinab, dessen Name «der Schrein des Leichnams» bedeutet. Sie war dann so angelegt, daß sie dem Tal des Quiroz-Flusses folgte, der im Gebirge entspringt und durch die Wüstenregion an der Küste ins Meer fließt. Im Verlaufe dieses Tals mußte die Straße sieben kleine Flüsse überqueren – wo es nötig war, auf den üblichen Hängebrücken, die aus Seiltrossen konstruiert waren –, bevor sie die wichtige, befestigte Stadt Cajas – Chulucanas – erreichte.

Die Eroberung von Peru hatte hier in Cajas begonnen. Hier waren die Europäer zum erstenmal auf die Straße der Sonne gestoßen; und aus der so gut erbauten Straße und den Dingen, die sie in der Stadt

Cajas sahen, hatten sie die Größe des Reiches ermessen können, das sie anzugreifen beabsichtigten. Hernando de Soto, der spätere Entdecker des unteren Mississippi, war der Anführer des Vorstoßes von vierzig Reitern von der Küste aus. Das war sein erster bedeutsamer Auftritt in der Geschichte.

1533 war Hernando de Soto auf Grund des Appells von Francisco Pizarro, der sich mehr Konquistadoren wünschte, mit einer Anzahl Berittener auf die Insel Puná vor der Küste des heutigen Ecuador gekommen. Dafür und in Ansehung seiner Person und seines Rufes erhielt er den Rang eines Hauptmanns. De Soto, der als «Mann von guten Absichten, als Edelmann und Soldat» beschrieben wird, war ungefähr 1500 als Sproß einer edlen, wenn auch verarmten Familie geboren worden. Ja, er war von so guter Abstammung, daß er sich einen «Mann von einwandfrei adliger Abkunft», als *hidalgo por los cuatro costados* nennen konnte. In der Terminologie der damaligen Zeit bedeutete das, daß er von unvermischtem Blut war, weder von maurischem noch jüdischem, und damit befähigt war, zur Ritterschaft des heiligen Jakobs zu gehören. Aber als er zuerst in den Reihen der Soldaten, die in Nicaragua kämpften, auftauchte, «besaß er nichts als Degen und Schild, um sein Glück zu machen». Bei seiner Ankunft in Peru zählte er etwa dreißig Jahre und war «etwas größer als der Durchschnitt, würdevoll und machte sowohl zu Fuß wie auch zu Pferd einen guten Eindruck».

Als Francisco Pizarro in Peru an Land ging, stellte er sogleich fest, daß sich das Land verändert hatte, seit er 1527 zum letztenmal hier gewesen war. Von den schönen Gebäuden, die er 1527 in Tumbes gesehen hatte, existierten nur noch Ruinen; die Indianer waren weit weniger freundlich. Er vernahm, daß es einen Bürgerkrieg gegeben hatte, und den Namen Atahualpa – die Spanier schrieben ihn «Atabilpa» – hörte man im ganzen Land. Die Konquistadoren hatten einen Dolmetscher, einen Einwohner der Insel Puná, den sie «Felipillo» nannten. Sie hatten ihn seinerzeit nach Spanien mitgenommen, und dort hatte er etwas Spanisch gelernt. Aber er war nur beschränkt brauchbar, denn er war nie im Gebirge gewesen, hatte keine Vorstellung von der Größe des Reiches und kannte nicht die Feinheiten der Ketschuasprache – überdies war er von einer so verstiegenen Vornehmtuerei, daß er trotz der erstickenden Hitze nicht davon abließ, die hohe spanische Halskrause zu tragen.

Die Spanier wußten damals nicht einmal den Namen des Gegners von Atahualpa und nannten ihn «Cuzco», indem sie die Hauptstadt mit dem Inka verwechselten. Bald merkten sie, daß jede ihrer Bewegungen überwacht wurde und daß es einen gut funktionierenden Nachrichtenübermittlungsdienst gab, der von Kurieren besorgt wurde, die Chasqui genannt wurden und mit einer erschreckenden Häufigkeit kamen und gingen. Mit der Zeit kamen sie zu dem Schluß, daß es eine Entscheidungsschlacht gegeben haben mußte und der Sieger, Atahualpa, sich jetzt im Gebirge, nicht weit entfernt, befand. Ja, einer der Curaca des Inka wartete, um zu erfahren, ob und wann die «Bärtigen» zu den Anden hinaufsteigen würden.

Francisco Pizarro führte seine 167 Soldaten, teils zu Fuß, teils beritten, entlang der Küste nach Serran, wo die Wüste den Vorbergen der Anden weicht. In Serran gab es eine von den Inka erbaute Festung und eine Wegstation für berechtigte Benutzer der Straße. Pizarro erfuhr durch eingehende Befragung – einschließlich von ein wenig angewandter Physik, das heißt: Folter – der Kuriere, die zwischen Gebirge und Wüste pendelten, daß es ungefähr hundert Kilometer entfernt einen Ort von einiger Bedeutung namens Cajas gab. Er beschloß daher, eine besonders bewegliche Truppe über die mit Stein belegte Querstraße zu den Bergketten hinaufzuschicken, um festzustellen, was über den Verbleib von Atahualpa in Erfahrung gebracht werden könnte.

«Hernando de Soto brach mit vierzig Mann auf», schrieb ein alter Soldat namens Diego Trujillo 1571 – als er einer der letzten Überlebenden der Expedition war –, «und ich ging mit ihm. Wir stiegen mit unseren vierzig Mann die Treppenstraße hinauf. Wir brauchten zwei Tage und eine Nacht, um die hundert Kilometer bis zur Königsstraße zurückzulegen.»

Hernando de Soto war der erste Europäer, der die Inkastraße sah und darüber berichtete. Es wird erzählt, daß er seine Männer in Schlachtordnung auf der Straße weitergeführt habe, bis er die ersten Gebäude erreichte. Dort baumelten von den Ästen der Bäume tote Indianer herab, die an den Füßen aufgehängt waren. Das war Cajas, das, wie er berichtete, ein Dorf in einem von Bergen umgebenen kleinen Tal war.

Die Leute dort waren voll Angst und Erregung, besonders als sie die Pferde sahen, die die Spanier bei sich hatten, und sie beruhigten sich erst, als ihnen bedeutet wurde, daß de Soto nur gekommen sei, um ihre Huldigung als Vasallen seines Kaisers entgegenzunehmen. Ein Curaca trat vor, um zu erklären, daß er Atahualpas Vasall sei, um Zwangsabgaben von den tributpflichtigen Städten einzutreiben. Er sagte den Spaniern, daß die Stadt Cuzco dreißig Tagesreisen entfernt sei, daß eines der Häuser des Inka in Cuzco vier Armbrustschüsse – 120 Meter – lang sei und daß es eine Halle gebe, in der der mumifizierte Leichnam des «Alten Cuzco» – Huayna Capac, der 1527 gestorben war – aufbewahrt werde. Der Boden sei mit Silberblechen und die Wände mit Gold- und Silberblechen bedeckt, während Goldfäden in das Grasdach geflochten seien. Er sagte auch, daß erst ein Jahr vergangen sei, seit Huascar, der Sohn des Alten Cuzco, all diese Städte an Atahualpa verloren habe.

In Cajas gab es außer dem Sonnentempel und einer Festung, deren dicke Mauern aus Luftziegeln errichtet waren, ein Haus der Sonnenjungfrauen. Das waren die *ñustas*, «auserwählte Frauen», die jedes Jahr im ganzen Land auf Grund ihrer Schönheit und Geschicklichkeit ausgewählt wurden; ihre Aufgabe war es, für die Amtshandlungen der Priester Gewänder zu weben, ein alkoholisches Getränk aus Mais – *accha* – zu bereiten und an den Ritualen der Sonnenreligion teilzunehmen. Ihre Personen waren unverletzlich. Indianer, die versuchten, in das Haus einzudringen, wurden getötet.

Diego Trujillo berichtet, daß der menschenfreundliche Hernando de Soto, «die Sonnenjungfrauen von ihrem Haus herbeorderte und daß diese die Soldaten in Entzücken versetzten wie die Früchte des Paradieses. Es waren fünfhundert. Er gab dann jedem von uns die Frauen, die uns am besten gefielen.»

Eine solche Tat hätte gut den Eroberungszug vereiteln können, aber der Curaca war entweder so eingeschüchtert oder hatte keine andere Wahl, daß er sich selbst als Führer anbot. Mit dem Führer im Schlepptau – das heißt: in Ketten – marschierte also de Soto südwärts nach Huancabama, einer größeren Stadt. «Eine breite Straße», berichtet Hernando de Soto in der ersten geschichtlichen Beschreibung der Königsstraße, «verbindet diese beiden Städte, und die gleiche Straße führt, wie die Indianer sagen, durch das ganze Land von Cuzco nach Quito, über eine Entfernung von über 2000 Kilometer. Die Straße ist glatt. Der Teil, der über das Gebirge führt, ist gut gebaut. Sie ist breit genug für sechs Berittene nebeneinander. Neben der Straße fließt Wasser in einem Kanal, mit dem die Reisenden ihren Durst stillen können. Am Ende einer Tagesreise befindet sich immer ein Haus wie eine Herberge [ein Tampu]. In Cajas gibt es ein Zollhaus am Brückenkopf, wo ein Wachtposten stationiert ist, um den Zoll in Naturalien [Bohnen, Mais, Spanischer Pfeffer] von denen zu erheben, die die Straße und die Brücke benutzen. Niemand kann in die Stadt hinein oder aus ihr heraus gelangen, ohne den Zoll zu zahlen. Kein Reisender kann mit einer Last auf einer anderen Straße als jener, bei der Wachtposten stationiert sind, ankommen oder abreisen, außer er riskiert die Todesstrafe.»

«Huancabama ist größer als Cajas, es enthält schönere Gebäude und eine ganz aus behauenen Steinen erbaute Festung», sagt Pedro de Cieza, der vierzehn Jahre später hierher kam. Von seinem Sonnentempel berichtet er, daß «die Indianer aus der ganzen Gegend kamen, um in diesem Tempel zu beten und Opfer darzubringen».

1802 stellte Humboldt fest, daß «die große Inkastraße zwischen Cajas und Huancabama noch gut erhalten ist und daß die Reste von großen Bauwerken zu erkennen sind, von denen ich neun zwischen Cajas und Huancabama fand – die meisten wahrscheinlich Tampu oder Karawansereien». Noch 150 Jahre später fand die Von-Hagen-Expedition, als sie die erste systematische Aufnahme des inkaischen Straßennetzes durchführte, große Abschnitte der Straße intakt, einschließlich von Teilen der östlichen Querstraße, die in den Dschungel und das von den Aguaruna bewohnte Gebiet führt, eines Teilstammes der Jivaro, der im fünfzehnten Jahrhundert eine inkaische Armee geschlagen hatte.

Auf ihrem Weg zur historischen Stadt Cajamarca, 150 Kilometer weiter südlich, folgte die Königsstraße jetzt dem durch den Huancabama-Fluß ausgewaschenen Tal; aber zuerst erstieg sie noch die hohe, kalte Puna. Zu Beginn des neunzehnten Jahrhunderts war der Maultierpfad, der einst der Königsstraße gefolgt war, tiefer gelegt worden, und Humboldt erinnert sich, daß «er den Fluß siebenundzwanzigmal wegen der vielen Windungen seines Laufes habe durchwaten müssen, während er weiter oben am Rand der Talwände die Spuren der gerade verlaufenden Inkastraße sehen konnte».

Bei Pomahuaca kreuzte die Straße den Fluß auf einer großen Hängebrücke und führte dann nach Ingatambo, wo Teile der Straße noch zu sehen sind. Indem sie sich durch das schwierige Gelände dieses Gebiets wand, kam sie nach Huambos, wo es ein königliches Tampu gab, und dann in die Gegend von Chota, wo von altersher Silber gefördert wurde, bevor sie schließlich Cajamarca erreichte.

Als Pedro de Cieza nach Cajamarca kam, nachdem er über 1400 Kilometer auf der Inkastraße geritten war, hatte er schon eine gute Vorstellung davon, wie das Reich funktionierte.

Mit dem Wort «Inka», das jetzt als Hauptwort und als Eigenschaftswort benutzt wird, wurde damals – und heute noch – irrtümlich das Volk bezeichnet, über das die Inka herrschten. Dieses Volk waren die *runa-simi.* Der Begriff «Inka» bezieht sich in Wirklichkeit nur auf den Herrscher – den Sapa Inka – und als Titel auf die Mitglieder seiner Familie und deren Zweige und auch auf diejenigen, die durch Privileg Inka waren.

Die Inka, wenn wir nun von ihnen als Stamm sprechen, waren etwa 1000 n. Chr. in das Tal von Cuzco eingedrungen. Von da an besiegten sie allmählich und unerbittlich alle anderen Stämme des Gebiets, die dann entweder durch Versprechungen oder durch Zwang dem Reich eingegliedert wurden.

Die *runa-simi* – also das Volk – stellten die Basis der sozialen Pyramide der Inka dar. Jeder steuerzahlende Indianer – *puric* – gehörte zu einer Gemeinschaft – Ayllu –, die auf der Aufteilung des Landes beruhte; er war eine Einheit im dezimalen sozialen Modell des Inkareiches. Der Ayllu hinwiederum war die grundlegende soziale Einheit. Es handelte sich dabei weniger um einen Clan als vielmehr eine große patrilineare Gruppe, die ein bestimmtes Gebiet anbaufähigen Landes – *marka* – besaß. Das hielt die Gemeinschaft zusammen. Verstärkt wurde der Zusammenhalt durch gegenseitige

Verpflichtungen, Traditionen und religiöse Anschauungen, und er wurde beschützt durch die «höheren Götter». Kurz, der Ayllu war eine Gruppe von Leuten, die zusammen lebten, das Land, die Tiere und in einem gewissen Ausmaß die Nutzung des Landes miteinander teilten. Jedermann gehörte zu einem Ayllu. Ja, alle wurden in ihn hineingeboren, denn das Prinzip war alt und hatte sich während einer langen Zeit in den primitiven andinen Gesellschaften entwickelt; die Inka hatten es lediglich ausgebaut und perfektioniert.

Das politische und mit ihm auch das wirtschaftliche System der Inka baute sich also pyramidenförmig auf und war nach dem Dezimalsystem organisiert. Ganz unten war der körperkräftige steuerzahlende Arbeiter. Die Arbeiter wurden von einem Vorarbeiter überwacht, die Vorarbeiter von einem Werkmeister, und der Werkmeister von einem Inspektor. So setzte sich das Dezimalmodell bis zur Ebene des Curaca fort, eines Beamten, der über 10000 Arbeiter zu bestimmen hatte. Er wiederum war dem Provinzgouverneur verantwortlich, der dem Regenten einer der vier Provinzen des Reiches unterstand. Schließlich kam der Sapa Inka, die Spitze der sozialen Pyramide.

Die Inka waren eine Ackerbauer-Gesellschaft. Alle waren Bauern. Sie hatten keinen Pflug, wie die Spanier ihn kannten, und keine Zugtiere. Statt dessen benutzten sie den Fußpflug – *taclla* –, den die Männer bedienten, indem sie rückwärts über die Erde schritten, während die Frauen folgten und die schweren Erdschollen aufbrachen. Die Leute bestellten den Boden gemeinschaftlich und sangen rhythmische Lieder zur Arbeit. Wahrlich primitive Methoden; aber diese Menschen verwandelten die Anden, die Wüste und den oberen Amazonas in ein großes Zentrum des Pflanzenanbaus. Über die Hälfte aller Grundnahrungsmittel, von denen sich heute die Welt ernährt, wurden hier herangezüchtet – Kartoffeln, Bohnen, Mais, Süßkartoffeln, Yucca – Maniok, Tapioka –, Erdnüsse, Cashew, Spanischer Pfeffer, Cayennepfeffer, Tomaten, Ananas, Papaya, Kakao und eine ganze Reihe von anderen Agrarprodukten.

Der Ackerbau hing von der Bewässerung ab, und indem die Inka anwandten, was sie von den eroberten Völkern gelernt hatten, entwickelten sie Bewässerungssysteme, die den in Mesopotamien entdeckten ebenbürtig waren. Das Land zwischen dem Meer und den hohen Anden wurde nach ökologisch richtigen Methoden terrassiert, denen gleichzeitig die Bewahrung als auch die Neuschöpfung von Boden zu verdanken waren.

Da ihre Nahrungsmittel trocken längere Zeiträume gelagert werden konnten und da es sowohl ein öffentliches wie auch ein privates System der Lagerung gab, wurde die tödliche Drohung einer Hungersnot, die über jeder neusteinzeitlichen Gesellschaft hing, abgewendet. So wurde auch Zeit für Muße gewonnen.

Das soll aber nicht heißen, daß die Inka untätig waren, wenn sie nicht auf dem Land arbeiteten. In jedem Haus war mindestens ein Webstuhl, und darauf wurde eine Vielzahl von Webwaren hergestellt. Die Wolle des Lamas, zu schwer und fettig für feinere Webereien, wurde zu Säcken und gröberen Decken verarbeitet. Das Alpaka lieferte die Wolle, die für die meisten Zwecke verwendet wurde; gesponnen, gefärbt und gewoben wurde sie zu Ponchos, Decken, Kopfbedeckungen und Umhängen. Die Wolle des Vicuña war im allgemeinen der Inkakaste vorbehalten.

Alle waren mehr oder weniger Töpfer. Die Gegenstände des Alltagslebens, wie Töpfe, Teller und Schalen, wurden von den Menschen hergestellt, die sie verwenden wollten, und dasselbe gilt für die Webwaren; das bedeutete, daß jeder Haushalt im Ayllu sich selbst versorgte. Alle waren Handwerker; und handwerkliches Können bringt eine gewisse psychologische Befriedigung mit sich. Handwerkergesellschaften sind oft stabile Gesellschaften, die sich aus zufriedenen Individuen zusammensetzen, was weitgehend dem Umstand zu verdanken ist, daß diese Gesellschaften von Handarbeit leben und daher weniger der Fluktuation unterliegen als diejenigen, die auf Massenproduktion beruhen.

Die Besteuerung bildete im Inkasystem kein Problem – jeder Steuerzahler entrichtete seine Mita – Steuer – in Naturalien oder Dienstleistungen. Aber als die spanischen Herren kamen und Steuer in Geld verlangten, etwas, was in allen primitiven amerikanischen Gesellschaften vollständig fehlte, wurde die ganze Basis der Handwerkerkultur untergraben.

Es gab viele Festtage: öffentliche Feste, die mit dem bäuerlichen Jahr zusammenhingen. Das bunte Gepränge der Reise zum Markt, wo überschüssige Güter getauscht wurden, kann man nur andeutungsweise ahnen. «In allen Teilen dieses Reiches», berichtet Pedro de Cieza, «gibt es sehr große Märkte. Auf einem Markt war der Verkehr so groß, daß allein zwischen den Indianern, ohne Hinzurechnung der Christen, Beträge von fünfundzwanzig- bis dreißigtausend Peso täglich den Besitzer wechselten. Das ist wirklich kaum zu glauben.»

Um zu verstehen, was an jenem Novembertag des Jahres 1532 in Cajamarca geschah, als in weniger als einer Stunde das Reich zerfiel, und auch um die Folgen zu begreifen, muß man sich zuerst über das Wesen der Struktur des inkaischen Kastensystems und die Art und Weise, wie dieses funktionierte, klarwerden. An der Spitze der sozialen Pyramide stand der Sapa Inka, von dem sowohl er selbst als auch das Volk glaubte, er stamme direkt von Inti, dem Sonnengott ab, an dessen Göttlichkeit er teilhatte. Das göttliche Recht der Inkakönige wurde nie in Frage gestellt. Das Land selbst, der Boden, die Menschen, alles gehörte ihm; Gold, der Schweiß der Sonne, und Silber, die unvergossenen Tränen des Mondes, waren sein Eigentum. Der Inka war absolut; er war Gott. Er war die letzte Berufungsinstanz, so daß er und die anderen seiner Kaste unumschränkte Herrscher waren, wobei ihre absolute Macht nur durch alte Sitten und die Furcht vor Aufständen in Grenzen gehalten wurde.

Aber die Sorge des Inka für sein Volk war ebenso sehr real. Stellung, Macht und Reichtum hingen vom Wohlergehen des Volkes ab, und deshalb war das Gemeinwohl seine Hauptsorge. Der Staat kannte nur eine Gruppe von Unternehmern, die Inkakaste. Nur sie leiteten die administrativen und statistischen Behörden – die die durchzuführenden Arbeiten und die Anzahl der zu besteuernden Individuen festsetzten – und das juristische und das Disziplinarsystem. Das versetzte sie in die Lage, die Gesellschaft so zu organisieren, daß sie ihren imperialistischen Drang zum Erobern und Beherrschen befriedigen konnten. Da es kein Geld gab, fehlte der ganze Zahlungsverkehr. Alle arbeiteten, alle produzierten. Jede Beschäftigung war produktiv. Da Faulheit den Staat Steuern ko-

Im 18. Jahrhundert entstand in Europa, insbesondere in den bildenden Künsten, die Vorstellung vom «edlen Wilden». Die Darstellung eines europäischen Künstlers, die um 1850 entstand, spiegelt diese Auffassung in Gestalt des «idealen Inka» wider.

Beispiele inkaischer Steinbauweise an der Chincha-suyu-Straße. Oben: Landwirtschaftlich genutzte Terrassen unterhalb der Inkastraße bei Tarma. Mitte links: Aus einem einzigen Steinblock herausgehauener Podest für Truppeninspektionen in Vilcas-huamán. Mitte rechts: Wegzeichen, wie sie sich an allen Inkastraßen finden. Unten links: Ebenfalls aus einem einzigen Steinblock modelliert: Altar für Inti, den Sonnengott, in Cañar. Unten rechts: Wieners Zeichnung von Huanuco, einem befestigten Tampu an der Chincha-suyu-Straße.

Hinrichtung von Atahualpa im 17. Jahrhundert, gemalt von einem indianisch-spanischen Künstler in Cuzco. Atahualpa ist auf dieser Darstellung bereits geköpft – in Wirklichkeit wurde er erdrosselt –, während spanische Soldaten sein Gefolge angreifen.

Aus dem 18. Jahrhundert stammende spanische Abbildung einer ecuadorianischen Landschaft mit drei Brückentypen. Von links nach rechts: Hängebrücke, *Aroya* (Flaschenzugsystem) für die Beförderung von Tieren, *Aroya* für den Übergang von Menschen.

Das charakteristische Kennzeichen der Inka-Architektur waren die trapezförmigen Nischen, Fenster und Türen. Linke Seite, oben: Tampu von Limatambo (Pimac-Tampu) am Zugang zur berühmten Brücke von San Luis Rey. Mitte links: Das Tor des Tempels von Vilcas-huamán. Mitte: Fensternische in Ollantaytambo. Mitte rechts: Tor in Machu Picchu. Unten: Fensternischen in Machu Picchu. Rechte Seite, rechts: Entwässerungslöcher in den Mauern von Sacsahuamán in Cuzco. Unten: Fenster, ebenfalls trapezförmig, mit Blick auf den Urubamba in Machu Picchu.

So wie die Erbauer der Inkastraßen alle Gefahren und Hindernisse der Anden überwanden, so schreckten sie auch nicht vor Wüsten- und Steppengebieten zurück. Linke Seite, oben: Von Mauern eingesäumte Straße durch die Küstenwüste am Pazifik. Links: Eine der grandiosen Stufenstraßen, mit denen die Inka die Anden bezwangen. Rechte Seiten, oben: In eine Bergflanke eingehauene Querstraße, die auf die große Küstenstraße bei Pisco führt. Mitte links: Damm über die Sümpfe von Cuzco. Unten links: Von Mauern gesäumte Straße über die Hochebene vor Puno und Titicaca. Rechts: Im Nordwesten liegender Ortsausgang von Cuzco; im Hintergrund die über die Berge führende ehemalige Inkastraße.

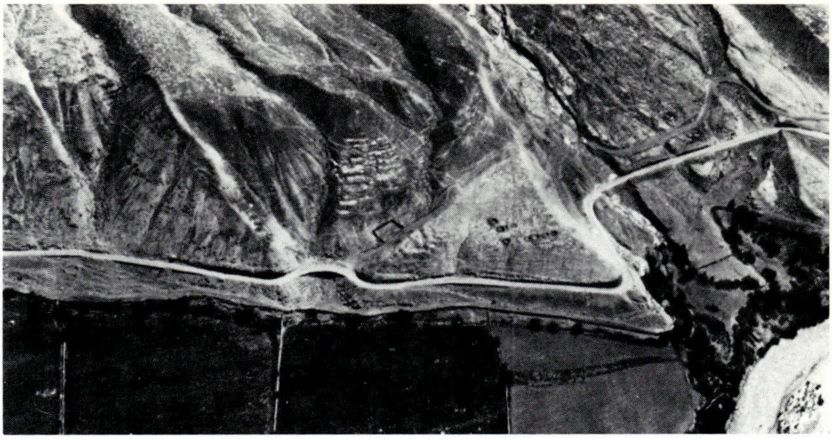

Ein Nachfahre der Inka passiert eine der Mauern, die einstmals zum Palast des Großinka Roca in Cuzco gehörten. Die Steine sind in der charakteristischen Bauweise der Inka ohne Mörtel verlegt.

stete, war sie ein Kapitalverbrechen; Junggesellen wurden, da sie hinsichtlich von Kindern unproduktiv waren, geächtet, ebenso Homosexuelle, die «menschlichen Samen vergeudeten». Unter diesem System gab es keinen Unterschied zwischen wirtschaftlicher, politischer und technischer Tätigkeit; alles war gleich. Das Land gehörte dem Staat, nämlich dem Inka. Der einfache Mensch besaß vermittels des Ayllu, der eine Art von Holdinggesellschaft war, nur die Nutzung seines Landes, nicht das Eigentumsrecht. Sein Anteil an diesem Land vergrößerte oder verminderte sich mit der Größe seiner Familie.

Der Aktionsradius des Indianers war eingeschränkt. Er reiste, wie die ersten Spanier, die in das Reich kamen, sogleich feststellten, nur nach Belieben des Staates; und sogar seine Beschäftigungen in der Muße waren ritualistisch reglementiert. Noch nie in der Geschichte hat es eine so vollkommene «Von-der-Wiege-bis-zum-Grabe-Gesellschaft» gegeben, und doch gab es trotz aller Beschränkungen auch Vorteile in diesem System. Die Lagerung von Gütern verringerte die Wahrscheinlichkeit einer Hungersnot, denn in Zeiten von Mißernten standen die königlichen Lagerhäuser allen offen. Und die Tiere – Lamas, Vicuñas, Alpakas – wurden, wie der Boden, gepflegt. Straßen wurden unterhalten und das Reich politisch und militärisch gesichert. Aber es wäre ein Irrtum, dieses kollektive Prinzip «Sozialismus» zu nennen: das Reich war nicht für das Volk da; Gleichheit war kein Ideal. Im Gegenteil, der Staat existierte für den Inka und seine Kaste.

Das also war der sozio-ökonomische Hintergrund für die Begegnung der Spanier mit den Inka.

«Cassamarca [Cajamarca, die ‹Stadt in der Schlucht›] war im ganzen Reich wegen seiner Größe und seines Reichtums bekannt.» 2800 Meter über Meereshöhe gelegen, ist es auf allen Seiten von Bergen umgeben. Diese sind im Norden und Süden niedriger, und dieser Route folgte die Königsstraße. Francisco de Xeréz, der königliche Schreiber, beschrieb die Stadt mit knappen Worten: «Zwei Flüsse fließen durch das Tal. Es ist eben, dicht bevölkert und von Bergen umgeben. Die Stadt hat 2000 Einwohner. Der Hauptplatz ist größer, als ich je einen in Spanien gesehen habe. Sie ist ganz von einer

Mauer umgeben. Es gibt zwei Tore. Dem Hauptplatz gegenüber steht eine steinerne Festung.»

Cajamarca beherrschte ein Gebiet von großer Vielfalt. Silber, Kupfer und sogar Zinn wurden in der Nähe gewonnen. Der Ackerbau war intensiv, und die Bewässerung hochentwickelt. Kanäle und Stollen waren gebaut worden, um das Wasser von den Bergen herunterzubringen, und oft waren diese durch den gewachsenen Fels getrieben. Einer dieser Kanäle, den vorinkaische Ingenieure durch den Fels gehauen hatten, war über eineinhalb Kilometer lang und in einem Zickzack angelegt, um den Abfluß des Wassers zu verlangsamen. Die Bewohner hatten auch Dämme und Schleusentore erbaut und damit die Kontrolle über die Oberläufe von Flüssen gewonnen – eine Lebensnotwendigkeit für die Wüstengebiete an der Küste.

Es ist also nicht überraschend, daß Cajamarca eine Allianz mit dem großen Wüstenreich der Chimú einging. 1461 erschienen jedoch die Inka an ihren Grenzen und gliederten das ganze Gebiet, nachdem sie ein vereinigtes Heer der Anden- und Küstenbewohner geschlagen hatten, dem Inkareich ein.

Die Herrschaft der Inka war freilich von kurzer Dauer; hier in Cajamarca erfuhr der siegreiche Atahualpa, als er in der ersten Novemberwoche 1532 «eine Wasserkur machte», von der spanischen Invasion.

Atahualpa war gut auf dem laufenden gehalten worden. Er wußte von der Ankunft und Abreise der «Bärtigen» im Jahr 1527 und auch von ihrer Rückkehr am 13. Mai 1532: «Leute sind von *hatun-cocha* her auf einem großen Schiff gekommen.» Aber in diesem Augenblick befand er sich in einem Kampf auf Leben und Tod mit seinem Bruder Huascar um den Besitz des Reiches. Seine Kuriere, die Chasqui, die in fünf Tagen eine Botschaft von Quito nach Cuzco befördern konnten, informierten ihn täglich. Mit der Hilfe von Quipu – Knotenschnüre als Informationsträger – stellte er fest, daß die Eindringlinge nur 177 Mann zählten und Tiere hatten wie geweihlose Hirsche, auf denen sie ritten. Er wußte alles über ihre Waffen, Pferde, Gewehre und Degen. Aber die falsche Interpretation der Nachrichten, die er erhielt, erwies sich als verhängnisvoll.

Atahualpas Reaktion auf die Invasion ist auch heute noch ein

Rätsel. Warum ließ er es zu, daß dieses kleine Kontingent von Spaniern das Land durchquerte und die Pässe überschritt? Über ihren Aufstieg berichtet ein Spanier: «Die Straße war so schlecht [sie war eine Treppenstraße und schwierig für Pferde], daß sie uns hier leicht hätten überwältigen können oder auch auf einem anderen Paß zwischen hier und Cajamarca.»

Warum ließ er sie plündern und zerstören, wo das doch sofort mit dem Tod bestraft worden wäre, wenn einer seiner Untertanen der Missetäter gewesen wäre? Welche Verwirrung führte ihn dazu, in eine Falle nach der anderen zu gehen?

Atahualpa sah in den sonderbaren Ankömmlingen keine Götter oder auch nur Supermenschen. Pferde, Arkebusen und die Kunst des Schreibens machten zwar einen großen Eindruck auf ihn, aber er wußte, daß die Spanier menschlich – allzu menschlich – und daß sie verwundbar waren. Seine Kundschafter hatten ihm versichert, daß die Pferde, wenn sie ungesattelt waren, nicht mehr gefährlich waren und daß die Arkebusen, einmal abgefeuert, lange Zeit brauchten, bis sie wieder geladen waren, während welcher Zeit die Arkebusiere sehr gefährdet waren. Aber er erkannte auch, daß die Spanier über den Bürgerkrieg informiert waren, der im Gange war, und daß sie große Anstrengungen machten, um seine Gouverneure zugunsten jener, die Huascar unterstützten, zu beseitigen.

Was auch immer die Gründe waren – und wir kennen nicht alle –, die Spanier konnten auf dem gut organisierten Inkastraßennetz vordringen; und dieses wurde Atahualpa zum Verhängnis, genauso, wie die Perser durch ihre geraden Straßen Alexander ausgeliefert wurden.

Pizarros Männer stiegen auf einer steilen, mit Stein belegten Querstraße zur breiten Hauptstraße hinauf, der Fortsetzung der Straße, die Hernando de Soto früher gesehen hatte. Die Königsstraße brachte sie nach Cajamarca, wo sie in den Abendstunden des 15. November 1532 ankamen. Hernando de Soto wurde mit fünfzehn Reitern ausgeschickt, um die Position des Inka auszukundschaften. Ihm folgte Hernando Pizarro, einer der vier Schicksalsbrüder, und man wies sie zu Atahualpa.

Die Spanier blieben zu Pferde, als sie mit dem Inka sprachen.

Felipillo, der Indianer aus Tumbes, der 1527 nach Spanien mitgenommen worden war, fungierte als Dolmetscher. Atahualpa sagte: «Sage deinem Hauptmann, daß ich ihn morgen mit meinen Häuptlingen besuchen werde. Er soll die öffentlichen Gebäude am Platz beziehen und keine anderen, bis ich komme. Dann werde ich anordnen, was geschehen soll.»

In dieser Nacht beobachteten die Soldaten die Wachfeuer des Inka. Sie erleuchteten den ganzen Bergabhang und flackerten in der Dunkelheit.

Der Einzug Atahualpas am folgenden Tag und die anschließenden Umstände seines Sturzes wurden in Nachrichtenbriefen jener Zeit berichtet. Zu den ersten, die in Europa zirkulierten, gehören der schon erwähnte ‹*Brief Pizarros*› und die jetzt im Britischen Museum aufbewahrten ‹*Nouvelles de certaines Isles du Perou*›. Die letzteren beschreiben die Ereignisse des 16. November 1532 wie folgt:

«Am selben Tag begab sich Atahualpa nach der Stadt Cajamarca und kam dort am Abend in seiner ganz mit Blechen aus schönstem Gold geschmückten Sänfte an. Einige Indianer gingen vor ihm her, um die Straße zu säubern, obwohl sie schon sauber war und es nichts mehr wegzufegen gab. Hinter ihm folgten weitere Indianer, manche tanzten, manche sangen. Viele Indianer waren seine Wachen, die einen trugen Streitäxte, die anderen Hellebarden aus Silber; an ihren Gürteln hingen Keulen. Als Francisco Pizarro sah, daß Atahualpa in die Stadt kam, machte er alle seine Männer – zu Fuß und beritten – für den Angriff fertig und versteckte sie in zwei Gruppen hinter den Schuppen. Ein Pater namens Valverde, der dem Dominikanerorden angehörte, trat allein [außer einem Dolmetscher] vor und trug die Bibel in der Hand. Er sprach Atahualpa an und berichtete ihm die Dinge, die in dem Buch aufgeschrieben waren und die zu tun Gott befohlen hatte. Atahualpa verlangte das Buch zu sehen, und sobald er es in der Hand hatte, warf er es zu Boden. Der Pater hob es auf und rannte schreiend zu Pizarro, wobei er laut ausrief, daß der Glaube an Jesus Christus gehört werden müßte.

Nun kam Pizarro in voller Rüstung hervor und mit ihm alle Männer, über die er verfügte, zu Fuß und zu Pferd. Als er zu Atahualpa gekommen war, legte er Hand an ihn und riß ihn von der

Sänfte herab, während die anderen die Träger rasch erschlugen und sich dann mitten in Atahualpas Heer stürzten und viele erstachen. Die Schlacht dauerte von den frühen Abendstunden bis in die Nacht. Viele indianische Anführer wurden gefangengenommen. Als Atahualpa sich als Gefangenen sah und fürchtete, getötet zu werden, versprach er, den Christen einen sechs Meter hohen und fünfeinhalb Meter breiten Raum mit Gold zu füllen, und außerdem versprach er mehr Silber, als man zählen könnte.»

KAPITEL

IV

Die Königsstraße nach Pachacamac

Atahualpa, der von den Spaniern in «Schutzhaft» gehalten wurde und dem seine *ñustas* und einige seiner Ratsherren aufwarteten, harrte, während er Schach und Kartenspiel und die Sprache und die Gebräuche der Spanier zu erlernen suchte, genauso ungeduldig wie diese auf die Ankunft seines Lösegeldes. Nach zwei Monaten wurden jedoch die Soldaten nicht nur unruhig und gelangweilt, sondern bekamen auch Angst, was wohl passieren könnte: «Der Gouverneur Pizarro und wir alle sahen uns jeden Tag in großer Gefahr.» Wenn es noch sehr lange dauern würde, bis das Gold und Silber eintrafen, überlegten sie, dann könnte vielleicht der Inka seine Heere einberufen und sie würden nie mehr mit dem Schatz abziehen können.

Man beschloß daher, den Zustrom des Lösegeldes zu beschleunigen. Atahualpa selbst regte das an und schlug vor, daß eine Abteilung der Spanier in Begleitung seiner Häuptlinge und einer Kolonne seiner Leute nach Pachacamac hinunterstiegen, dem heiligsten aller Heiligtümer an der peruanischen Küste, um sicherzustellen, daß es sein Gold und Silber hergab. Der Gouverneur griff die Anregung sofort auf und bestimmte seinen Bruder Hernando Pizarro dazu, die goldsammelnde Reise nach Pachacamac zu leiten.

Hernando, der sich rühmte, der einzige legitime Pizarro zu sein, war ein großgewachsener Mann, ein guter Reiter und tapferer Soldat. Er war überaus empfindlich gegen die geringste soziale Zurücksetzung, da er nicht allzu selbstsicher und daher anmaßend war. Er überlebte alle Brüder, wurde genau hundert Jahre alt und starb als einziger in seinem Bett.

Ein königlicher Inspektor, Miguel Estete, wurde ausersehen,

Hernando Pizarros Expedition zu begleiten und einen Bericht über alle Einzelheiten zu verfassen. Don Miguel bekam einen hübschen Anteil an dem Lösegeld des Inka, denn er war es, der die Königskrone – *llautu* – von Atahualpas Kopf riß, als dieser gefangengenommen wurde.

Estete begann seinen Bericht mit den folgenden Worten: «Am Mittwoch, dem Erscheinungstag [der gewöhnlich das Fest der Drei Könige heißt, 6. Januar 1533], brach Hernando Pizarro mit zwanzig Reitern und ein paar Arkebusieren von Cajamarca auf.» Wenn man bedenkt, daß diese paar Mann und einige Häuptlinge, die auf Atahualpas Geheiß mitgingen, die ganze Streitmacht ausmachten, begreift man, wie gewagt Hernando Pizarros Unternehmen war. Um seinen Bestimmungsort zu erreichen, mußte er über 1000 Kilometer auf den Inkastraßen durch ein Gebiet zurücklegen, das von unzähligen, möglicherweise feindseligen Menschen bewohnt war.

Zunächst folgten Hernando Pizarro und seine «Zwanzig» der Königsstraße von Chincha-suyu von Cajamarca nach Baños, der nächsten Stadt im Süden. Dort waren in einem prächtigen Gebäude die heißen Schwefelbäder untergebracht, die der Stadt ihren Namen gaben. Weiter auf der Königsstraße rückte die Gruppe durch Namora, Ichocán und Cajambamba vor, Städte, die heute noch die gleichen Namen tragen und an der alten Straße oder nahe daran liegen. Am 13. Januar erreichte die Expedition ein kleines Dorf namens Tambo, das zum Herrschaftsbereich von Huamachuco gehörte.

Ein Chronist, der den gleichen Weg wie Hernando Pizarro machte, bemerkte, daß der Architekturstil des Gebietes, das noch nicht hundert Jahre vor der Ankunft der Spanier von den Inka erobert worden war, nicht inkaisch war. Das bezieht sich auf die Wegstation Virachoca-tambo, die «sieben Meter breit und ungefähr dreißig Meter lang, ganz aus Stein erbaut und mit langen, dicken Balken gedeckt war, die mit *ichu*-Stroh, mit dem sie sehr geschickt umzugehen verstanden, bedeckt war».

Hernando Pizarro, damals erst sechsundzwanzig Jahre alt, war in Anbetracht seiner niedrigen Geburt und seiner kümmerlichen Erziehung ein sehr gebildeter Mann – sein ungebildeter Bruder Francisco war eine Ausnahme. Auch als die Gruppe über hochgelegenes, unbekanntes Gelände marschierte, wo bei jeder Biegung ein Hinterhalt drohte, brachte er es doch fertig, seinen Bericht über die Inkastraßen und Wegstationen, an denen er vorbeikam, fortzuführen. Sein Bericht war sogar so ausgezeichnet, daß die Orte, die er beschrieb, heute noch daran identifiziert werden können.

In Andamarca, jetzt Mollebamba, teilte sich die Königsstraße: nach links ging sie direkt nach Cuzco; nach rechts stieg sie auf einem engen Landstreifen zwischen der Weißen und der Schwarzen Kordillere zur Küste hinab – diese Abzweigung führte nach Pachacamac.

Bei Yomabamba, dem nächsten Ort, ritten Pizarro und seine Leute über eine fast sechs Meter breite Straße; diese ist noch zu sehen und gut erhalten. Sie nahmen die Straße, die durch die sich auftürmende Cordillera Blanca führte, eine Reihe von gewaltigen schneebedeckten Gipfeln, die im Huascarán kulminierten, der 6800 Meter hoch ist.

Als Pizarro seinen Führern eine steile Straße hinunter folgte, die als eine Reihe von Stufen erbaut war und Stützmauern und Terrassen hatte, konnte er seine Bewunderung nicht mehr zurückhalten: «Nichts gleicht der Großartigkeit dieser Straße durch das Gebirge . . .»

Die Gruppe stieg noch fast siebzig Kilometer weiter ab und folgte dabei dem Treppenweg *pata-pata*, wie die Straße genannt wurde. Als einige Tage später Hernando de Soto mit einem weiteren Spähtrupp dieselbe Straße entlangzog, begegnete er dem abgesetzten und gefangengehaltenen Huascar, der wie ein Schwerverbrecher gefesselt war. Er sollte zur Verurteilung zu Atahualpa gebracht werden. Huascar bot de Soto mehr Gold und Silber an, als den Eindringlingen von seinem Halbbruder versprochen worden war. Das beschleunigte sein gewaltsames Ende. Nachdem de Soto weitergezogen war, wurde Huascar erwürgt und bei Andamarca in einen Fluß geworfen.

Am 15. Januar 1533 erreichte Hernando Pizarro, nachdem er die hohen schneebedeckten Pässe überwunden hatte, Corongo, das heute noch so heißt und 3200 Meter hoch liegt. Die Lösegeldtruppe mußte nun auf der gewundenen, schwierigen Straße absteigen, die durch die Schlucht des Rio Santa führte, eines schäumenden, ungestümen Flusses, der durch den schmelzenden Schnee der Cordillera Blanca gespeist wird.

In Yurmarca war eine Haltestation, die zwei große Hängebrücken bewachte. Da Hängebrücken in Europa unbekannt waren, nie von den Römern gebaut wurden und von den Europäern erst 1810 erfunden wurden, fehlten Estete die Wörter, um sie zu beschreiben. Immerhin ist das Folgende die erste veröffentlichte Beschreibung einer inkaischen Hängebrücke: «Am nächsten Tag erreichte [Hernando Pizarro] ein großes Dorf in einem Tal, und ein sehr reißender Fluß unterbrach die Straße. Er war überspannt von zwei nahe beieinanderliegenden Brücken aus Netzwerk, das in der folgenden Weise hergestellt war. Man baute ein Fundament [die Türme] nahe beim Wasser recht hoch hinauf; und von einer Seite des Flusses zur anderen wurden Seile [aus geflochtenen Cabuyafasern], so dick wie der Oberschenkel eines Mannes, gespannt. Sie werden von den Türmen gehalten, und ihre Enden sind unter großen Steinen im Boden begraben. Die Breite ist die eines Karrens.»

Die Überreste der Türme, die die Hängebrücken hielten, sind noch vorhanden und zeugen davon, daß es hier – wie an vielen Orten – zwei Brücken gab: «Die eine», erklärten die Spanier, «ist für das gemeine Volk, während die Inkaherren und Hauptleute die andere benutzten.»

Die Inkastraße verlief jetzt am Westrand der Schlucht, da die andere Seite so steil war und es so oft Lawinen gab, daß es unmöglich war, dort eine Straße zu bauen.

In Huaylas «gönnte Hernando Pizarro seiner Truppe zwei Tage Ruhe». Die Ruinen des Tampu und der alten Stadt sind noch zu sehen.

Von diesem Punkt aus hatte Hernando Pizarro nach Süden zu seiner Linken ein prachtvolles Panorama des Callejón de Huaylas. Die schneebedeckten Gipfel nur 30 Kilometer weiter östlich sind alle höher als der Montblanc und das Matterhorn; der höchste ist der Huascarán, Perus höchster Berg.

Hinter Mato war laut dem offiziellen Bericht «ein kleines Dorf, wo alle Wünsche [der Truppe] – Essen, Trinken, Schlafen – befriedigt wurden». Die Straße kreuzte dann den Rio Santa noch einmal auf einer weiteren Hängebrücke, denn da die östliche Talseite hier breiter wurde, war nun der Inkastraße kein Hindernis mehr im Wege. Nachdem die Straße Caras und dann Yungay passiert hatte, «wo die Leute als Freunde entgegenkamen, Lebensmittel lieferten und Indianer als Staffettenläufer für das Gepäck [der Truppe] anboten», erreichte sie Ranrahirca, einen Platz, den man wegen seiner Lawinen besser meidet. Die letzte dieser Lawinen ging am 10. Januar 1962 nieder, als drei Millionen Tonnen Schnee, Fels und Wasser vom Gipfel des Huascarán herunterbrachen und 3500 Dorfbewohner unter sich begruben.

In dem Maß, wie das Tal sich weiter verbreiterte, verminderte sich die Lawinengefahr so weit, daß sich die Inkastraße auf ihrem Weg durch Huaras, wo «Pumacallai [der Curaca] zu uns kam, um eine neue Staffette von indianischen Trägern zu organisieren», auf der östlichen Seite halten konnte. Auf den vierzig Kilometern zwischen Huaras und Olleros mußte die Straße zweiundzwanzig kleinere und größere Flüsse überqueren, die alle überbrückt waren. «Es gibt eine Brücke aus Stein oder Holz über jeden Fluß.»

«Nachdem wir durch das Tal marschiert waren, wo es viel bebautes Land und zahlreiche Lamaherden gab, machten wir für die Nacht zehn Kilometer vor einem kleinen Dorf namens Pachicoto halt» – das war am 24. Januar. Obwohl das Tampu 4000 Meter hoch auf dem öden Hochland liegt, war hier einst eine wichtige Kreuzung, was durch Mauern, Ruinen und die Spuren von Straßen bezeugt wird. An dieser Kreuzung «verließ Hernando Pizarro die Königsstraße nach Cuzco und schlug die Querstraße ein, die nach Westen an die Küste führte».

Bei Marca, dem nächsten Tampu, wo die Inkastraße noch deutlich zu sehen ist, wandte sich die Expedition nach Westen, passierte einen Engpaß durch die Cordillera Negra und stieg dann ab. Sie erreichten die Küste bei der großen Festung Paramonga, trafen dort auf die gut instand gehaltene Küstenstraße und folgten ihr die restlichen hundertachtzig Kilometer bis Pachacamac. Dort plünderte Pizarro mit einer Rücksichtslosigkeit, die nur zu verstehen ist, weil sie von Atahualpas Befehl gedeckt war, alles Gold und Silber des Heiligtums. Am 13. Februar 1533, als er sein Werk vollendet und Hunderte von indianischen Trägern mit Gold und Silber beladen hatte, befahl er den Rückmarsch.

Auf der Rückreise erfuhr er von seinen Führern, die das von den Chasqui, die ständig die Straßen patrouillierten, gehört hatten, daß Chalcu-chima, einer der tüchtigsten Generäle von Atahualpa in einem Ort namens Jauja im hohen Gebirge sei. Aber wo war Jauja genau? Man sagte Pizarro, es liege tief in den Anden, aber es gebe eine ziemlich direkte Route von Pachacamac dorthin. Nachdem er diese gefunden hatte, brach er dorthin auf.

Als die Truppe auf der Küstenstraße nach Norden vorrückte, machten Hernandos Führer ihn auf eine Zubringerstraße aufmerksam, die die Küstenstraße mit der andinen Königsstraße verband. Diese Zubringerstraße, die von Huara über Sayan, Churin und Oyon zur Königsstraße führte, war auf der Landkarte nur hundert Kilometer lang, aber sie stieg die ganze Strecke bergan. Die Reste dieser Straße, die sich gefährlich an die Wände der Oyonschlucht anschmiegen, sind noch zu sehen.

Unterwegs auf dieser Straße «mußte die Truppe einen Paß überschreiten, wo der Schnee so tief war, daß er den Pferden bis zum Sattelgurt ging». Sie kamen bei Cajatambo heraus, einer Stadt von einiger Bedeutung, bei der viele Bergstraßen zusammenliefen. Sie hat ein arktisches Klima, das noch verschärft wird durch die eisigen Winde, die vom schneebedeckten Gipfel des Yanahuanca herunterwehen, der mit einer Höhe von 5700 Meter die Gegend beherrscht. Pizarro änderte die Richtung und marschierte zu der Königsstraße, die er vorher verlassen hatte, um zur Küste abzusteigen. Der Weg nach Süden verlief nun auf einer von Mauern gesäumten Straße, vorbei am See von Punrrún mit seinem eisigen Ufer; zwei Tage später, am 11. März, erreichte die Truppe die weite Ebene von Pumpu (Bonbón).

Für die Spanier war Pumpu ein «großes Dorf». Als sie dort ankamen, «kamen die Vornehmen des Ortes heraus, um Hernando Pizarro zu begrüßen. Wir fanden hier 150 *arrobas* [ca. 250 Pfund] Gold, die als Teil des Lösegeldes von Atahualpa auf dem Weg nach Cajamarca waren.» Die Reisenden stellten fest, daß dem großen See dort ein Fluß – der Mantaro – entströmte und rund um den See herum viele Dörfer lagen und daß es auch große Schwärme von Vögeln, einschließlich rosafarbener Flamingos, gab, die dort nisteten. Der Mantaro wird von einer Brücke überspannt, deren Pfeiler heute noch zu sehen sind, wenn das Wasser niedrig steht. Auch das Inkadorf Pumpu ist noch sichtbar. Der See, der damals Chincha hieß, ist sechzig Kilometer lang und zehn Kilometer breit und liegt mit seiner Höhe von 3800 Metern höher als der große Titicacasee. Seinen Namen Chincha gab man einer der Provinzen der Welt der Inka – dem Chincha-suyu.

Dreißig Kilometer hinter Pumpu kam die Abteilung nach Xacamalca und nach einem weiteren Tagesmarsch nach Tarma auf einem kahlen Berg oberhalb der modernen Stadt dieses Namens. Hernando Pizarro «verbrachte diese Nacht in Tarma, das am Hang eines Berges liegt. Hier wohnte er in einem bemalten Haus.» Die Überreste von Befestigungsanlagen, Häusern und einem Tampu existieren noch und sind bei den Einheimischen als «Pizarros Häuser» bekannt. Hier machte die Expedition einen Aufenthalt, um sich für den Marsch nach Jauja umzuorganisieren. Der örtliche Häuptling «benahm sich gut» und versorgte sie mit Nahrung und Trägern. Am Sonntag, dem 23. März, stellte Hernando Pizarro seine Männer in Schlachtordnung auf und führte sie hinaus auf die Straße über das Hochland.

An den Seiten der Straße waren, und sind es heute noch, Steine aufgeschichtet und mit Lehm zementiert, so daß sie eine kleine Mauer bilden. Die zehn Meter breite Straße stieß auf ihrem Lauf über das baumlose Hochland auf wenig Hindernisse und war zum größten Teil ungepflastert, wie gewöhnlich bei Straßen, die über solches Gelände verliefen. Wo jedoch die Straße eine starke Steigung zu überwinden hatte, hatten die Ingenieure breite Stufen gebaut, die mit Steinen gesäumt waren. Wo außerdem die Straße einen Sumpf überquerte, war sie auf einem Damm erbaut, der gewöhnlich ein Steinfundament hatte. Verlief sie durch ein regenreiches Gebiet, so mußte sie sogar gepflastert werden. Im allgemeinen freilich bot das harte, gut entwässerte Hochland und auch das Land entlang der öden Küste der Straße einen Unterbau, der dauerhaft genug war und kein Pflaster erforderte. In Abständen von sechs Metern gab es steinerne Entwässerungskanäle quer über die Straße, die den Regen hinreichend von der Erdstraße ableiteten. All das kann man heute noch so deutlich sehen wie damals, als Hernando Pizarro vor 450 Jahren über diesen Abschnitt der Königsstraße zog.

«Die Stadt Jauja», heißt es in Pizarros knappem Bericht, «ist sehr groß. Sie liegt in einem schönen Tal und hat ein gemäßigtes Klima. Ein großer Fluß – der Mantaro – fließt in der Nähe der Stadt vorbei. Das Land ist fruchtbar.»

Die Stadt war auch strategisch wichtig: wer Jauja besaß, konnte jede Bewegung nach Norden kontrollieren. Sie beherrschte das Tal des Mantaro und auch eine der wichtigsten und direktesten Routen zur Küste. Die ursprünglichen Bewohner waren die Wanka, «Feldwächter». Sie waren ein kämpferisches Volk, dessen Häuser «als runde Festungen aus Stein wie kleine Burgen gebaut waren». Um ihre ausgedehnten, dicht bepflanzten Felder zu verteidigen, benutzten die Wanka die Schleuder als Waffe, und mancher ausgegrabene Schädel zeugt für ihre Treffsicherheit mit diesem Instrument, wie man an den vielen trepanierten Schädeln sieht, die in der Umgebung entdeckt wurden. Im frühen fünfzehnten Jahrhundert blockierten die Wanka erfolgreich den siegreichen Vormarsch der Inka nach Norden. Obwohl Topa, der zehnte Inka, durch seine Botschafter versuchte, sie zu bewegen, «seine Freunschaft anzunehmen, ohne daß er sie sich durch einen Krieg nehmen müßte», weigerten sich die Wanka. Vor die Wahl zwischen Integration oder Vernichtung gestellt, entschieden sie sich für Vernichtung. Die Schlacht, die nun folgte, war kurz, blutig und endgültig: die Wanka wurden dem Reich eingegliedert. Die Inka zwangen ihnen ihr politisches Systen und ihre Religion auf, beließen ihnen aber ihre Riten, Gebräuche und die Sprache.

In den fünf Tagen, die Hernando Pizarro hier verbrachte, «sah er jeden Tag 100000 Menschen sich auf dem Hauptplatz zum Markt versammeln». Aber die Spanier waren nicht gekommen, um Leute zu zählen, sondern um General Chalcu-chima, den Sieger über Huascar und eine vermutliche Quelle des Widerstandes, in die Hand zu bekommen und ihn nach Cajamarca zu bringen. Es war das erste Mal, daß der Inkageneral in persönlichen Kontakt mit den «Bärtigen» kam, und zum erstenmal in seiner langen militärischen Laufbahn wußte Chalcu-chima nicht, wie er sich verhalten sollte. Seltsame Leute waren vom Meer her gekommen, setzten Atahualpa gefangen, um ein Lösegeld zu bekommen, und er wußte nun nicht, ob er kämpfen oder fliehen sollte. Hernando Pizarro nahm ihm die Entscheidung ab: sein Platz war neben Atahualpa. So folgte Chalcu-chima in seiner Sänfte mit einem großen Gefolge von blaugekleideten Rucana, die abwechselnd die Sänfte trugen und ausruhten, den Eroberern über die Königsstraße zurück nach Cajamarca.

Die große Stadt Huánuco – 3700 Meter hoch gelegen – wurde am letzten Tag des März erreicht, nachdem die Marschkolonne fünfundzwanzig Kilometer auf «Straßen zurückgelegt hatte, die wegen des Schnees gepflastert waren». Pedro de Cieza sah die Stadt 1547, dreizehn Jahre, nachdem Hernando Pizarro hier gewesen war. Er rühmte an ihr, daß sie «einen bewundernswert aus sehr großen, kunstvoll gefügten Steinen erbauten Königspalast besaß und daneben den Sonnentempel. Die Verwalter der Inka waren damit beschäftigt, den Tribut aus der Gegend, die dem Unterhalt dieses Palastes diente, einzutreiben.»

Huánuco, die bedeutendste Stadt der Provinz der Huamilien, war die größte Stadt zwischen Cuzco und Tombebamba. Allein an dem gewaltigen Hauptplatz lagen acht große Gebäude. Man erreichte sie auf drei Treppen, und die Tore waren mit skulptierten kauernden Pumas geschmückt. Auf den Hügeln lagen die Häuser der Bewohner und 3000 Lagerhäuser. Pedro de Ciezas Schätzung von 30000 Einwohnern scheint ziemlich zutreffend zu sein. Die Gewohnheit, Tribut zu zahlen, war so eingewurzelt, daß noch fünfzig Jahre nach der Eroberung die Nachkommen derjenigen, die Huánuco untertan waren und den Inka Tribut zahlten, diesen auch noch an den spanischen Vizekönig von Peru leisteten. Als die Tributzahlungen allmählich nachließen, sandte der Vizekönig 1562 einen gewissen Iñigo de Zuñiga aus, um die Gründe dafür zu erfahren. Die Indianer wurden eingehend über den Ursprung und die Art und Menge des an den Inka bezahlten Tributs befragt. Der folgende Auszug aus Zuñigas Bericht ist typisch: «Haus 35. In diesem Haus lebt eine indianische Frau namens Ana Colque. Witwe, etwa siebzig Jahre alt, ohne Söhne oder Töchter. Sie erinnert sich nicht mehr an den dem Inka geleisteten Tribut. Ihr Tribut ist ein Knäuel gesponnenen Wollfadens alle vier Monate und jedes Jahr ein Hühnchen und einige Eier.»

Die ursprünglichen Bewohner in vorinkaischer Zeit hießen Macha. Das Gebiet wurde 1462 vom Topa Inka erobert. Eine Gruppe von Mitimaes (Kolonisten) wurde hier angesiedelt, um die Treue des Landes zum Inka sicherzustellen. Tribut wurde von allen erhoben. Im Tal des Marañón, eines bedeutenden Nebenflusses des Amazonas, bestand der Tribut aus Cocablättern, Fisch, Mais und Goldstaub; in den kühleren Gebieten aus Kartoffeln, Salz und *cabuya*-Fasern.

Der ehrwürdige Karmeliterpater Vásquez de Espinosa, der weite Strecken zu Fuß und auf einem Maultier durch Peru reiste, um zu ermessen, wie viele Menschen er bekehren müßte, ritt 1564 nach Huánuco. Er fand, daß es «auf einer weiten und reizvollen Ebene liegt, in einer schönen, wenn auch öden Landschaft ohne einen einzigen Baum». Auch er sprach von der ausgezeichneten Steinbauweise der königlichen Paläste, «viele Gebäude waren groß genug, um einen Rennplatz zu enthalten, und es gab warme Bäder». Das heiße Wasser der Schwefelbäche wurde aus einiger Entfernung in geschlossenen Rohrleitungen hergeführt; die alten Bäder in Huánuco sind noch erhalten.

Ein zwanzig Kilometer langer Abschnitt der Königsstraße von Huánuco nach Cajamarca ist eingehend erforscht worden. Die Umrisse der symmetrischen Gebäude, die einst das Tampu von Tarapaco waren – die erste Haltestation nach Huánuco, wo Hernando kurz haltmachte –, sind noch zu sehen. Auf dem ebenen, flachen Hochland ist die Straße oft nicht weniger als zwölf Meter breit, was vermuten läßt, daß sie dazu gebaut wurde, Raum für eine ansehnliche Streitmacht zu bieten. Auf den Gefällstrecken wird die Straße von Stützmauern gehalten und durch mit Stein eingefaßte Rohre von hervorragender Ausführung entwässert. Besonders starke Gefälle wurden vermittels Steinstufen, die nicht höher als zehn Zentimeter waren, überwunden. Die Stufen bereiteten den Spaniern mit ihren Pferden Schwierigkeiten, den Inka jedoch nicht, die fast immer zu Fuß reisten. Trotz jahrhundertelanger klimatischer Einwirkungen –

den täglichen Extremen der Temperatur, ständigem Regen, Schnee und Frost – ist dieser Abschnitt der Straße noch benutzbar.

Die Treppenstraße führte zum Viscarra-Fluß hinunter, den sie auf einer Brücke überquerte, die Hernando Pizarros Schreiber als «die allernötigste Brücke in der Provinz» bezeichnete. Sie war keine Hängebrücke, sondern eine hölzerne, wie es bei Flüssen üblich war, die schmal genug waren, um von Balken überspannt zu werden. Sie war «aus sieben elf Meter langen Baumstämmen erbaut, die mit kleineren Zweigen bedeckt und mit Lehm gepflastert waren».

Nachdem die Straße mehrere größere und kleinere Flüsse überschritten hatte, führte sie die Männer zu «einem guten Dorf namens Huari, wo ein großer und tiefer Fluß ist [Quebrada Huaritambo], über den eine weitere Brücke führt. Diese Stellung ist sehr stark, da auf beiden Seiten tiefe Abgründe sind.» Hier brach Chalcu-chima sein Schweigen, um einem Mitstreiter zu zeigen, daß er hier eine Schlacht gegen Huascar und seine Truppen geschlagen habe, die den Paß bewachten.

Nach 25 Kilometern erreichte die Truppe Huacabamba, wo zwei Bäche in einen großen Fluß einmünden. Dort stießen sie wieder auf «einen tiefen Fluß mit *zwei* Brücken, und zwar Hängebrücken aus Netzwerk nahe beieinander. Die Taue ruhten auf Steintürmen dicht am Ufer des Flusses. Die Seile, die von einer Seite bis zur anderen hinüberreichen, sind so dick wie der Schenkel eines Mannes, und zwischen ihnen sind kräftige Stricke aus demselben Material, die die Bretter der Brücke tragen. Die Pferde kamen ohne Schwierigkeiten hinüber.»

Dann folgte die Wegstation Piscobamba. «Sie ist an der Flanke eines Berges erbaut. Die Indianer tragen auf dem Kopf eine Art Strähne aus rotgefärbter Wolle.»

«Die Straße ist eine Augenweide», schrieb Pedro de Cieza, als er vierzehn Jahre später dieselbe Straße ging, «wie schön ist sie gebaut, glatt und breit! Sie verläuft über Berge und ist zum Teil aus dem gewachsenen Fels herausgehauen, wo es dann Treppen und Ruheplätze gibt.» Hernando Pizarro erreichte Conduco auf dieser Straße. Wenig später kam er mit seiner Truppe nach Andamarca, heute Mollebamba. Dort waren sie früher im gleichen Jahr von der Gebirgsstraße zur Straße nach Pachacamac und der heißen Wüstenküste hinunter abgebogen. «An diesem Punkt vereinigten sich die beiden Königsstraßen nach Cuzco.»

Als Hernando Pizarro am 25. Mai 1533 nach Cajamarca zurückkam, waren er und seine «Zwanzig» über 1900 Kilometer auf Inkastraßen gereist. Er hatte viele Inkabrücken überschritten, und seine – die erste – Beschreibung von ihnen stammt aus der Zeit, wo das ursprüngliche Wartungssystem noch funktionierte. Auf seiner goldsammelnden, bilderstürmerischen Reise nach Pachacamac hatte er einen gewaltigen Streifen feindseligen Landes durchquert, wobei ihm lediglich Atahualpas Wort sicheres Geleit bieten konnte. Er hatte mehr von der Inkastraße in ihrem ursprünglichen Zustand gesehen und beschrieben als jeder andere Europäer, und obwohl der Gedanke an das Gold für ihn die treibende Kraft war, war doch die Erkenntnis, daß ein für primitiv gehaltenes Volk solche Straßen über ein derart unwirtliches Gelände anlegen konnte, überwältigend. Er war mit einer genauen Kenntnis der Verbindungslinien und einem Plan für die zukünftige Eroberung zurückgekehrt.

Im November 1533, sechs Monate nachdem er seinen Bericht fertiggestellt hatte, unterbreitete er ihn auf der Insel Santo Domingo dem königlichen Historiographen Oviedo. Er berichtete: «Ich erhielt die Erlaubnis des Gouverneurs Francisco Pizarro, zu einer Moschee zu gehen, von der ich Kenntnis bekommen hatte. 500 Kilometer entfernt an der Meeresküste in einer Stadt namens Pachacamac gelegen, brauchten wir zweiundzwanzig Tage, um dorthin zu gelangen. Die Straße über das Gebirge ist sehr sehenswürdig, weil Straßen, die trotz der Schroffheit des Bodens so schön angelegt sind, wahrlich nirgends in der Christenheit zu finden sind. Der größere Teil von ihnen ist gepflastert. Über jeden Fluß gibt es eine Brücke aus Stein, Hanf oder Holz. Wir kamen zu Hängebrücken über einen sehr großen und reißenden Fluß [den Santa], die wir zweimal überquerten, und diese Brücken waren wunderbar anzusehen. Sie sind so stark gebaut, daß die Pferde auf ihnen gehen konnten. Bei jedem Übergang gibt es zwei Brücken, eine für das gemeine Volk, die andere für die Vornehmen und Hauptleute. Die Zugänge zu den Brücken sind geschlossen und von Wächtern bewacht. Das Land ist dicht bevölkert. Es gibt in vielen Gebieten Goldminen. Es hat ein kaltes Klima. Es schneit, und es gibt viel Regen. Sümpfe gibt es nicht. Brennmaterial ist knapp. Alle Leute aus dem umliegenden Land kommen zu den Tampu-Städten, um ihre Pflichten zu erfüllen, wenn das Heer durch das Land zieht. In diesen Tampu haben sie Vorräte an Brennmaterial, Mais und allem anderen Notwendigen. Sie zählen mit gewissen Knoten und Schnüren [Quipu] und notieren damit, was jeder Häuptling gebracht hat. Wenn sie Ladungen von Brennmaterial, Mais, Chicha oder Fleisch bringen müssen, nehmen sie die Knoten weg [auf einem Quipu] oder machen einen neuen Knoten auf die anderen Schnüre, so daß die, die die Lagerhäuser unter sich haben, genaue Konten führen können. Als wir bei den Wüstenebenen der Meeresküste ankamen, trafen wir Leute, die weniger zivilisiert waren, aber das Land war gleich stark bevölkert. Die Straße ist sehr breit, mit einer irdenen Mauer [Adobe] an beiden Seiten und Rasthäusern [Tampu] in gewissen Abständen. Es gibt sehr große Dörfer; die Häuser der Indianer sind aus Schilfrohr und Lehm erbaut. Denn in diesem Land regnet es nie. Die ummauerte Straße durchquert dieses ganze Land.»

So vermittelte uns Hernando Pizarro den ersten und letzten flüchtigen Eindruck eines Reiches, das kurze Zeit später unwiderruflich zerstört wurde.

KAPITEL

V

Die goldenen Heerstraßen der Inka

Der Raum war ausgemessen. Der Sekretär Francisco de Xeréz hatte mit seinen mathematischen Kenntnissen, deren er sich rühmte, berechnet, daß der von Atahualpa bestimmte Raum fünf Meter breit, knapp sieben Meter lang und zweieinhalb Meter hoch war und ein Fassungsvermögen von etwa 85 Kubikmeter hatte. Atahualpa hatte versprochen, ihn einmal mit Gold und zweimal mit Silber zu füllen. Francisco Pizarro war über dieses Lösegeldangebot so überrascht, daß er Xeréz kommen ließ, um das als «formelle Verpflichtung» zu bezeugen. Es war spät im November 1532.

Pizarro fragte Atahualpa, wie lange seine Boten brauchten, um die 1500 Kilometer lange Strecke bis zur Stadt Cuzco zurückzulegen, und wie lange es dauern würde, bis das Lösegeldversprechen eingelöst wäre. Atahualpa antwortete vermittels der anwesenden Dolmetscher: «Wenn die Chasqui ausgesandt werden, laufen sie von Posten zu Posten, von Dorf zu Dorf; fünfzig in rollendem Einsatz, es wird fünf Tage dauern.» Das war buchstäblich wahr.

So wurde die Königsstraße eine goldene Straße. Lange Kolonnen von Indianern kamen beladen mit Gold und Silber in den verschiedensten Formen an. Aber da Gold schwerer ist als Eisen und ein schwerbeladener Mann höchstens fünfundzwanzig Kilometer am Tag zurücklegen kann, war der Zufluß an Schätzen nach Cajamarca unvermeidlicherweise langsam. Zwei, drei, sogar vier Monate vergingen, und immer noch war der Raum nicht gefüllt. Nicht einmal der schöne Ertrag von Hernando Pizarros goldsammelnder Reise konnte das Loch stopfen, «obwohl ich 85000 Castellano Gold und 3000 Mark Silber gesammelt hatte». Ein Castellano oder Peso Gold ist gleichbedeutend mit sechzehn Unzen, und eine Mark Silber ist etwas mehr als eine Unze.

Der Lösegeldraum füllte sich, aber nicht mit der Schnelligkeit, die sowohl der Sieger als auch der Besiegte wünschten. Die Zeit wurde nun für beide Parteien zum Feind. Im Februar traf Diego de Almagro, Pizarros ursprünglicher Partner bei der Eroberung, mit Verstärkungen ein, wodurch er zwar nicht das Füllen des Raumes mit Gold und Silber, das weiterhin zuströmte, beschleunigte, statt dessen jedoch den Abschied des Großinka Atahualpa von dieser Erde. Der Transport von Gold über so große Entfernungen – von Quito 1300, von Cuzco 1500, von Chile 4200 Kilometer – war zeitraubend.

Während Humboldt 1801 in Cajamarca war, wurde ihm «der Raum, in dem der unglückliche Atahualpa neun Monate lang gefangengehalten wurde, gezeigt». Der Verfasser dieses Buches sah den Raum 1945 und fotografierte ihn. Er erkannte ihn als typisches spätinkaisches Gebäude aus schön gefügten Quadersteinen mit mehreren Nischen, dem Kennzeichen der Inkaarchitektur.

Pizarro erklärte plötzlich, daß das Lösegeldversprechen erfüllt sei, obwohl die 85 Kubikmeter noch nicht ganz gefüllt waren. Seine Ankündigung entsprang keinem tiefverwurzelten humanen Instinkt, sondern erfolgte, weil die Soldaten unruhig wurden, da sie fürchteten, daß gegnerische Streitkräfte zusammengezogen würden, und nun, nachdem sie zwei Jahre gewartet hatten, ihren Anteil an der Beute forderten.

Am 3. Mai 1533 fingen die Goldschmiede an, das Gold zu zuckerhutförmigen Barren einzuschmelzen, und kurz darauf begann der Prozeß, der zu dem Justizmord an Atahualpa führte. Am 18. Juni 1533 war die Verteilung des Lösegelds von Atahualpa beendet. Am Samstag, dem 26. Juni 1533, «als die Nacht hereinbrach, holte man den Inka aus seinem Gefängnis hervor und führte ihn mitten auf den Hauptplatz von Cajamarca; zum Klang von Trompeten wurde ihm vorgeworfen, Verrat und Treuebruch geplant zu haben, und er wurde an einen Pfahl gebunden». Als er noch im Gefängnis war, hatte man ihm versprochen, daß kein Tropfen seines Blutes vergossen würde, wenn er einwillige, Christ zu werden. Die Christen hielten ihr Versprechen: Atahualpa wurde ein Strick um den Hals gelegt, und er wurde erdrosselt. Mehrere Konquistadoren protestierten und setzten zu diesem Zweck sogar eine Denkschrift auf, die sie unterzeichneten; sie widersetzten sich diesem im Namen Gottes und der Justiz verübten Justizmord. Der missionarische Eifer der Spanier hatte den Glauben bis an den Rand des Wahnsinns getrieben: Liebe zu Gott und Liebe zu Gold waren nun so unentwirrbar ineinander verwoben, daß man unmöglich sagen konnte, wo die eine endete und die andere begann.

Für Michel de Montaigne, den berühmten Essayisten, Humanisten und Oberbürgermeister von Bordeaux, war die Unterscheidung jedoch kein Problem: «Sie erdichteten eine falsche Anklage mit falschen Beweisen gegen Atahualpa. Der Inka hatte sich als aufrichtiger, großzügiger und standhafter Charakter erwiesen. Nachdem die Eroberer 1000325 Unzen Gold und außerdem Silber als Lösegeld von ihm erpreßt hatten, ließen sie ihn heimtückisch öffentlich erdrosseln, eine furchtbare und unerhörte Schandtat.»

Aber alle Pferde und Männer des Königs konnten Atahualpa nicht mehr zum Leben zurückbringen. Er erhielt ein prächtiges Begräbnis, worauf sein Volk seinen Leichnam an einen unbekannten Ort brachte; ein Inka, der nicht mehr als eine Marionette war, wurde gewählt, und die Eroberer machten sich auf den Weg nach Cuzco.

Dank der detaillierten Information über die Inkastraße zwischen Cajamarca und Jauja, die Hernando Pizarro und seine «Zwanzig» mitgebracht hatten, konnte das Erobererheer im voraus planen, wann es die verschiedenen Stationen unterwegs erreichen und wieder verlassen würde.

Pedro Sancho de la Hoz, der königliche Notar, führte das Tagebuch. Obwohl er erst zweiundzwanzig war, als die Eroberung begann, verfaßte er den Bericht über die Verteilung von Atahualpas Lösegeld, wobei er überaus sorgfältig jeden Anteil, einschließlich seines eigenen, aufschrieb, der 94 Mark Silber und 2220 Peso Gold betrug. Nach eigener Aussage war er ein Edelmann «von untadeliger Geburt» und wurde Zeuge aller Ereignisse zwischen 1531 und 1534. Er kehrte dann nach Spanien zurück, heiratete dort und zog vier Jahre später erneut nach Amerika. Bei der Eroberung von Chile verlor er dann seinen Kopf. Pedro Sancho berichtete alle Vorfälle, die sich auf der Inkastraße nach Jauja ereigneten.

Francisco Pizarro erfaßte sogleich die strategische Bedeutung von Jauja und machte es zur ersten Hauptstadt der neu eroberten Gebiete. 2600 Meter über Meereshöhe in dem Tal gelegen, das der Mantaro-Fluß, der an der Stadt vorbeifließt, sich gegraben hatte, beherrschte sie sowohl das Tal wie auch vier Straßen. Die grünen Täler ringsum waren intensiv bebaut, und die Berge über ihr waren belebt von zahmen Lamas und Alpakas, während es überall in der Gegend kreisförmige Lagerhäuser aus Stein – *colca* – gab. Von Jauja verlief in westlicher Richtung der nächste Weg zur Küste – die Straße, die Hernando Pizarro vom Heiligtum in Pachacamac her eingeschlagen hatte.

Pedro de Cieza traf im Dezember 1547 in Jauja ein, dreizehn Jahre, nachdem die Brüder Pizarro auf ihrem Marsch zur endgültigen Eroberung von Cuzco durch den Ort gekommen waren. Er war damals, so wie er es 1533 gewesen war, ein Truppensammelplatz, aber diesmal richtete sich die Aktion gegen Gonzalo Pizarro.

Gonzalo, der jüngste der vier Pizarros, war in der verarmten Provinz Estremadura, jener Geburtsstätte der Konquistadoren, geboren worden. Nach Augustín de Zárate war er – 1545, als er vierzig Jahre alt war – «groß und wohlproportioniert; sein Teint war dunkel, der Bart schwarz und sehr lang. Er liebte den Kampf und war sehr ausdauernd in Mühsal. Er war ein guter Reiter und ein sicherer Arkebusenschütze. Wenn man die Armut seiner Sprache in Betracht zieht, konnte er sich gut, wenn auch etwas grob, ausdrücken. Er konnte kein Geheimnis bei sich behalten und war unmäßig in seiner Lust auf Frauen, seien es indianische oder spanische.» Gonzalo gewann die Zuneigung seiner Männer. Man nannte ihn «die beste Lanze, die je nach Peru gekommen war». «Die Pizarros», schrieb ein Zeitgenosse, «wuchsen alle in Armut auf, sie waren so stolz wie arm. Ihre Gier nach finanziellem Gewinn stand in direkter Proportion zu ihrer Armut.» Gonzalo hatte seinen Anteil an Atahualpas Lösegeld bekommen, nämlich 384 Mark Silber und 9909 Peso Gold und hatte einen hervorragenden Anteil sowohl an der Eroberung als auch an den darauffolgenden Bürgerkriegen. Seine quichotteske Expedition, um die Quelle des Zimts zu finden – eine Expedition, die 50000

Castellano, zumeist geliehen, kostete und zur Entdeckung des Amazonas führte –, war nicht weniger heroisch als viele der in der Ilias beschriebenen Heldentaten. Bei seiner Rückkehr im September 1542, nachdem er 210 Spanier, 4000 Indianer, 5000 Schweine, 1001 Hunde und ganze Herden von lastentragenden Lamas verloren hatte, traf er die Welt in Peru nicht mehr so an, wie er sie verlassen hatte: Francisco Pizarro war ermordet worden; sein Bruder Hernando, der nach Spanien gereist war, um die Hinrichtung Diego de Almagros zu rechtfertigen, war auf Lebenszeit eingekerkert worden; und die «Neuen Gesetze» wurden landauf, landab verkündet.

Denn im selben Jahr 1542 hatte der Indienrat auf Grund vieler Beschwerden über grausame Behandlung von Indianern, die der Krone zu Ohren gekommen waren, die «Neuen Gesetze für eine gute Behandlung und den Schutz der Eingeborenen» erlassen. Diese Gesetze schafften die Leibeigenschaft der Indianer ab und befreiten sie von der Zwangsarbeit. Die Kolonisten, die als Teil ihres Besitzes auf Grund des *encomienda*-Systems Indianer hatten, wurden für deren Wohlergehen rechenschaftspflichtig.

Da die hauptsächlichste Ertragsquelle eines Siedlers die Zwangsarbeit war, stießen die «Neuen Gesetze» auf heftige Opposition. In Peru brach eine offene Rebellion aus, und Gonzalo Pizarro wurde ihr anerkannter Führer mit dem angemaßten Titel eines *procuradors*. Weil er über die grenzenlosen Einkünfte der jüngst entdeckten Silberminen von Potosí verfügte, hatte Gonzalo Pizarro «ein größeres Einkommen als in Spanien der Erzbischof von Toledo und der Graf von Benavento». Er führte die Opposition gegen den neuen Vizekönig Blasco Núñez an, der am 18. Januar 1546 eingetroffen war, um die «Neuen Gesetze» durchzusetzen.

Als dieser auf Widerstand stieß, rief der Vizekönig aus: «Ist es denn möglich, daß unserem Kaiser Karl, den alle in Europa fürchten, hier von diesem Bastard Gonzalo Pizarro, der sich weigert, die Gesetze zu befolgen, der Gehorsam versagt wird?» Der Vizekönig erhielt die Antwort auf dem Schlachtfeld: er wurde verfolgt, besiegt und enthauptet. Danach war Gonzalo Pizarro der unbestrittene Herr von Peru und besaß außerdem die Silberminen von Potosí und eine große Flotte, die den Pazifik von Peru bis Panama kontrollierte.

Er übernahm die Rolle des Gouverneurs, ließ sich die ausgestreckte Hand küssen, umgab sich mit einer Leibwache und gebrauchte das königliche «Wir».

«Warum ernennen Sie sich nicht selbst zum König von Peru?» fragte Francisco de Carbajal, sein Polizeihauptmann. «Denn in Wirklichkeit sind Sie es ja schon. Sie haben die Waffen gegen den Vizekönig erhoben und ihn in der Schlacht getötet. Sie sind nun schon zu weit gegangen, um einzuhalten oder gar sich zurückzuziehen. Lassen Sie sich zum König ausrufen, heiraten Sie eine Inka-*coya* [Prinzessin], die direkt von den Inka abstammt, *einigen Sie die beiden Rassen*, so daß sie sich in Zukunft des Friedens unter einem gemeinsamen Zepter erfreuen können.» Carbajal, dieser falstaffsche Achtzigjährige, wußte immer so rasch klugen Rat, daß das Volk glaubte, er habe einen «Schutzgeist»; auf der anderen Seite hingegen hatte er sich mit seiner scharfen Zunge, seiner Schlauheit und dem langen Schwertarm den Beinamen «Dämon der Anden» erworben. Er schien in der Schlacht unempfindlich gegen Gefahr, war kühl, aufmerksam und vorsichtig. War er der Sieger, so maß er die Gerechtigkeit so sachte zu, daß es den Menschen ein Vergnügen zu bereiten schien, von ihm gehenkt zu werden. An den Bäumen von Peru baumelten die Männer, die sich der Politik Pizarros widersetzt hatten. «Nie», schrieb Pedro de Cieza, als er sich über Carbajals Untugenden moralische Gedanken machte, «hat es jemand gegeben, der an Grausamkeit mit ihm zu vergleichen gewesen wäre, weder Marius noch Sulla, Dionysius oder Phalaris; denn in jeder Art von Grausamkeit erwies er sich als Altmeister. Die Bäume von Quito bis zu den Bergen von Potosí, an denen seine Opfer hängen, sind Zeugen dafür.»

Obwohl eindeutig ein Mann seiner Zeit – gierig und räuberisch wie so viele – war Carbajal viel weitsichtiger als die meisten und sah schon, um vier Jahrhunderte seiner Zeit voraus, wie sich die Sozialstruktur Lateinamerikas entwickeln würde. Er war ein außergewöhnlicher Mann in außergewöhnlicher Zeit.

Außer der schlichten Tatsache, daß er um 1460 in Ragama, Arevalo, in Altkastilien geboren wurde, weiß man nichts über seine Jugend oder Herkunft, obwohl Stil und Qualität seiner Berichte vermuten lassen, daß er eine gute Erziehung genossen haben muß. 1500 war er Soldat und wurde einer der berühmten spanischen *tercios*, der hervorragendsten Infanterie in Europa. Bei der Plünderung von Rom – 1527 – eignete er sich ein Archiv notarieller Akten an, die der Besitzer so dringend wiederbekommen wollte, daß er ihm 1000 Dukaten für die Rückgabe bezahlte. Mit diesem Geld finanzierte Carbajal, der nun schon über siebzig war, seine Reise nach Amerika und traf nach einem Aufenthalt in Mexiko in Peru ein. Das war 1536 während einem der Aufstände.

Sein erster Auftritt in Peru war in der Schlacht von Chupas bei der großen Inkastadt Vilcas-huamán. Er war da einer der «Männer des Königs», wie schon seit sechzig Jahren. Als erfahrener Haudegen wurde er zum Hauptfeldwebel ernannt. Später nahm er an verschiedenen Feldzügen teil und erwarb sich damit Reichtum, aber als er von den «Neuen Gesetzen» hörte, die seiner Meinung nach einen mörderischen Streit zur Folge haben mußten, verwandelte er seinen Reichtum in Silberbarren und stellte beim Rat in Lima den Antrag, ausreisen zu dürfen. Das wurde ihm abgeschlagen, und da er sich nun also aus den kommenden Wirren nicht heraushalten konnte, schloß er sich zögernd Pizarros Aufstand an. «Ich wollte», erklärte er, «meine Hand nicht an den Kettenfaden dieses Gewebes legen, aber wie die Dinge nun einmal liegen, verspreche ich, der Hauptweber zu sein.» Was er dann auch wurde, wobei der dominierende Kettenfaden des Gewebes blutrot war.

Wenn er nicht gerade gegen die Männer des Königs, die Gonzalo Pizarro nicht akzeptieren wollten, stritt und sie verfolgte, bearbeitete er die Silberminen, die 1545 bei Potosí entdeckt worden waren; er sah voraus, daß «die Minen wertvoller sein würden als ganz Altkastilien in Spanien». Später stellte es sich heraus, daß sie die reichste Quelle für Silber in der ganzen Welt waren. Eine weitere Beschäftigung Carbajals war, Menschen Geständnisse zu entlocken: «Ich ließ Diego Maldonado nackt auf den *burro* [ein Folterinstrument] spannen. ‹Mutter Gottes›, schrie er, ‹tötet mich nicht.›» Auch als er schon weit über achtzig war, ließ ihn seine Energie nicht im Stich: einmal ritt er über die Inkastraßen von Chuquisaca nach Quito, eine Entfernung von 3400 Kilometer, kehrte nach Lima zurück und brach wieder auf zu einer Schlacht, die sich beim Tampu von Huarina in der Nähe des Titicacasees entwickelte.

1547 bereitete ihm jedoch hauptsächlich Pedro de La Gasca Kopfzerbrechen.

La Gasca war im Juli 1546 ohne Waffen und Gefolge in Panama eingetroffen. «Majestät», sagte er zu seinem König, «dieses Unternehmen scheint mir schwierig und gefährlich.» Er bat deshalb um unbeschränkte Vollmacht, die ihm auch erteilt wurde. Außerdem erhielt er auf seinen Wunsch, wie schon gesagt wurde, ein Bündel königlicher Blankodekrete, die er ganz nach seinem Belieben ausfüllen konnte. La Gasca, der in Salamanca Recht und Theologie studiert hatte, hatte sich bereits in anderen Verhandlungen im Auftrag der Krone als sehr geschickt erwiesen. Trotz einer etwas schwachen körperlichen Konstitution und obwohl er wenig von militärischen Dingen verstand, besaß er doch einiges, was zu seinen Gunsten sprach: er war sehr reich und infolgedessen unzugänglich für Bestechung. Von Panama aus sandte er Briefe an alle Kommandanten in Südamerika und forderte sie auf, an die Seite des Königs zu treten. «Schlaue Briefe», sagte Francisco de Carbajal wütend. Einer dieser Briefe gewann den bewährten Kämpfer Sebastián de Belalcázar für La Gasca und danach auch den jungen Soldaten und Historiker Pedro de Cieza.

Zum Auftakt ging die Armada, Gonzalo Pizarros Flotte, zu La Gasca über, der damit die Herrschaft über das Meer erlangte. Trotzdem lehnte Pizarro ein Gnadenangebot ab. «Wir wollen keine Gnade für das, was wir getan haben», sagte er, «wir wollen Anerkennung. Ich werde als Regent sterben.» Er zog sich mit seiner Streitmacht nach Cuzco zurück, um La Gasca zu erwarten. Während der Wartezeit verfolgte er eine Politik der verbrannten Erde. Auf der ganzen Länge der Wüstenküste von Tumbes bis Lima wurden Tampu, Brücken und Lamas vollständig vernichtet und zerstört. Diese Maßnahme löschte die Zuchtbestände von Lamas, die an das heiße Küstengebiet akklimatisiert waren, aus, so daß das Lama hier nie mehr als Haustier heimisch wurde. Außerdem erlitt das Kommunikationssystem der Inka in dieser Zeit mehr Schaden als in den ganzen vergangenen zehn Jahren.

Da Gonzalo Pizarro die hohen gebirgigen Gebiete beherrschte, teilte Pedro de La Gasca sein Invasionsheer in verschiedene Abteilungen auf, damit Pizarro nicht erkennen sollte, wo der Hauptschlag geführt würde.

Am 27. Dezember schrieb Pedro de La Gasca von Jauja aus einen dreiundzwanzig Seiten langen Bericht an den König. Er schrieb, wie er seine Truppen in vier Abteilungen geteilt habe, damit sie nicht gleichzeitig in einen Hinterhalt geraten konnten, und wie alle über die Haupt- und Querstraßen der Inka vorgegangen seien, einige davon auf «der Huayna-Capac-Straße, die von Huánuco nach Bonbón – Pumpu – führt». Im Dezember, nachdem sich alle vier Abteilungen wohlbehalten in Jauja getroffen hatten, bereitete er sich auf den letzten Marsch auf der Inkastraße zur Schlacht mit Gonzalo Pizarro vor. Zu diesem Zeitpunkt schrieb Carbajal in gehässigem Ton an La Gasca, er möchte «die Heilige Schrift sehen, durch die Sie sich befugt finden, mit Ihrem Fuchsgewissen zu erklären, daß der Kaiser Ihnen geheime Instruktionen erteilt habe, unseren Gouverneur Gonzalo Pizarro zu bekämpfen». Er betonte, daß es eine Verschwendung von Zeit und Menschenleben sei, weitere Boten mit Gnadenangeboten zu senden, «denn als sie hier ankamen, ließ ich zwei aufhängen. Möge Gott Ihre ehrwürdige Person schützen, und mögen Ihre Sünden Sie meinen Händen ausliefern.»

Pedro de Cieza traf im Dezember 1547 als Angehöriger einer der vier Abteilungen in Jauja ein. Bis dahin war er schon über 1600 Kilometer auf Inkastraßen an der Küste und im Hochland gereist und hatte dabei reichlich Zeit, wie er sagte, «überallhin einen Abstecher zu machen, um so viel wie möglich von den einzelnen Gebieten zu sehen und dabei zu erfahren und aufzuschreiben, was an ihnen bemerkenswert war». Seine Aufzeichnungen schwollen an, und es war für den jungen Soldaten im aktiven Dienst keine kleine Aufgabe, sich um seine Manuskripte zu kümmern. Außerdem war das Schreiben damals außerordentlich teuer, denn ein einziger Bogen Kanzleipapier kostete so viel wie fünfzig Jahre später ein Pferd. «Oft», sagte er bescheiden, «mühte ich mich mit Schreiben ab, während die anderen Soldaten ausruhten. Aber weder das noch die Schwierigkeiten des Landes, der Berge und der zu überquerenden Flüsse, noch auch der unerträgliche Hunger und die holperigen Straßen behinderten je meine zwei Berufe: den, die Geschichte aufzuschreiben, wie sie sich ereignete, und den, mit unvermindertem Respekt der Fahne meines Hauptmannes zu folgen.»

Kaum hatte Pedro de Cieza Peru betreten, erkannte er, daß die Inka einen Kurierdienst auf den Königsstraßen unterhielten. «Nachrichten wurden von Chasqui von Quito nach Cuzco getragen. Die Inka erfanden ein System von Kurierposten. Alle drei Kilometer stand ein kleines Haus, wo zwei Indianer ständig mit ihren Frauen wohnten.» Jeder Kurier lief seine drei Kilometer, bis er zum nächsten kam, dem er seine Botschaft zurief oder, wenn sie komplizierter war, eine Aufzeichnung auf einer Knotenschnur – Quipu – zusammen mit einer mündlichen Mitteilung übergab. So ging es von Posten zu Posten, so daß die Chasqui im Staffellauf eine Botschaft in fünf Tagen von Quito bis Cuzco auf eine Entfernung von 2200 Kilometer überbringen konnten. Die Existenz dieser Posten wurde durch die Von-Hagen-Expedition – 1952–60 – bestätigt, die eine Reihe von *o'kla* – Unterkunftshütten für Chasqui – zwischen Jauja und Bonbón entdeckte. Die Expedition erbrachte den Beweis, daß auch heutige, untrainierte Indianer, die in Höhen zwischen 2500 und 5000 Meter abgesteckte Entfernungen auf der noch vorhandenen Inkastraße liefen, etwa drei Kilometer zurücklegen konnten und daß ihre Geschwindigkeit bei entsprechender Organisation ausreichen würde, um 2200 Kilometer in fünf Tagen zurückzulegen.

Sportler trainieren sich dazu, die Anoxämie – Mangel an Sauerstoff im Blut, der zu Kurzatmigkeit führt – zu überwinden, aber die Indianer, die in großen Höhen leben, akklimatisieren sich an den Mangel an Sauerstoff in der Luft, indem sich ihre Lunge ungewöhnlich stark vergrößert. Eine sportliche Konstitution ist hier eine Lebensnotwendigkeit. Ein Chronist bemerkte, daß die Chasqui, «die die Post bedienten, von Kindheit an im Laufen trainiert werden; bei den Indianern war das Laufen immer eine Gewohnheit». In den Anden ist Sauerstoffmangel ein unabänderliches Faktum, und dementsprechend, schrieb Carlos Monge, «muß sich der menschliche

Organismus in der komplizierten Anpassung des physiologischen Mechanismus selbst überbieten».

Die Chasqui wurden alle fünfzehn Tage ausgewechselt, damit das Laufen nicht zu anstrengend wurde. Jede Provinz (Ayllu), die die Straße berührte, war für die Chasqui in diesem Gebiet verantwortlich. Cieza stellte überdies fest, daß die «Chasqui, die die Botschaften übermittelten, so verschwiegen waren, daß sie weder durch Bitten noch Drohungen zur Preisgabe der Botschaft, die sie trugen, bewegt werden konnten». Das System war so gut organisiert, daß jede Invasion oder jeder Aufstand im Inkareich innerhalb von Stunden bekannt wurde. Die Spanier waren so beeindruckt, daß sie das System übernahmen, das dann in etwas veränderter Form lange Zeit bestehen blieb.

Zusätzlich zu der mündlichen Botschaft überbrachten die Chasqui oft eine Knotenschnur, den Quipu, der als Gedächtnisstütze diente. Der Quipu hat eine Grundschnur mit einer Anzahl von kleineren Schnüren, in die Halbknoten, die Dezimaleinheiten darstellen, geschlungen sind. Mit ihrer Hilfe konnten Zahlen bis zu Tausendern registriert werden. Die Farbe der kleineren Schnüre bedeutete spezielle Dinge – Lamas, Gold, Menschen, Waffen oder was auch immer –, aber jeder Quipu mußte von einer mündlichen Botschaft begleitet sein. Damit und mit den Informationen, die der Quipu vermittelte, konnte der *quipu-camayoc*, der offizielle Geschichtsschreiber, seinem Gedächtnis zahllose Statistiken und viel spezielle Information einprägen. Als Pedro de Cieza in Jauja war, bat er den Curaca Huacara Pora, «ihm das System so zu erklären, daß er es verstünde». Auf den Quipu, die er sich verschafft hatte, war, wie er Pedro de Cieza erzählte, alles festgehalten, was den Spaniern seit dem Auftreten von Gouverneur Pizarro von 1531 bis 1533 ausgeliefert worden war. «Alles war ausnahmslos aufgezeichnet. In dieser Aufzählung sah ich Gold, Silber und Tuch, das hergegeben worden war, und sogar die Lamas und andere Dinge – ich war verblüfft.»

Ein entscheidender Teil des Straßennetzes war das Tampu. Da Straßen ohne Herbergen wie ein Jahr ohne Feiertage sind, können Verkehrswege nicht existieren ohne Haltestationen. Diejenigen der Inka gehörten zu den ersten Dingen, die den Spaniern auffielen, als sie über die Straßen zogen, und sie erkannten bald ihren Nutzen. Zuerst nannten die Spanier sie «Wohnungen des Inka», aber mit der Zeit verstanden und benutzten sie das einheimische Wort *tampu*, das sie zu *tambo* hispanisierten. Pedro de Cieza war der erste, der Form und Funktion des Tampu beschrieb. «Damit ausreichender Nachschub für die Heere vorhanden war, gab es alle zwanzig Kilometer Unterkünfte und Lagerhäuser, die im Überfluß mit allem gefüllt waren, was es in diesen Gegenden gab. Auch in unbewohnten Gebieten und Wüsten gab es sie.» Ein Curaca – Cieza nannte ihn Verwalter – von jedem Stamm oder jeder Provinz war darauf bedacht, daß die Indianer immer für ausreichende Vorräte in diesem Tampu sorgten, «und er führte mit Quipu Buch darüber, daß nichts veruntreut wurde».

Die Dichte der Tampu hing von zwei Faktoren ab: Entfernung und Gelände. Zwanzig Kilometer war ungefähr die Entfernung, die ein schwerbeladener Mann – denn der Mensch war der Hauptlastträger – an einem Tag zurücklegen konnte. Lamas haben, wenn sie beladen sind, eine langsame Gangart und brauchen daher ungefähr die gleiche Zeit für diese Entfernung. Als neue Gebiete und Stämme besiegt wurden, führte man die Straßen so weit wie möglich durch bestehende Siedlungen, denn diese waren bequem greifbare Quellen für die Hauptnahrungsmittel und die Menschen, die man für den Frondienst brauchte. Wo es keine solche Siedlungen gab, wurden ganze Gemeinschaften umgesiedelt, um das Tampu zu bauen, zu versorgen und zu unterhalten. Dafür gibt es viele Beispiele.

Die Tampu waren verschieden groß. Manche waren nicht geräumiger als ein Haus mit einem Pferch für Lamas; andere waren recht groß, zwischen dreißig und neunzig Meter lang. Von vielen sieht man noch Überreste auf den Routen, denen die Königsstraßen zwischen Quito und Chile folgten.

Entfernungen auf der Straße wurden mit *topo* gemessen. «An vielen Stellen» erinnert sich Cieza, «gibt es Markierungen wie die in Spanien [römische Meilensteine]. Sie heißen *topo*, und jeder markiert eine Entfernung von acht Kilometer nach kastilischem Maß.»

In den frühen Jahren der Eroberung waren die Spanier voll des Lobes für das System der Tampu, aber als die Eroberung beendet und der Bürgerkrieg vorüber war, war ein großer Teil des Landes entvölkert und verödet; viele Tampu waren zerstört. Zunächst begriffen die Spanier nicht, was sie da zerstörten. «Denn wann auch immer die Spanier als Eroberer und Entdecker vorüberzogen», sagte Pedro de Cieza, «ist es, als sei ein Feuer gekommen, das alles auf seinem Weg zerstörte und verzehrte. Gebäude der Inka und die Lagerhäuser wurden wie alles übrige zerstört und vernichtet.»

Als die Zerstörung des Tampu-Systems – also des Kommunikationssystems – in Peru seinen Anfang nahm, sobald die Eroberung vorüber war, gab Francisco Pizarro jedem seiner Männer ein Tampu mit dem umliegenden Land und der Bevölkerung in *encomienda.* In Wirklichkeit war das eine «Zuteilung», obwohl die wahre Bedeutung von *encomienda* «treuhänderische Verwaltung» ist, eine altüberkommene Formel, die, weit davon entfernt zu meinen, daß der Besitzer des Landes das absolute Eigentumsrecht über das Land und die dort lebenden Menschen innehabe, nur bedeutet, daß diese Menschen ihm einfach gewisse Dienste schuldeten. In Peru jedoch, fern von einer Kontrolle durch Spanien, betrachtete jeder Besitzer einer *encomienda* diese als sein Eigentum und bewirtschaftete sie oft so schlecht, daß die Indianer ihren normalen, notwendigen Pflichten entzogen wurden und andere Aufgaben zugewiesen bekamen und daß die Vorräte an Nahrungsmitteln in den Lagerhäusern und Haltestationen nicht mehr aufgefüllt werden konnten und weite Strecken der Straße zerstört wurden und verfielen.

Zuerst waren die Soldaten blind gegenüber der Tatsache, daß die Leute eines Tampu sich um ihre Feldfrüchte und Lamaherden kümmern und durch die Fronarbeit all das in Gang halten mußten, was in ihre Verantwortung fiel. Wenn die Indianer aus ihrem gewohnten Umkreis, aus ihrem Ayllu, fortgebracht wurden, hörten ihre Funktionen zur Erhaltung der Straße auf. «Ich möchte die Verwendung von Indianern nicht verurteilen», bemerkte Cieza, «wenn das mit Maß geschähe, aber wenn einer vier Indianer braucht, nimmt er sich zwanzig. Müßte man die Menge von Untaten, Ungerechtigkeiten, Räubereien, Unterdrückung und Mißhandlung aufzählen, die während dieser Vorgänge den Eingeborenen zugefügt wurden, dann gäbe es kein Ende.»

1540 sagte der Beamte Cristóbal Vaca de Castro, ein Jurist, den Karl V. von Spanien ausgesandt hatte, um Frieden zwischen den Parteien von Pizarro und Almagro – einem Krieg, der mehr zur Zerstörung der Inkakultur beitrug als die Eroberung selbst – zu stiften, und zum Gouverneur von Peru ernannt hatte: «Ich habe bei meinem Ritt von Quito nach Cuzco mit eigenen Augen gesehen, daß die meisten Städte und Siedlungen der Indianer verlassen, verbrannt, zerstört sind.» Eine seiner ersten Maßnahmen, nachdem er Peru einen zeitweiligen Frieden gebracht hatte, war daher, eine detaillierte «Ordnung für die Tampu» – deren Original jetzt im Archiv von Sevilla ist – auszuarbeiten.

Das Dekret bestimmte, daß diejenigen Tampu, die noch aus der Zeit von Huayna Capac stammten, wiederhergestellt würden, und spezifizierte dann das Gewicht einer Last, die ein Indianer zu tragen habe – dreißig Pfund –, die Anzahl von Tagen im Jahr, an denen er Dienst tun müsse, und die Fürsorge, die jeder Spanier seinem Tampu angedeihen lassen müsse – Nichtbeachtung dieser Vorschriften zog eine Buße von 300 Peso nach sich. Brücken mußten wiederaufgebaut, Straßen repariert und das System der Chasqui-Posten so wiederhergestellt werden, wie es «in den Zeiten der Inkaherren» funktioniert hatte. All das mußte innerhalb von vierzig Tagen nach der Unterzeichnung des Dekrets, das vom 1. Juni 1543 datiert war, geschehen. Es war die erste Dienstvorschrift dieser Art in der Neuen Welt und ist von größter Bedeutung für das Studium der Inkastraßen, denn es führt der Reihe nach alle Tampu in Peru und Bolivien auf, dazu die Entfernungen zwischen ihnen und schließlich für jedes Tampu den Namen des *encomendero*, das heißt des Herrn des Gebiets, in dem es lag. Es ist ein unschätzbares Dokument.

Daß diese Reform tatsächlich durchgeführt wurde, geht aus der merkwürdigen eigenhändig geschriebenen Chronik ‹*Nueva Cronica Buen Gobierno*› von Felipe Huamán Poma de Ayalá hervor. Seine Liste der Tampu füllt zehn Seiten und behandelt die Gebiete von Quito nach Süden über Ecuador und Peru bis Bolivien. Die verschiedenen Typen von Tampu sind durch Symbole bezeichnet: ein Haus stellt ein königliches Tampu dar, das für den Inka und sein Gefolge reserviert war, während kleinere durch ein Kreuz oder einen Kreis

Oben: Vor-inkaischer Wandteppich aus dem elften Jahrhundert. Unten: Detail eines großen Altarbehanges aus dem achtzehnten Jahrhundert. In dieser Arbeit, die von indianischen Künstlern für die Kolonialherren hergestellt wurde, zeigt sich, wie trotz aller Christianisierungsversuche der herrschenden europäischen Mächte der indianische Einfluß immer wieder zum Vorschein kommt. Hier zeigt er sich in der stark stilisierten Gestalt und den manierierten Händen.

Auf der Halbinsel Paracás im Süden Perus befinden sich die 2000 Jahre alten Grabstätten eines Volkes, das seine Toten sitzend begrub, eingehüllt in

schön gewebte Stoffe. Vier Beispiele zeigen, warum man heute diese Arbeiten als Spitzenleistungen textiler Kunst einstuft.

Oben: Handgewebte Mütze, wie sie die Männer der Chuquisaca-Indianer trugen.

Unten: Charles d'Orbignys 1830 entstandene Zeichnung von Chuquisaca-Indianern in farbiger, handgewebter Tracht.

bezeichnet waren, welch letzterer die kleinsten Tampu bedeutet, die *tambillo* hießen.

Außerdem führt die Chronik die größeren und wichtigeren Brükken auf, wobei der Chronist zwischen Inkabrücken – *crisjejas* – «hängend» – und spanischen Brücken unterscheidet, die aus zementierten Steinen – *cal y canto* – konstruiert und nach der Eroberung erbaut worden waren.

Felipe Huamán Poma de Ayalá war, wie der Name vermuten läßt, ein inkaisch-spanisches Mischblut. Er wurde 1535 in der Provinz Lucanas im Westen von Cuzco in der Conti-suyu-Provinz des Reiches geboren. Er führt seine Geburt mütterlicherseits auf ein hervorragendes Mitglied der Inkakaste zurück, da sein Großvater Auqui Topa Inka war, der den Inka Pachacutic bei der Eroberung von Quito begleitete und eine Stellung innehatte, die der eines Vizekönigs über die große Chincha-suyu-Provinz des Reiches entsprach. Francisco Pizarro ließ diesen 1534 in Cuzco lebendig verbrennen, weil er nicht verriet, ob er es nun wußte oder nicht, wo die vermißten Schätze waren.

Damals hatte Martín de Ayalá Juana Curi Ocllo geheiratet, und dieser Ehe entsprang 1535 der Chronist Huamán Poma. Er war einer von der «neuen Rasse», eine Mischung von Spanier und Inka von hoher Kaste, wie sie die spanische Krone anfangs als Symbol einer erfolgreichen Kolonisation und der friedlichen Integration von Sieger und Besiegten ermutigt hatte. In Befolgung dieses Prinzips heiratete Martín de Loyola, der Neffe des Gründers des Jesuitenordens Beatris Clara Coya del Inga. Die Zeremonie ist auf einem übergroßen Wandgemälde in der Jesuitenkirche von Cuzco verewigt worden.

Weiter unten innerhalb der sozialen Hierarchie funktionierte diese Integration nicht. Die Indianer niedriger Geburt spürten nur zu stark den barbarischen Druck der spanischen Besetzung, und aus dieser besonderen Situation heraus stammen die schriftlichen Zeugnisse von Huamán Poma. Seine 1615 handgeschriebene und mit naiven, aber historisch instruktiven Zeichnungen illustrierte Chronik umfaßt 1179 Seiten in Ketschua und Spanisch. Man kannte sie weder in Spanien noch in Peru, und sie lag bis 1908 unbemerkt und nur als ‹*Codex 2232*› bezeichnet in der Königlichen Bibliothek in Kopenhagen, wo sie von einem deutschen Wissenschaftler entdeckt wurde. Sie ist vermutlich von einem dänischen Gesandten, der 1650 bis 1653 in Spanien residierte, nach Dänemark gebracht worden.

Ihre illustrierte Aufzählung landwirtschaftlicher Verfahrensweisen, ihre Klassifizierung der Menschen unter dem Inkasystem, ihre Tabellierung des Werdegangs dieser Menschen von der Wiege bis zum Grab, ihre Beschreibung des inkaischen Rechtswesens und die illustrierte Liste von herrschenden Inka und, für unseren besonderen Zweck, ihre Liste der Inkastraßen, der Örtlichkeit und des Typs der Tampu, sowie der Namen der Verwalter der Straßen und Brücken sind alle von unschätzbarem Wert. Außerdem ist das Manuskript einzigartig. Denn im Gegensatz zu Mexiko besaß Peru weder eine Bilder- noch eine Glyphenschrift. Es gab keine Künstler, die illustratives ethnographisches Material liefern konnten, wie es aus dem Mexiko vor der Eroberung zu uns gekommen ist. Nur Huamán Pomas Werk füllt die Lücke – daher sein großer Wert.

Im Tal von Jauja, schrieb Pedro de Cieza, gibt es «viele Lagerhäuser, die mit allem, was es gibt, angefüllt sind. Und so viele *colca*, daß sie aus der Ferne wie die Türme von Spanien aussehen.» La Gasca befahl 1547, daß diese *colca* mit den Produkten des Landes gefüllt würden, damit die gewaltige Zahl von Soldaten, die nach Jauja kamen, ernährt werden konnten. So kam es, daß Cieza reichlich Zeit hatte, die verschiedenen Arten von Lebensmitteln, die gelagert wurden, zu beschreiben.

Die wichtigsten waren Mais und die Kartoffel – *aesu* –, «die gekocht einer Trüffel ähnelt und innen weich ist». Die prähistorischen andinen Ackerbauer hatten durch Selektion die wilde Knolle von der Größe einer Walnuß in große Kartoffeln von unendlicher Vielfalt verwandelt. Wenn diese in Säcke aus gewobener Lamawolle gepackt und in den kühlen *colca* gelagert wurden, konnten sie über ein Jahr aufbewahrt werden. *Chuño* war eine Kartoffel, der das Wasser entzogen worden war. Sie wurde aus einer gegen Frost resistenten Abart hergestellt, die, wenn sie auf die gewöhnliche Weise zubereitet wurde, fade und geschmacklos war, aber als *chuño* gut schmeckte. Zuerst wurde sie dem Frost ausgesetzt und dann in der großen Hitze des Tages aufgetaut; nun wurden die Knollen zertrampelt, bis alles Wasser aus ihnen ausgequetscht war. Daraus wurde ein weißes Kartoffelmehl gewonnen, das der Grundstoff des Brotes war. Damals wie heute wurde kein *chupa* – Schmorgericht – ohne dieses Mehl bereitet, keine Reise ohne einen Vorrat davon angetreten. *Chuño*, «hochgeschätzt», sagt Cieza, «konnte auf unbestimmte Zeit gelagert werden».

Mais – *sara* –, der in Höhen bis zu 3900 Meter angebaut wurde, war das Grundnahrungsmittel der Inka. Getrocknet konnte er jahrelang aufbewahrt werden. Man konnte ihn geröstet essen oder in Löschkalk oder Asche gekocht, wodurch er auf das doppelte Volumen aufquoll und einen milden Geschmack bekam. Entfernte man die Hülsen, so wurde er als *mote* eßbar, eine Art Maisbrei.

Aus Mais wurde auch das alkoholische Getränk *accha* hergestellt. «Das ist die Chicha, die sie trinken und die sie immer in großen Gefäßen vorrätig haben.» Die Frauen waren die Brauer, wie immer in den frühen neolithischen Kulturen. Man ließ den Mais keimen, denn wenn mehlige Körner keimen, verwandelt eine enzymatische Diastase einen Teil der Stärke in Malzzucker. Das Zerkauen eines Teils der gekeimten Körner förderte den Prozeß der Diastase. Diese Maische wurde dann gekocht, vier Tage lang beiseite gestellt, damit sie gärte, durchgeseiht und als *accha* serviert, die einen Alkoholgehalt von sechs bis acht Prozent hatte. Man trank sie übermäßig bei rituellen Gelegenheiten. «Es ist verblüffend», bemerkte Cieza, «wieviel von diesem Getränk oder Chicha diese Indianer trinken können, denn sie haben immer das Glas in der Hand.» Dieses Getränk meinte Prescott, als er von ihrem «moussierenden Wein» sprach.

Quinoa, die in den Anden so verwendet wird, wie Hafermehl im schottischen Hochland, gehört zur Familie der Gänsefußgewächse – *Chenopodium* – und wird mannshoch, wenn sie in großen Höhen angebaut wird. Ihre roten Schoten liefern ein Getreide, das dem Reis ähnelt. «Ein sehr gutes Nahrungsmittel», bestätigt Cieza, der weiterhin beschreibt, daß sie «ein rötliches Blatt habe wie maurischer Mangold». Reich an Mineralstoffen und Eiweiß, kann sie, wie der Mais, lange Zeit gelagert werden.

Dann gab es noch Bohnen: eine unendliche Vielfalt – rote, schwarze, gelbe und weiße –, alle sehr nahrhaft. Auch getrockneter Spanischer Pfeffer konnte gelagert werden; er verlieh dem Essen zusätzlich Würze und Aroma. Von der Küste des Meeres kam getrockneter Seetang, reich an Mineralstoffen und geschätzt wegen seines Geschmacks und des Jodgehalts, der das Auftreten von Kropf eindämmte. Dieselbe Quelle lieferte getrockneten Fisch und Schalentiere. Eiweiß erhielt man durch getrocknetes Lama- und Meerschweinchenfleisch. Dünn geschnittenes und an der Sonne getrocknetes Lamafleisch, bis es so hart wie Leder war, nannte man *charqui*. Ganze Meerschweinchen, die oft in indianischen Häusern gezogen wurden, wurden geräuchert und getrocknet und konnten dann monatelang aufbewahrt werden.

Wenn also Cieza von «Lagerhäusern, voll mit allem, was es nur gab», spricht, meint er die lagerfähigen Grundnahrungsmittel, die eben beschrieben wurden. Aus diesen Bestandteilen konnte die Köchin eine reiche *chupa*, ein Schmorgericht aus Fleisch, Mais und Kartoffeln bereiten, das mit *chuño* eingedickt war und eine besondere Würze durch Spanischen Pfeffer erhielt.

Die *quipu-camayoc* – Knotenschnurleser – man würde sie in unserer Gesellschaft Rechnungsführer nennen – wußten genau, was jeweils in jedem Gebiet gelagert war, und «wohin auch immer die Heere des Inka zogen, lebten sie vom Inhalt dieser Lagerhäuser, ohne je die Vorräte der Menschen, die in den Ländern lebten, durch die sie kamen, in Anspruch zu nehmen». Gab es ein mageres Jahr oder, was manchmal passierte, ein Dürrejahr, «wurden die Lagerhäuser für das ganze Volk geöffnet, und in einem Jahr des Überflusses zahlten sie alles zurück, was sie aus den *colca* erhalten hatten».

Es ist leicht einzusehen, daß in einem solchen System keine Notwendigkeit für eine umfangreiche Quartiermeisterbehörde bestand, die sich um den Bedarf der Truppen, die auf den Straßen marschierten, kümmern mußte. Der notwendige Proviant war stets verfügbar.

Die *colca* im Hochland waren aus mörtellos gefügten Steinen erbaut; die Zwischenräume wurden mit Lehmzement verstrichen. Die Dächer waren aus Schiefer oder, wenn dieser nicht zur Verfügung stand, aus Grasstroh – eine solche Bauart wurde aber nach

Möglichkeit vermieden, da sie Feldmäusen und Ratten Nistplätze bot. An der Küste wurden Lagerhäuser aus Adobe – sonnengetrocknete Lehmziegel – erbaut, wenn es keine Steine gab. Mais, Bohnen und Kartoffeln wurden in den graubraunen Säcken aus gesponnener Lamawolle gelagert, die für die Kleidung zu grob war. *Chuño* lagerte man in großen Tonkrügen, wie auch den Salzfisch, Seetang und Spanischen Pfeffer. Getrocknetes Lamafleisch wurde eingepackt oder auch an den Dachsparren aufgehängt.

Am 8. Januar 1548 setzten sich die königlichen Truppen unter La Gasca in südlicher Richtung auf Cuzco in Marsch, wobei sie dem langen, engen Tal folgten, das im Westen durch den Mantaro-Fluß begrenzt ist. Sie kamen durch Huancayo, das auch damals ein bedeutendes Marktzentrum war, und dann nach Marcavilcas.

Die Schlucht, die sich der Mantaro-Fluß – in alter Zeit hieß er Angoyacomayu – gegraben hatte, bestimmte die Route der Straße für die nächsten 160 Kilometer, in denen sie das zerklüftete Land zwischen Jauja und Vilcas-huamán, dem geographischen Zentrum des Reiches, durchquerte.

Im Gegensatz zu anderen Flüssen, die sich nach und nach aus Bächen und Rinnsalen bilden, entspringt der Mantaro als reißender, rauschender Fluß aus dem von Eis gesäumten See von Junín, an dessen Ufer die Stadt Pumpu – Bonbón – liegt, die sowohl Hernando Pizarro als auch Pedro de Cieza besuchten. Bis der Mantaro Jauja erreicht, hat er eine tiefe und so enge Schlucht ausgewaschen, daß der königliche Schreiber Pedro Sancho sagte, es gäbe eine Stelle, wo man einen Stein über sie hinüberwerfen könnte. Angesichts dieser geographischen Situation legten die Ingenieure der Inka Straßen hoch auf beiden Seiten der Schlucht an.

Einige Kilometer südlich von Jauja, wo das Tal sich verbreitert, kam Marcavilcas, wo «die Häuptlinge schöne Wohnungen mit dikken Holzbalken, die ein grasgedecktes Dach trugen, für den Inka erbaut hatten». Hier teilte sich die Königsstraße. Ein Zweig, der weniger frequentiert wurde, ging direkt südlich über dem hohen Ostufer des Flusses weiter; der andere überquerte den Mantaro auf einer Hängebrücke und ging in derselben Richtung weiter, wobei er die hohen Berge auf der Westseite überschritt und stellenweise Ausblicke auf die Schlucht bot.

Die Königsstraße ging über eine «Netzbrücke» bei Ancosyaco (Huamán Poma erwähnt sie als die «puente de Ancoyaca»), «wo es», wie Pedro de Cieza sagt, «weiße Felsen gibt, denen eine Salzwasserquelle entspringt». Dieses geographische Merkmal ist heute noch vorhanden. Von diesem Punkt aus kletterte die Haupttreppenstraße zum Tampu von Acos hinauf. Kurz vor Acos bog eine Querstraße nach Westen ab, stieg die Berge von Chongo Alto hinauf, kam durch die heutige Hacienda de Incahuasi (wo es natürliche heiße Bäder gibt) und ging nach Santa Rosa weiter. In ihrem weiteren Verlauf nach Westen zur Wüstenküste stieg sie auf einer Reihe von eindrucksvollen Treppenwegen durch Yuayos, Juniga, Cruz Blanca und Machurango ab, ging dann entlang des oberen Teils des Cañetetals weiter, wo die Straße mit viel Geschick in die Flanken der Schlucht hineingebaut war und mündete dann in die Hauptstraße an der Küste.

Hinter Acos ging die Hauptstraße durch die Anden weiter nach Picoy und führte zu den Wohnungen der königlichen Inka, wobei «die Straße ganz mit Steinstufen von geringer Höhe ausgelegt ist». Als nächstes kam das Tampu von Paucara, und der Weg dorthin war «so gut angelegt und breit, daß man glaubt, auf ebenem Boden zu gehen und nicht im Gebirge». Paucara war auf dem Kamm des Gebirges erbaut, und seine Indianer lebten in den Höhlen der schroffen Berge. Die Inka hatten in den Fels eine Festung gebaut, die in ihrer massiven Stärke aussah wie eine Burg mit Türmchen. «Ich schlief eine Nacht darin», schrieb ein durchreisender Spanier, «sie war 120 Meter hoch mit so vielen natürlichen Höhlen, daß sie über hundert Männern und Pferden Schutz gewähren konnte.» Diese Beschreibung wurde 1616, also im nächsten Jahrhundert, bestätigt. Als der Karmeliterpater Antonio Vásquez de Espinosa in Ausübung seiner Pflichten die Herde neuer Christen besuchte, kam er auf seinem Maultier hier auf der Inkastraße vorbei. Sein ‹*Compendio y Descripcion de los Indianos Occidentales*›, das lange Zeit verschollen war und erst kürzlich veröffentlicht wurde, enthielt viele Einzelheiten über die Straße. Er beschreibt die Festung als «aussehend wie eine Brustwehr mit Zinnen, so daß man sie aus der Entfernung für eine Stadt mit schönen Gebäuden halten könnte. Es gibt sehr große Höhlen, in denen die Menschen bei der Königsstraße wohnen können, neben welcher ein kleiner Wasserlauf fließt.»

Am 27. Oktober 1533 schlug Francisco Pizarro nach einem Aufenthalt von zwei Wochen auf dem letzten Abschnitt seiner Reise nach Cuzco diese Straße ein. Ohne diese meisterhaft angelegten und ausgebauten Straßen wäre es unmöglich gewesen, daß berittene Männer die Stadt erreicht hätten. «Nach Gott waren es die Inkastraßen, die uns zum Sieg verhalfen.» Die Mantaroschlucht ist nur ungefähr hundert Kilometer lang, aber die Straße zu bewältigen, war für die berittenen Spanier «wie eine kleine Höllenfahrt».

Das nächste Tampu nach Paucara war fündundzwanzig Kilometer entfernt in Parcos. Um es zu erreichen, mußte man noch höher hinaufsteigen. Der junge Sekretär Pedro Sancho, der den Bericht über die Verteilung von Atahualpas Lösegeld schrieb und auch eine Darstellung seines Anteils an den damaligen Vorgängen hinterließ, beschrieb den schrecklichen Aufstieg nach Parcos: «Wir mußten noch einen gewaltigen Berg ersteigen. Wenn man von unten zu ihm hinaufsah, mußte man es für unmöglich halten, daß Vögel ihn durch die Luft fliegend erreichten, geschweige denn Männer auf Pferden. Aber die Straße war dadurch weniger ermüdend, daß sie im Zickzack anstieg, und nicht in gerader Linie. Zum größten Teil bestand der Weg aus großen Steinstufen, die die Pferde sehr anstrengten.»

Nach dem Tampu von Parcos, «das auf dem äußersten Rand des Gebirges erbaut ist», ging die Straße wieder bergab, und Sancho und die anderen mußten mit einer weiteren steilen Straße fertig werden, die hinunter zum Mantaro führte. Cieza erinnert sich, daß der Fluß von oben wie eine sich windende Schlange aussah. Die Straße überwand den Höhenunterschied von 600 Meter nach Marcas auf einer langen Reihe von in Stein verlegten Stufen und bediente sich einer Hängebrücke, «die an großen steinernen Türmen hing». Diese Türme sind heute noch zu sehen. Die Königsstraße führte dann weiter nach dem Tambo de Yangar, wo heute die Stadt Azángaro mit ihren eindrucksvollen Ruinen steht.

Die ursprüngliche Route der Straße verlief nun nahe bei Viñaque – heute Hauri –, «wo es», wie Cieza feststellte, «einige große und bedeutende alte Gebäude gibt, die, nach ihrem verfallenen Zustand zu urteilen, hier schon seit Menschengedenken stehen müssen». Cieza fand ganz richtig, daß die Ruinen Ähnlichkeit mit denen der berühmten Stätte von Tiahuanacu in Bolivien haben.

Hinter Hauri, das in einer Höhe von 2400 Meter liegt, erreichte die Straße ein warmes, von Kakteen übersätes Tal; dieses führte nach Quinoa. Die heutige Volkskunst von Quinoa ist weithin bekannt, da sie, wenn auch nur noch in Andeutung, etwas von der alten Töpfertechnik bewahrt hat.

In ihrem weiteren Verlauf kam die Straße durch Chupas und ging nun nach Südosten, wobei sie sich mehr als 3000 Meter über den Meeresspiegel erhob. Hier überquerte sie die hohe Puna von Sachabamba, eine weite Steppe mit goldfarbenem Gras, wo man auch heute noch die über sechs Meter breite und von niedrigen Mauern eingefaßte Straße auf ihrem Weg über die Ebene deutlich sehen kann. Von hier aus führte die Straße wieder zu dem kleinen See von Pomacocha hinab, der in einer Mulde liegt und eine Oase in dieser unfruchtbaren, dürren Gegend darstellt.

Der See, von dem ein Konquistador schreibt, daß er an der breitesten Stelle nicht einmal vier Armbrustschüsse – 120 Meter – breit sei, war und ist es heute noch, mit regelmäßig angelegten Stützmauern terrassiert. An seiner schmalsten Stelle hat er einen Damm. Der so regulierte Überlauf entleerte sich in den Vischongo-Fluß.

Die Ruinen von Pomacocha sind ein gutes Beispiel der hervorragenden technischen Präzision der inkaischen Baumethoden, denn alle Quadersteine sind, wie in der ganzen Inkaarchitektur, unzementiert und erhalten ihre Statik nur durch ihr Eigengewicht. Auf dem festen Boden am See steht ein sechs Meter hoher freistehender Felsblock. Seine Seitenflächen sind abgerundet, und Quadersteine sind so sorgfältig und kunstvoll in die Felsmasse hineingearbeitet, daß man nur schwer unterscheiden kann, was vom Menschen bearbeitet und eingefügt und was gewachsener Fels ist. Oben in der Mitte dieser gewaltigen gerundeten und abgeflachten Felsoberfläche ist ein steinerner Sonnenuhrzeiger von einem Meter Höhe, der, wie «der Inka» Garcilaso de la Vega sagte, von den Priestern dazu benutzt wurde, zu bestimmen, «welche Tage lang und welche kurz wären und wann die Sonne unterginge und wann sie wiederkäme». Diese Stätte hatte nur eine kurze Berührung mit der Geschichte, als sie während der Bürgerkriege als «ein Platz in starker Position» erwähnt wurde.

Von hier erreicht man in einem einstündigen Ritt Vilcas-huamán.

KAPITEL

VI

Vilcas-huamán, die Stadt des Erderschütterers

Vilcas-huamán liegt auf einem hufeisenförmigen Plateau. Der Vischongo-Fluß, weit unterhalb und nur durch ein dumpfes Brausen bemerkbar, hat sich seinen Lauf um die Stadt herum gegraben und umkreist das hohe Massiv auf drei Seiten. Damals wie heute hat die Stadt einen weiten Hauptplatz, der groß genug ist, um 50000 Menschen Raum zu gewähren. Auf der östlichen Peripherie befindet sich ein bis heute erhaltener Sonnentempel, der der einzige im ganzen Inkareich ist, bei dem noch Teile seiner ursprünglichen architektonischen Gestalt bewahrt geblieben sind – wenn es auch möglich ist, daß das fragliche Gebäude ein königlicher *usno*, ein «Inspektionsplatz», ist. Erhalten geblieben sind eine Treppe, die nach Ciezas Zählung dreißig Stufen hatte, und oben auf dem abgestumpften Gebäude liegt ein einzelner Stein von drei Meter Länge und zwei Meter Breite, aus dem zwei Sitze ausgehauen sind.

Im Süden war der Tempel der Sonnenjungfrauen, der schon vor langem in die dortige Kirche eingefügt wurde, während in einem anderen Teil der Stätte genügend von dem ursprünglichen Bau übriggeblieben ist, um den Grundriß der einstigen königlichen Inkawohnungen erkennen zu lassen. Die Straßen von Vilcas-huamán waren eng, mit Steinen gepflastert und von Häusern gesäumt. Das Gebäude ist eine Masse von Quadersteinen, die mit großer Kunstfertigkeit aufeinandergeschichtet sind.

Pedro de Ciezas Gewährsmann sagte, mit dem Bau der Stadt sei vom neunten Inka Pachacutic – «Erderschütterer» – begonnen worden, und sein Sohn Topa Inka habe sie erweitert und ihr den Status einer Provinz mit einem eigenen *tukrikuk* – Gouverneur – verlie-

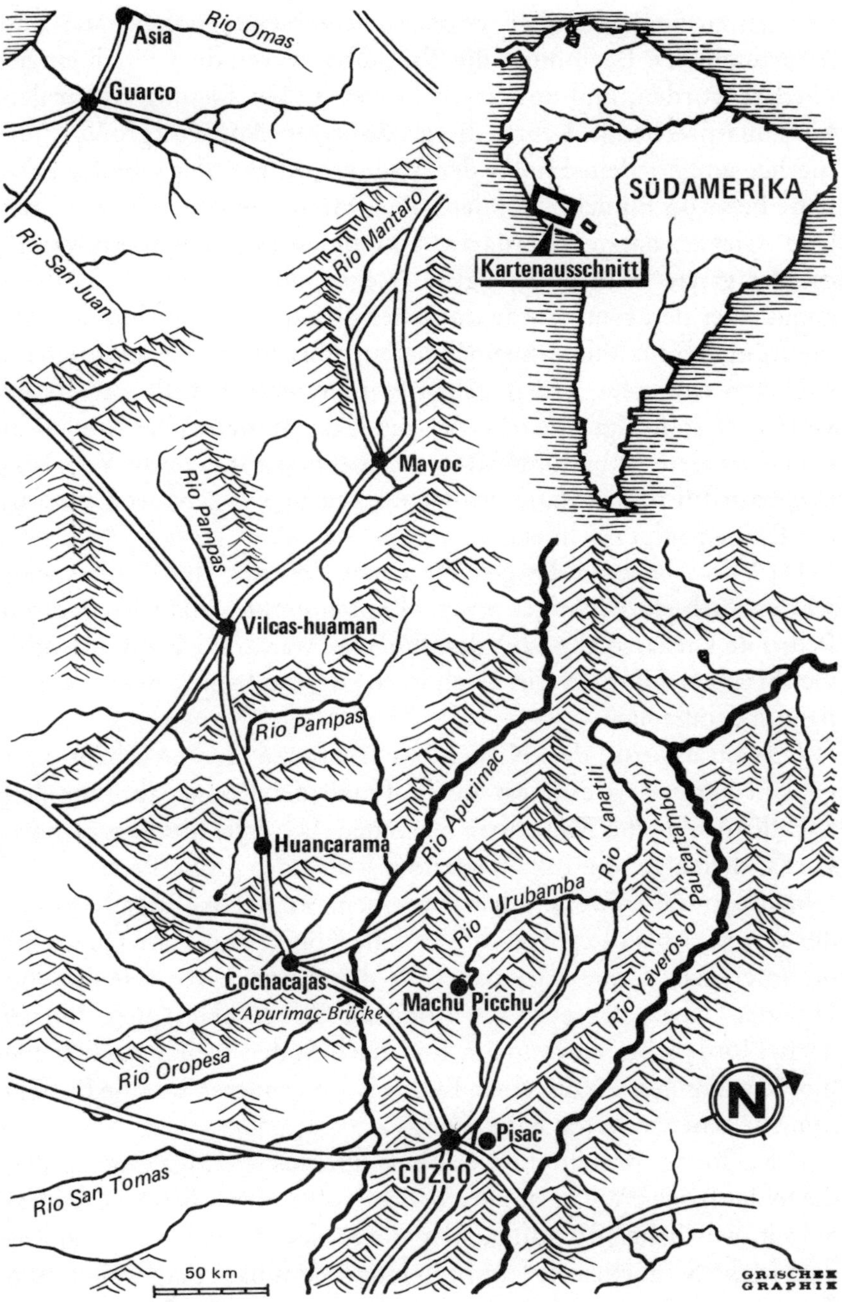

Die Chincha-suyu-Straße von Vilcas-huamán nach Cuzco.

hen, der zuständig für über 200000 steuerzahlende Indianer war. Die ursprünglichen Bewohner, die Tanquiha, waren dem Reich eingegliedert worden, und um diesen Prozeß zu beschleunigen, wurden ketschuasprechende Leute, die großohrigen Anta, in großer Zahl hierher umgesiedelt. Hinter der Stadt erhebt sich der gibraltarähnliche Fels von Pillucho, auf dem noch Hunderte von *colca* zu sehen sind. Cieza schätzte, daß da 700 von diesen Lagerbehältern waren, die das ganze Gebiet versorgten. Wegen eines gefährlichen Übergangs über den Fluß wurde im späten siebzehnten Jahrhundert die ursprünglich aus Vilcas-huamán herausführende Straße aufgegeben, nachdem eine neue Trasse gelegt worden war, und die alte Straße verfiel. 1845 fertigte Léonce Angrand, der französische Konsul in Lima, die erste Abbildung davon an, aber erst 1953, als die Von-Hagen-Expedition die Stätte erforschte, wurde ein genauer Lageplan der Ruinen aufgezeichnet.

Da Vilcas-huamán das geographische Zentrum des Reiches war, war es auch ein wichtiger Straßenknotenpunkt. «Als ich», schrieb Pedro de Cieza, «nahe bei Vilcas-huamán war, traf ich auf drei oder vier Straßen. Einmal verirrte ich mich sogar auf einer, die Inka-Yupanqui-Straße hieß.»

Jede Straße trug den Namen des Großinka, der sie erbaut oder geplant hatte. Das erinnert an die Praxis der Römer, ihre Straßen nach Konsuln oder Kaisern zu benennen. Die erste Straße war, nach Cieza, diejenige, die Inka Yupanqui – also der große Pachacutic – erbaut hatte; die zweite war nach seinem Sohn Topa Inka benannt, der von 1471 bis 1493 herrschte und die Königsstraße von Cuzco bis hinunter nach Chile erweiterte; die dritte und letzte war die von Huayna Capac, der 1527 starb und die Straße über Quito hinaus nach Norden bis Ancasmayu und nach Süden weiter nach Chile hinein verlängerte. Vom einen Ende bis zum anderen war die Entfernung ungeheuer – 6100 Kilometer.

Die erste der drei Straßen war eine überaus wichtige Querstraße, die in der heißen Wüste des Piscotales endete. Sie verließ Vilcas-huamán in westlicher Richtung, stieg die steilen Abhänge von Quicapata in die Schlucht von Lambras-Huaycco hinab, ging weiter zum Tampu von Totas und Paras und kreuzte dann die Puna in einer

Höhe von über 5000 Meter bis zur großen Inkafestung Huaytara am Anfang des Flusses und Tales von Pisco.

Alonso Enríquez de Guzmán, einer der frühen Konquistadoren, «ein Diener des Königs und eine bedeutende Persönlichkeit», wie er von sich selbst schrieb, kam nach Peru, um sein Glück zu machen, und war einer der wenigen, die diese Straße einschlugen und über sie schrieben. Er stürzte mit seinem Pferd, «das 2000 Dukaten wert war; wir fielen beide einen Abhang hinunter; das Pferd wurde zerschmettert, und ich brach den linken Arm, quetschte mir das Bein und zog mir eine Kopfwunde zu. Oh, die Mühsale, die man in diesen Ländern zu erdulden hat, sind so furchtbar, daß die Männer, die kommen, ausdauernd und kräftig sein müssen, nicht aus Fleisch und Blut, sondern aus Eisen und Stahl. Bin ich hierher gekommen, um meinen Verstand zu verlieren, meine Zeit zu vertrödeln und meine Zähne einzubüßen?»

Wenige Kilometer vor Huaytara ist ein Tampu, das man heute unter dem Namen Incahuasi – das «Haus des Inka», das ist nicht der ursprüngliche Name – kennt. Max Uhle, der es 1901 sah, beschrieb, daß es «in einer kleinen, talähnlichen Mulde liegt. Zwei oder drei Gebäude stehen direkt an der Straße [nach Vilcas-huamán].» Von dort ging die Straße weiter nach Huaytara, wo noch die Reste eines steinernen Inkabades zu sehen sind und wo ein Tampu ist, in diesem Fall ein königlicher Ruheplatz, und eine Festung, auf deren schön verlegten vieleckigen Mauern eine Kirche erbaut wurde.

Eine der ersten Maßnahmen von Diego de Almagro bei seinem Feldzug, um Francisco Pizarro daran zu hindern, Cuzco einzunehmen, das seiner Meinung nach zu seinem Lehnsgebiet gehörte, war, im Dezember 1537 eine Kompanie seiner Leute zur Verteidigung von Huaytara und insbesondere der starken Inkafestung, die den Paß beherrschte, auszusenden. Später verfolgte Francisco Pizarro Almagros Truppen auf dieser Straße, und als seine Soldaten die schneebedeckten Höhen beim Tampu von Incahuasi erreichten, «wurden sie von Schwindel befallen und litten so an Qual, daß sie sich erbrachen, taumelten und die Waffen wegwarfen». Das war eine Straße, die von den Heeren der Inka ständig begangen wurde und eine derjenigen, die ihnen dazu dienten, die Eroberung der Küstengebiete durchzuführen.

Bei Huaytara begann der Abstieg, der einer im Zickzack verlaufenden Stufenstraße zehn Kilometer weit folgte und von Pedro de Cieza als holperig bezeichnet wurde. Unterhalb von Huaytara teilte sich die Straße; ein Zweig ging das Piscotal hinunter, der andere über schwieriges Gelände nach Ica, ebenfalls an der Küste. Eine andere Straße zur Küste, die in Vilcas-huamán begann, überschritt den Pampas-Fluß auf einer Hängebrücke, durchquerte die von den Stämmen der Sora und Rucana bewohnten Höhen und folgte dann einem Flußtal bis zur Vereinigung mit der vom Gebirge herabführenden Straße. Die Straße ging dann weiter zu den Nazca, einer Reihe großer Dörfer entlang der heißen Wüstenküste, und vereinigte sich mit der Küstenstraße der Inka.

Pizarros Heer, das mit all seinen berühmten Hauptleuten – Hernando de Soto, Almagro, Juan Pizarro – der jüngste Bruder von Francisco – und anderen – auf der Straße nach Cuzco vorrückte, ritt am 29. Oktober 1533 bei Tagesanbruch in Vilcas-huamán ein. Die Geschwindigkeit des Vormarsches hatte die Truppen der Inka überrumpelt. «Sie ließen ihre Zelte, Frauen und auch einige Männer in Vilcas zurück. Wir nahmen diese gefangen und nahmen alles in Besitz. Am nächsten Tag griffen die Indianer an und töteten ein weißes Pferd, das Alonso Tabuyo gehörte. Wir mußten uns auf den Hauptplatz von Vilcas-huamán zurückziehen.»

Weder der große Platz noch die Stadt selbst hatten sich fünfzehn Jahre später merklich verändert, als am 15. Januar 1547 ein neues Heer eintraf, nämlich das von Präsident La Gasca, das nun im Namen des Königs gegen so manche derjenigen, die damals den ersten Einmarsch in Vilcas-huamán gemacht hatten, kämpfte. La Gasca hatte sich der Stadt mit großer Vorsicht genähert, denn es war ihm berichtet worden, daß Francisco de Carbajal mit rasch zusammengezogenen Männern heranrückte, um den loyalen Truppen den Übergang über die große Hängebrücke vor ihnen am Pampas-Fluß zu verwehren. Er bedrohte sie schon bei Andahuaylas, dem nächsten größeren Halteplatz, so daß La Gasca, wie er in seinem langen Bericht nach Spanien vom 7. März 1548 darlegte, befahl, daß «seine

Hauptleute die Brücke bei Vilcas einnehmen und halten sollten».

Die Capac Ñan, die Königsstraße nach Cuzco, begann am südöstlichen Rand des Hauptplatzes. «Von hier», sagte Cieza, «geht die Straße weiter zum nächsten Tampu in Uranmarca.»

Um die «Brücke von Vilcas» zu erreichen, muß der Reisende 1600 Meter in weniger als fünf Kilometern absteigen, indem er einen Zickzackweg über eine Straße aus steinernen Treppen macht. Sogar schon 1533, als die Straße noch in ihrem ursprünglichen Zustand war, beklagte sich Pedro Sancho, daß «die Reise [von Vilcas nach Uranmarca] zwar kurz war, aber mühsam, weil man den ganzen Weg absteigen mußte, und zwar auf einer Straße, die fast ganz aus Steinstufen bestand». Hinter Vilcas-huamán kam Pillai-ccasi, eine jetzt in Ruinen liegende Zollstation. Von dort aus zählte die Von-Hagen-Expedition über dreitausend Stufen, wobei die Straße fast zwei Meter breit war. Die meisten Stufen befinden sich noch in ihrer ursprünglichen Position.

Nach dem Hochland, 1300 Meter weiter oben, erscheint das Tal wie ein Backofen. Es ist von gewaltigen Kakteen, die ihre stacheligen Arme emporhalten, und einer großen Vielfalt von xerophytischen Pflanzen begrünt. Diese heißen Gegenden werden *yungas* genannt, «und hier an diesem Fluß von Vilcas», sagte Cieza, war Diego de Almagro, als er sich von den Höhen von Huaytara zurückzog, «so krank, daß er vier Tage in der Hitze verbrachte, um sich zu kurieren».

Bei der Liegenschaft de Pariabamba, wo zwei Flüsse in den Pampas einmünden, flacht sich das Tal zu einem breiten Cañon ab. Da es hier keine überhängenden Felsen gibt, erbauten die Ingenieure der Inka zwei massive Steintürme zum Aufhängen der Taue der zweitlängsten Brücke im Inkareich. Pedro Sancho gibt zu, daß er Furcht hatte, die Brücke zu überschreiten: «Jemand, der nicht daran gewöhnt ist, muß den Übergang für gefährlich halten, weil die Hängebrücke bei ihrer langen Spannweite durchhängt, so daß man bis zur Mitte ständig hinuntergeht und von dort bis zum anderen Ufer wieder ansteigen muß. Außerdem schwankt die Brücke und schaukelt stark, wenn jemand darüber geht, was einem in den Kopf steigt, wenn man es nicht gewöhnt ist.»

Der zuverlässige Pedro de Cieza stellt fest, daß, «als ich über die Brücke ging, zwei gewaltige Steintürme mit tiefen Fundamenten vorhanden waren [die zum Teil noch zu sehen sind], an denen die Hängebrücke aufgehängt war. Sie war sechsundsiebzig Schritte lang und so stark, daß Pferde darüber galoppieren konnten, als ob sie über die Brücke von Alcántara [von Kaiser Trajan über den Tajo erbaut] oder die von Córdoba gingen.» Pedro Sancho de la Hoz, der sie 1533 mit Francisco Pizarros Kavallerie überquerte, meinte, «sie sei 361 spanische Fuß lang und breit genug für zwei Pferde nebeneinander». Als jedoch La Gasca 1547 sie mit Pferden und Artillerie einen ganzen Tag lang überschritt, fand er, «daß die Brücke nicht sehr stark war und periodisch während der Nacht mit neuen Seiltrossen repariert werden mußte».

Die Brücke mit ihren dicken Seiltrossen aus *cabuya*-Fasern mußte ständig erneuert werden – mindestens alle zwei Jahre. Sie war noch im siebzehnten Jahrhundert in Gebrauch, da Huamán Poma, der Historiker der inkaischen Welt, berichtete, wo die Leute wohnten, die die Brücke unterhielten.

Auf der anderen Seite des Pampas-Flusses war wieder eine Steintreppenstraße. Sie stieg fast auf dieselbe Höhe hinauf, von der die Straße vorher abgestiegen war. Auf halbem Weg hinauf war das Dorf Uranmarca, «wo sich», wie Cieza sagt, «die Wohnungen von Uranmarca, das eine Mitimae-Siedlung ist, befinden». Diese Kolonie von loyalen ketschuasprechenden Menschen war in dieses Gebiet verschickt und mit einer Starthilfe ausgestattet worden, wo es vorher keine Siedlungen gegeben hatte, und es war ihre Aufgabe, Unterkünfte für diejenigen bereitzustellen, die die Straße benutzten, und die Vilcasbrücke instand zu halten.

Andahuaylas, das im weiteren Verlauf der Straße auf einem weiten, fruchtbaren Plateau in einer Höhe von 3000 Meter lag, war, wie Huamán Poma berichtete, «eine Stadt und ein königliches Tampu». «Als ich 1548 nach dem langen, schwierigen Anstieg aus dem Tal des Pampas hierher kam», schrieb Pedro de Cieza, «war der Herr der Stadt ein Curaca namens Huasco. Die ursprünglichen Einwohner waren Chanca. Sie kleideten sich in Decken. In früheren Zeiten waren die Chanca überaus tapfer. Sie eroberten große Ländereien und waren so stark, daß sie sogar Cuzco besiegten. Hanco Huallu, der Chanca-Häuptling, der sich den Inka ergab, war in dieser Provinz Andahuaylas bekannt dafür, daß er die Herrschaft der Inka nicht anerkennen wollte und daher mit seinen Anhängern in die entfernteren Berge floh und sich am Ufer eines Sees unterhalb des Moyabamba-Flusses niederließ.» Moyabamba liegt in der Montaña des oberen Amazonas, über 1500 Kilometer von Andahuaylas entfernt. Es zeugt für die Entschlossenheit der Chanca, sich der Inkaherrschaft zu entziehen, daß sie eine so große Strecke des von den Inka beherrschten Gebiets durchwanderten und dennoch einen so bedeutenden Teil des Stammes unversehrt in die Freiheit brachten; und es beweist, wie groß die Furcht der Inka vor den Chanca war, daß sie, um sie einzuholen und wieder zu unterwerfen, sich daranmachten, eine der berühmtesten Straßen der Geschichte von Jauja nach Chachapoyas entlang des Oberlaufs des Marañón-Flusses zu bauen, um sie zu finden.

Die Chanca waren nur eine der vielen andinen Stammeseinheiten, aber sie waren, wie die Inka, unruhig und unbezähmbar. Sie machten eine totemistische Abstammung vom Puma geltend, und an ihren großen Festen kleideten sich die Curaca zu ihren Tänzen in Pumafelle. Andahuaylas war lange ein Pufferstaat zwischen den Chanca und den Inka, aber im Jahr 1400 rückten die Chanca weiter nach Süden vor, um die strategisch wichtigen Gebiete von Abancay und Curahuasi, die zwei Brücken von entscheidender Bedeutung beherrschten, unter ihre Kontrolle zu bringen. Die Chanca warteten mit ihrem Angriff auf Cuzco, bis der achte Inka Viracocha ein alter Mann geworden war. 1437 überschritten sie den Apurimac-Fluß, unterwarfen das ganze umliegende Gebiet und belagerten Cuzco. Der alte Inka floh, aber sein Sohn Pachacutic sammelte die Truppen wieder, schlug die Chanca in einer entscheidenden Schlacht, so daß sie in Vergessenheit gerieten, bis Hanco Huallu mit 8000 Stammesmitgliedern seinen Fluchtzug unternahm.

Da das Stammesgedächtnis lange anhält, kamen die Chanca den Streitkräften der Inka nicht zu Hilfe, als sie von den Spaniern verfolgt wurden. So wurden sie ohne Mühe unterworfen, und Andahuaylas wurde Diego Maldonado, mit dem Spitznamen «der Reiche», als *encomienda* gegeben. Aus Salamanca stammend, hatte er an der Ergreifung von Atahualpa teilgenommen und wurde dafür mit 362 Mark Silber und 7760 Peso Gold belohnt. 1548 war er auf der Seite von Pizarro, wartete aber auf eine Möglichkeit, um zu den Streitkräften von La Gasca überzulaufen.

Pedro de Cieza fand, «daß Andahuaylas gut versorgt mit Lebensmitteln war. Wir verbrachten dort mit Präsident La Gasca viele Tage, während er das Heer rüstete, um die Rebellion von Gonzalo Pizarro niederzuschlagen.»

La Gasca sagte, er sei Ende Januar hier angekommen und «habe die Leute, die das Land kennen, ausgefragt und einen Schlachtplan gemacht», denn es gab viele Orte, wo durch einen entschlossenen Hinterhalt seine ganze Armee vernichtend hätte geschlagen werden können. «Am 2. Februar», so fährt der offizielle Bericht fort, «traf Sebastián Belalcázar mit zwanzig Reitern in Andahuaylas ein, worüber große Freude herrschte, denn er wird hochgeschätzt.» Pedro de Cieza gehörte zu diesen Reitern.

Das Heer setzte nun seinen Marsch über die Königsstraße fort und bewegte sich in südlicher Richtung auf Cuzco zu. Die Straße passierte den Engpaß von Cumu Huillca und stieg dann in das Tal von Pincos ab, wo ein Spanier trotz des Bürgerkriegs eine Zuckermühle errichtet hatte, um das im Tal angebaute Zuckerrohr zu verarbeiten. Nach einem kurzen Anstieg hinter Pincos war die hier wegen des Regens gepflasterte Straße nur noch wenige Kilometer von der Festung Curambá entfernt.

Die Stätte von Curambá, neben der Inkastraße auf einem Plateau gelegen, war seit 1534 bekannt. Man erinnert sich mit gutem Grund an sie, denn hier fanden die Spanier zwei sechs Meter lange Silberbarren. Die Straße führt von Norden her auf den rechteckigen Hauptplatz, nachdem sie einen Paß überquert hatte. Der Hauptplatz hatte vier mit Stein ausgelegte Gehsteige, an denen drei halbmondförmige Reihen von Gebäuden standen; diese könnten – wie Pedro Pizarro, der junge Page seines Onkels, des Eroberers, meinte – ein Dorf der Sonnenjungfrauen beherbergt haben. In der Mitte des Platzes war eine abgestumpfte Pyramide, die man, wie bei der Pyramide von Vilcas-huamán, auf Steintreppen erstieg. Curambá war nicht nur ein

Tampu, eine Tempelstadt und eine Festung auf halbem Weg zwischen Andahuaylas und der nächsten Brücke, sondern hatte auch Bedeutung als Zentrum für das Schmelzen von Gold, Kupfer und Silber. Die Schmelzöfen, von denen manche noch zu sehen sind, waren über die Huayra-pampa – die «Ebene der Windöfen» verstreut. Von Hand bediente Blasebälge konnten nicht immer genug Hitze für das Schmelzen des Erzes erzeugen; daher machten sich die Inka den ständig von den Bergen von Vilcabamba herunterwehenden Wind zunutze, um die gewünschten hohen Temperaturen zu erzielen. Da es in der ganzen Gegend von Vilcabamba viele von den Inka benutzte Goldwaschplätze gab, war eine Straße gebaut worden, die diese mit Curambá verband.

Die östliche Straße führte nach Wiñaysunu und hatte eine Verbindung zu der bedeutenden Festungsstadt Choqquequirau über dem Nordostufer des Apurimac-Flusses.

Curambá war ein strategisch sehr wichtiger Platz, da es die Königsstraße nachhaltig blockieren und den Zugang zur Brücke sperren konnte. Hinter der Stadt stieg die Straße ab. Sie führte über den Paß von Bajada de Huancarama zu dem Dorf gleichen Namens, wo die gepflasterte Straße noch heute zu sehen ist. Weiter unten kam die Straße zu einem kleinen Süßwassersee und zu dem Dorf und Tampu Cochacajas. Dieser Platz hatte, wie alle derartigen strategisch gelegenen Stätten, die Aufgabe, eine Brücke zu beschützen, auszubessern und zu bewachen – in diesem Fall die Brücke über den Pachachaca-Fluß. Cochacajas war auch eine bedeutende Straßenkreuzung.

Bevor die Hauptstraße die Brücke erreichte, traf sie sich mit einer Querstraße, die nach Westen zur pazifischen Küste führte. Die Ingenieure der Inka planten die Straße so, daß sie entlang des nördlichen (linken) Ufers verlief und daher keine weitere Brücke über diesen ungebärdigen, zum Amazonas fließenden Fluß erforderte. Die Querstraße verlief in der Nähe, mehr oder weniger parallel zu der modernen Straße durch dieses Gebiet und führte dann durch Pichichua, Tintay und Toraya über die hohe Puna, auf der es hauptsächlich riesige Herden von wilden Vicuñas und Viscachas – der Chinchilla verwandt – gab, zu dem eiskalten Parcosee. Dieser liegt im Einzugsgebiet des Pazifik. Von dort aus verlief die Straße den ganzen Weg bergab zu den Wüstentälern der Nazca, wo sie sich mit der Küstenstraße vereinigte.

Eine Stunde Marsch entfernt von Cochacajas, wenn man auf der Hauptroute der Königsstraße reiste, waren Fluß und Brücke von Pachachaca – *chaca* ist das Ketschuawort für Brücke. Der Pachachaca ist ein enger, schnellströmender Fluß, der in den Aimaraes-Bergen in den westlichen Anden entspringt. An dem Punkt, wo die Straße ihn überquert, fließt er durch eine Schlucht mit senkrechten Wänden und ist nicht zu durchwaten. Die Inka überbrückten ihn, indem sie Hängetaue verwendeten, die durch starke Pfeiler getragen wurden.

Während der Eroberung und der Bürgerkriege wurde die Brücke mehrmals niedergebrannt. Am 12. Juli 1537 standen sich hier Truppen gegenüber und schossen aufeinander, um die Brücke zu besetzen. Nachher wurde sie der Ort für Waffenstillstandsverhandlungen der beiden Parteien. «Ich wurde dazu ausersehen», schrieb Alonso Enríquez de Guzmán, der den Vorfall in seiner Autobiographie beschreibt.

Gesäumt von weißen *abancay*-Lilien – «wie die unsrigen in Spanien, aber ohne deren Duft», stieg dann die Inkastraße aus dem Tal hinauf und kam, nachdem sie das Tampu von Abancay passiert hatte, auf die hohe, baumlose Puna, die über Mittag unmäßig heiß und bitter kalt in der Nacht ist. Hier, wo kein Hindernis im Wege war, wurde die Straße breiter und bekam ihre offizielle Standardbreite von ungefähr sieben Meter. So breit blieb sie auch, als sie über den Paß von Abancay, auf dem höchsten Punkt der Puna, führte.

Dank einer ungewöhnlichen Kette von günstigen Umständen gibt es hier einen guterhaltenen Straßenabschnitt mit Überresten eines nahegelegenen kleinen Rasthauses und ganz oben einer *apacheta.*

Die *apacheta* ist ein Sühnesteinhaufen, eine Pyramide aus kleinen, meist an den höchsten Punkten der Straße gefundenen Steinen. Die Übersetzung des Wortes *apacheta* erläutert ihre Funktion: *apa* = Last, *cheta* = Einleger. Jeder Passant fügte dem Steinhaufen einen Stein hinzu, der das Symbol der Last war, die er trug. «Die Indianer», sagte der Jesuit José de Acosta, «bringen einen kleinen Stein, den sie kurz vor Erreichen der *apacheta* von der Straße aufgelesen haben. Sie glauben, daß sie, wenn sie ihn auf die *apacheta* werfen, ihre Müdigkeit hinter sich lassen und daß die Götter ihnen neue Kraft verleihen werden.»

Nach dem Paß stieg die Straße wieder ab und trat in ein langes Tal ein. Hier sind die Steine von Conchaca oder Sayhuite gelegen – mehrere freistehende Kalksteinfelsblöcke, von denen einer, oval und sechs Meter lang, vier Meter breit und dreieinhalb Meter hoch, mit den phantastischsten Figuren und Formen skulptiert ist. Die Bildhauer, die zumeist mit Steinkeilen arbeiteten, gingen mit diesem gewaltigen Felsblock ebenso mühelos um wie etwa ein orientalischer Künstler mit einem Stück Elfenbein und meißelten Eidechsen, Pumas, Viscachas, Schlangen, Meerschweinchen und Stufen ein – ein kompliziertes Labyrinth von Symbolen, deren genaue Bedeutung nicht mehr festzustellen ist.

Der früheste Bericht über diese Steine stammt aus dem Jahr 1847, als der französische Konsul Léonce Angrand sie besuchte und eine Reihe von Zeichnungen des großen ovalen Steins hinterließ. Diese Zeichnungen werden in der Nationalbibliothek von Paris aufbewahrt. E. G. Squier machte eine Fotografie von einem anderen der Steine. Er glaubte, daß dieser, den man auf einer aus dem Stein gehauenen Treppe ersteigen kann und der einen Behälter für knapp fünf Liter Flüssigkeit enthielt, die in Leitungen auf allen Seiten floß, Trankopfern diente, die die Priester – *amantua* – tranken, weil sie glaubten, daß sie dadurch an dem Gott des Orakels teilhatten, der in dem Felsen lebte. Auf der anderen Seite waren eine Tür und eine Höhle, die groß genug für einen Menschen war, aus dem Felsen ausgehauen. Aber der genaue Zweck des Steins bleibt ein Rätsel.

Von hier aus braucht man eine Stunde bis zum nächsten Tampu in Curahuasi, das Huamán Poma als «königliches Tampu, Dorf, Brükke von Apurimac» aufführt. Die Funktion, die die Einwohner von Curahuasi zu erfüllen hatten, steht daher außer Zweifel: Sie mußten die Straße, die zur Brücke führte, reparieren und unterhalten und alle zwei Jahre die gewaltigen Taue, an denen die Brücke aufgehängt war, erneuern. Es gibt noch umfangreiche Reste der Siedlung Curahuasi, einschließlich einiger drei Stock hoher Gebäude, was für Inkabauwerke ungewöhnlich ist. Man sieht noch, wo die Königsstraße auf den Hauptplatz mündete und ihn wieder verließ.

KAPITEL

VII

Die heilige Brücke am Apurímac

Der Apurimac entspringt dem Rand der westlichen Anden als bloßes Rinnsal, das von den Gletschern des hohen Cerro Huachahui gespeist wird. Auf seinem Weg in nordöstlicher Richtung nimmt er eine Reihe von Nebenflüssen auf und hat sich eine eindrucksvolle Schlucht in seinem Lauf zum Amazonas ausgewaschen. Wo er die Brücke erreicht, hört man von den hohen Wänden der Schlucht herunter sein herabstürzendes Wasser als dumpfes, widerhallendes Brausen, und daher hat er seinen Namen Apurimac – der «Große Sprecher».

Er war der Rubikon der Inka, denn ein Jahrhundert lang hielt er sie in Schach und verhinderte, daß sie ihr Reich nach Norden ausweiteten. Er blieb bis 1350, als die Ingenieure des sechsten Inka Roca den ersten Versuch machten, ihn zu überbrücken, ein beträchtliches Hindernis.

Diese Brücke, die Huaca-chaca – «Heilige Brücke» –, war den Inka *huaca* – heilig –, weil sie glaubten, sie besäße eine Seele. Auf der Cuzco zugewandten Seite wurde ein bedeutendes Orakel errichtet; dieses sprach durch das ohrenbetäubende Brausen des Flusses zu denen, die es anflehten. Pedro Pizarro sagte, als er in hohem Alter darüber schrieb, daß es bekannt war als «der Herr, der spricht, oder der Apurimac, der ‹Große Sprecher›. Es war eine reich bemalte Hütte, die ein Götzenbild enthielt, einen großen, blutbespritzten Holzklotz.»

Für die ersten Spanier war die Brücke ein Sinnbild Perus. Hiram Bingham, der Entdecker von Machu Picchu sagte, daß die Abbildung von ihr in Squiers Buch «einer der Gründe dafür gewesen ist, warum ich nach Peru gehen wollte». Die ersten Spanier, die sie überschritten, waren starr vor Schrecken. Tagebücher und Berichte sind voll von ihren Klagen, wie die Brücke im Wind geschwankt habe, wie tief die Schlucht sei, wie furchtbar das Brausen des Flusses in seinem Widerhall an den senkrechten Felswänden, wie ihr Puls gerast sei, ihre Augen trübe und das Herz schwach wurde, als sie sich an die dünnen Seile klammerten.

Als Pedro de Cieza im März 1548 zum Apurimac-Fluß kam, sah er in ihm «den größten, den man zwischen hier und Cajamarca überqueren muß. Die Straße zur Brücke ist sehr gut an den Abhängen und Bergen angelegt. Ihre Erbauer müssen es schrecklich gehabt haben, als sie die Felsmassen herausbrachen und die Straße planierten, besonders da, wo sie absteigt.» Er sagte auch, daß «die Straße so holperig und gefährlich ist, daß einige mit Gold und Silber beladene Pferde hinunterstürzten und verlorengingen».

Vom Tampu und Dorf Curahuasi stieg die Straße über die jetzt allgemein bekannte Treppenstraße im Zickzack hinab. Nach zwei Stunden Marsch kommt sie an die vertikalen Wände der Schlucht. Da es kein Felsgesims gab, über das die Straße geführt werden konnte, schlugen die Ingenieure der Inka einen Stollen in die Felswand. Der Stollen, der zu der Plattform der Brücke führt, ist durch dreihundert Meter bröckeligen Fels geschlagen; er ist drei Meter hoch und nicht ganz zwei Meter breit. Luftlöcher gibt es alle zehn Meter.

Die Methoden der Inka, Fels zu bearbeiten, unterschieden sich wenig von denen der Römer. Es wurden Löcher in natürliche Risse gebohrt und Holzpflöcke hineingeschlagen und dann naß gemacht. Diese quollen auf und spalteten den Fels, der dann mit Hilfe riesiger bronzener Brecheisen herausgebrochen wurde. Eine andere Methode war, starke Feuer direkt an der Felsfläche zu entzünden – das geschwärzte Innere der Stollen zeugt davon; wenn der Fels stark erhitzt war, wurde Wasser darauf geschüttet, wodurch der Fels barst.

Wo der Stollen endete, war eine spiralförmige, mit Stein belegte Treppe aus dem Fels ausgehauen, die sich zu einer aus der Wand der Schlucht abgegrabenen Plattform hinunterwand. Zwei Steintürme waren auf der Plattform erbaut, und die gewaltigen Taue wurden über diese Türme gehängt und dann tief in die Plattform eingegraben. Die beiden Taue, an denen die Brücke aufgehängt war, und die drei, die den Laufsteg der Brücke trugen, waren, wie Garcilaso de la Vega, der sie oft sah, erklärte, um fünf Querbalken geschlungen, jeder so dick wie ein Ochse, und in der Plattform unter einer großen Felsmasse vergraben.

Die Taue waren von Hand aus den Fasern der *cabuya*, einer Amaryllisart aus der im tropischen Amerika heimischen Gattung der Agave, gesponnen, einer der charakteristischsten Pflanzen der peruanischen und mexikanischen Landschaft. Sie hat fleischige, schön geschwungene, blaugraue Blätter mit scharfen Spitzen und stachliger Kante, die lang und breit sind. Diese fleischigen Blätter, die knapp zwei Meter lang werden, sind von starken Fasern durchzogen – im Handel Sisal genannt –, die getrocknet, gewaschen und gehechelt, für die Herstellung von Sandalen, Satteltaschen, Halftern und Seilen verwendet werden können.

«Ich möchte berichten, wie sie gesponnen wurden», sagte «der Inka» Garcilaso de la Vega. «Drei Stränge von je drei Fasern werden zusammengeflochten, wodurch ein Seil von neun Fasern entsteht; dann werden drei davon zusammengeflochten, was ein Seil von siebenundzwanzig Fasern ergibt; wenn das so mehrmals wiederholt wird, bekommt man zuletzt ein Tau, so dick wie der Schenkel eines Mannes.» Das Flechten der Taue wurde an Ort und Stelle vorgenommen – genau wie der deutschgebürtige Ingenieur Johann Augustus Roebling die Stahltaue für die Brooklyn-Brücke am Ort selbst spinnen ließ –, denn die Taue wären sonst zu unhandlich geworden und nicht mehr zu transportieren gewesen. Die Taue wurden zur anderen Seite der Schlucht auf folgende Weise hinübergespannt: Zunächst überquerte ein Indianer auf einem Floß den Fluß und hielt ein kleines Seil in der Hand, an das ein größeres angebunden war, und so weiter, so daß dann am Ende der Kette das Haupttau war. Mit Hilfe von Legionen von Arbeitern wurde das Tau hinübergezogen und auf den Steinturm gehoben. Die beiden Haupthängetaue wurden auf beiden Seiten der Schlucht eingegraben, indem man sie um fünf stufenförmig verlegte Holzbalken schlang, die, nachdem sie eingegraben waren, die Taue straff hielten und verhinderten, daß diese zu sehr durchhingen.

Obwohl wir wissen, daß die Taue gewaltig waren, hat niemand eine Schätzung von Durchmesser, Länge und Gewicht der Taue überliefert. Durch logische Schlüsse kann man aber eine Vorstellung davon gewinnen. Die Länge der Brücke von einem Ende zum anderen wurde – von E. G. Squier – zutreffend mit 50 Metern ermittelt, wobei natürlich die Taue viel länger waren, weil sie zwangsläufig ein gutes Stück durchhingen und ein fünfzehn Meter langes Stück auf beiden Seiten der Brücke eingegraben wurde. Die Bemerkung, daß die Taue «so dick wie der Oberschenkel eines Mannes» waren, läßt vermuten, daß sie einen Umfang von 66 Zentimetern hatten; das Gewicht jedes Taues wäre dann etwa 5000 Pfund gewesen, und es hätte einer Belastung von bis zu fünfzig Tonnen standhalten können. Die Lauffläche der Brücke bestand aus Flechtwerk oder Brettern, die durch die Seile gesteckt waren. Die Hängetaue und die der Brücke selbst waren durch eine Reihe von Seilen verbunden, die als Schutzgeländer dienten. Da die Brücke im Wind schwankte, wurde sie durch Haltetaue festgehalten, die an den senkrechten Wänden befestigt waren.

Auf der Cuzco zugewandten Seite des Flusses war die Straße aus dem Felsen ausgehauen und mit Mauern versehen, die aber später zerstört wurden. Sie stieg in einem steilen Zickzack zu dem jetzt «La Banca» genannten hohen Punkt an, und ihre Breite variierte zwischen einem und zwei Metern.

Als Ephraim George Squier, der amerikanische Diplomat und Archäologe, die Brücke 1869 überschritt, stellte er fest, daß sie noch instand gehalten wurde und daß ihre indianischen Wärter in der Nähe «wie Ziegen in Schuppen» wohnten. Von dort aus «konnte man die Brücke in der Höhe in einer anmutig geschwungenen Kurve zwischen den beiden Abstürzen auf beiden Seiten sehen; sie war wunderbar zart und fein wie Spinnweb».

Bei den Inka standen alle Brücken, ihr Bau und ihre Instandhaltung sowie die Erhebung der Zollgebühren unter der Aufsicht von Inkabeamten vom Acos-Geschlecht; der Titel des Aufsehers der Brücken hieß in Ketschua *Chaca-suioioc-acos-Inga-guamnochaca*, wie Huamán Poma berichtet. Wenn man bedenkt, daß sich die Straßen über die ganze Länge des südamerikanischen Kontinents von Kolumbien bis Chile erstreckten und daß nicht weniger als 892 große und kleine Flüsse und Schluchten überwunden werden mußten, erkennt man, daß die technische Leistung der Inka beim Bau und Unterhalt von nahezu tausend Brücken auf einer Entfernung von 7000 Kilometer wahrhaft ungeheuer war.

Bis zu den Fortschritten der Technik im neunzehnten Jahrhundert, als man anfing, eiserne Ketten als Hängetaue zu verwenden, waren die Hängebrücken der Inka die längsten. Die Inka kannten das Gewölbe nicht, wie übrigens auch alle anderen vorgeschichtlichen Völkerstämme in Amerika. Das Gewölbe, ein Zusammenspiel von Gewicht, Schwere und Druck, ist verhältnismäßig passiv und der Erde verhaftet, aber das Hängekabel kehrt die Gewölbekurve um und erzielt damit Kraft ohne sichtbare Masse oder Schwere.

Die Menschen, die diese und andere gewaltige Bauvorhaben planten und durchführten, werden mit Recht «Ingenieure» genannt. Als der neusteinzeitliche Mensch damit begann, sich die Natur und ihre Materialien untertan zu machen, lernte er die Kunst der Töpferei, des Webens, des Ackerbaus, der Metallurgie und der Zähmung der Tiere und wurde zivilisierter. «Niemand würde heute noch», schreibt Claude Lévi-Strauss in ‹*Das wilde Denken*›, «daran denken, diesen gewaltigen Fortschritt einer willkürlichen Anhäufung von zufälligen Entdeckungen zuzuschreiben. Jede dieser Techniken setzt jahrhundertelange aktive und methodische Beobachtung kühner Hypothesen voraus, die vermittels endlos wiederholter Experimente erprobt wurden.»

Die Inka waren die Erben einer langen Geschichte der Technik. Wenn es auch ihre Politik war, den Beitrag anderer Stämme zu ihrer materiellen Kultur herabzusetzen, indem sie den Anschein erweckten, als ob vor ihrer Ankunft alles leer und öde gewesen wäre – in Wirklichkeit war die Inkakultur nur eine intensivierte Ausprägung der typischen andinen Kultur –, ist es doch richtig, daß der Mensch unter der Inkaherrschaft seine Fähigkeiten vermehrte, Nutzen aus seinem Umgang mit der Natur zu erzielen. Eines der Symbole dieser technischen Leistung ist die große Brücke über den Apurimac.

Als das Heer von Präsident La Gasca in der ersten Woche des März 1548 das Tal des Apurimac erreichte, waren alle *drei* Brücken über die Schlucht, die Huaca-chaca, Cotabamba und Accha, auf Befehl von Gonzalo Pizarro zerstört worden. La Gasca sagte in seinem Bericht, daß er sich bemüht habe, Gonzalo in Ungewißheit darüber zu lassen, wo er und seine Truppen «am wahrscheinlichsten eine Brücke über den Apurimac» schlagen würden. Indianer, die aus der Entfernung aussahen wie Ameisen, kamen täglich herbei und brachten *cabuya*-Blätter, und La Gasca entschied, daß die «natürlichen Bedingungen der Cotabamba-Brücke» sie zum günstigsten Ort für die Wiederherstellung der Hängetaue machten. Die Cotabamba-Brücke diente zur Überwindung der Apurimac-Schlucht auf der Conti-suyu-Straße zur Küste. «Ich erteilte», schrieb La Gasca in seinem Bericht nach Spanien, «Lopé Martín Instruktionen zur Beschleunigung des Zustroms von Material für die Brücke [*cabuya*-Fasern für die Taue].» In zwei Wochen, was eine Vorstellung von der Geschwindigkeit gibt, mit der die Taue geflochten werden können, waren die beiden großen Taue an ihrem Ort, aber plötzlich erschienen Soldaten von Gonzalo Pizarro und «verbrannten zwei Taue unserer Brücke». Am 7. April jedoch, nachdem die Brückenköpfe gesichert und Hängetaue und Brücke fertiggestellt worden waren, überschritt sie das Heer von La Gasca. Von hier aus kamen sie wieder auf die Königsstraße, ohne auf Widerstand zu stoßen, und rüsteten sich bei Xaquijahuana für die Schlacht.

Es war weniger eine Schlacht als eine Affäre, wie La Gasca sich ausdrückt, ohne Eile auf beiden Seiten. Gonzalo Pizarros Heer schmolz einfach dahin, da die Männer einzeln und dann in Gruppen desertierten, bis die Niederlage komplett war. Es wäre ganz anders gegangen, wenn Francisco de Carbajal an der Spitze gestanden hätte. Nachdem er das Kommando an Gonzalo abgegeben hatte, saß er auf einem Hügel auf seinem rotbraunen Maultier und lachte über das Unglück. Aber bevor er fliehen konnte, wurde er gefangengenommen.

«Ich entschloß mich, mit Gonzalo Pizarro und Carbajal sogleich reinen Tisch zu machen», sagte La Gasca, «denn solange sie am Leben sind, gibt es keine Sicherheit.» Sie wurden enthauptet, und

Gonzalos Kopf wurde in einen Käfig aus Eisenmaschen gelegt und am königlichen Pranger in Lima aufgehängt.

Pedro de Cieza schrieb das alles für seine *‹Historien›* auf, aber leider verlor er in dem Handgemenge einige Notizbücher und Teile des Manuskriptes, «was mich sehr betrübte». Als er nach den verlorengegangenen Papieren suchte, wurde La Gasca aufmerksam auf ihn und bat ihn, etwas von den *‹Historien›* sehen zu dürfen, die ihm dann gezeigt wurden. Da er Gefallen an der Lektüre fand, ernannte La Gasca Pedro de Cieza zum *Primer Cronista de las Indias* – zum ersten Historiker der Indien; und so vertauschte Cieza, gewappnet mit Briefen mit der Unterschrift und dem Siegel des siegreichen La Gasca, bildlich sein Soldatenwams mit dem langen Rock des Historikers und setzte seine Reise über die Königsstraße nach Cuzco fort. «Vom Apurimac», stellte Cieza fest, «geht man weiter zu den Wohnstätten von Limatambo.» Dieses massiv errichtete Gebäude, dessen vieleckige Steinkonstruktion noch zu sehen ist, ist sechs Meter hoch und 250 Meter lang und steht auf Terrassen, die aus dem Fels ausgehauen sind. Es war die Residenz des Gouverneurs und aller Wahrscheinlichkeit nach das Verwaltungszentrum von Chinchasuyu.

Danach überquert die Straße die Sierra de Vilcaconga und steigt dann ab «in das Tal von Xaquijahuana, das tief zwischen Bergen liegt. In diesem Tal gab es prächtige, üppige Paläste.»

Hier war der Stamm der Chanca bei seinem Präventivkrieg gegen Cuzco endgültig besiegt worden. Als zwei alte Konquistadoren, Peralonso Carrasco – zu dessen Besitz das Tampu von Abancay gehörte – und Juan Pancorvo – einer der Gründer von Spanisch-Cuzco – mit Francisco Pizarro das Land betraten, waren die Gräber, die die Inka für die toten Chanca erbaut hatten, noch zu sehen. Sie waren als warnendes Beispiel aufgestellt worden. Den Toten war die Haut abgezogen worden, und die Häute wurden mit Asche und Stroh ausgestopft, um menschlichen Wesen zu gleichen; solche Gestalten waren auf hundert verschiedene Arten gestellt und gelegt worden. Cieza wurde erzählt, daß bei manchen der Magen wie eine Trommel gespannt war, während andere eine Flöte zu spielen schienen. Sie blieben so stehen bis zur Eroberung durch die Spanier.

Die Spanier, die doch mit Plünderung, Raub und Tod in allen Formen vertraut waren, waren entsetzt, als sie 1533 auf ihrem Marsch auf der letzten Strecke der Straße vor Cuzco auf die Leichen der Familie des geschlagenen Huascar stießen, die in Abständen entlang der Königsstraße auf Pfosten aufgespießt waren. Männer, Frauen, Kinder und sogar Fetusse waren hier aufgehängt und hatten in dieser Lage Atahualpa auf seinem Siegeszug nach Cuzco begrüßt.

Xaquijahuana war die letzte Haltestation vor den Sümpfen von Anta. Dieser Platz war bekannt als der Ayllu des inkaischen Geschlechts der Anta. Die Angehörigen der Anta hatten das erbliche Recht, im ganzen Reich die Aufseher für die Instandhaltung der Straßen zu stellen.

Anta liegt 25 Kilometer südlich von Cuzco in einer niedrigen Ebene. Das Wasser von den Bergen der Umgebung sammelt sich hier und ist die Ursache für den Sumpf. Damit die Straße höher lag als die Fluten, wenn sie sich über die Ebene ergossen, erbauten die Ingenieure der Inka einen 10 Kilometer langen Damm mit Mauern auf beiden Seiten. Einen weiteren Schutz gewährten sechsunddreißig Abzugskanäle, die die Wassermassen regulierten. Als Cieza hier vorbeikam, stellte er fest: «Es wäre schwierig, diesen Sumpf ohne den breiten und festen Damm zu überqueren, der auf Befehl der Inka erbaut wurde.»

Der Damm endet in Izcucacha, wo die Straße über eine steinerne Brücke verläuft. Nachdem sie einen Berg erstiegen hat, erreicht sie Carmenca.

Von hier sieht der Reisende, der auf der Königsstraße steht, auf Cuzco hinunter.

KAPITEL

VIII

Cuzco, Zentrum der «Vier Weltengegenden»

Carmenca, jetzt die Pfarrgemeinde Santa Ana, war der letzte Kontrollpunkt. Es war eine Zollstation, ein Tampu, und bei einer Entfernung von 2100 Kilometer von Quito das Ende der Capac Ñan, der Königsstraße. Von Carmenca aus hatte der Reisende den ersten unbehinderten Blick auf Cuzco. Wenn er jedoch seine Reise auf der Straße eben erst begänne, würde er in Carmenca beim Huaca-puncu, dem «Heiligen Tor», haltmachen und dort seine *mocha* – Verbeugung – machen, um sich einer sicheren Reise zu vergewissern und zu beten, daß die Straße nicht einstürze.

Als Pedro de Cieza im April 1548 hier ankam, waren die Cañari, die er an ihrer Kopfbedeckung erkannte – «einer verschlungenen Krone, so fein wie Siebdraht» –, die Wächter von Carmenca. Sie waren eine Kolonie von *incap-michuscan-runa*, eines Volkes, das aus seinem 1300 Kilometer nördlich gelegenen Heimatland umgesiedelt worden war, und nun eine Elitetruppe bildete, die für den nördlichen Zugang nach Cuzco verantwortlich war.

Pedro Sancho de la Hoz, der junge Schreiber im Dienst von Francisco Pizarro, war der erste Spanier, der Cuzco beschrieb; sein Bericht stammt aus dem Jahr 1533. Zu dieser Zeit hatten die Tempel noch nicht alle Goldplatten eingebüßt, die ihre Mauern schmückten, und die Stadt funktionierte noch so wie unter der Inkaherrschaft. Pedro Sancho erschien sie so groß, «daß eine Woche nicht genügte, um sie ganz zu sehen. Sie ist großartig und prächtig und muß von einem Volk mit großer Intelligenz erbaut worden sein. Sie hat schöne Straßen, die nur etwas eng sind. Die meisten Häuser sind aus Stein, obwohl auch viele aus Lehm erbaut sind. Cuzco ist die reichste

Stadt, die wir in den Indien kennen, denn oft wurden große Schätze hierher gebracht, um die Herrlichkeit der Inka zu vermehren.»

Cuzco wurde im elften Jahrhundert n. Chr. vom ersten Inka Manco Capac gegründet. Es liegt in einer Mulde – das Volk nannte es den Nabel des Tales – in einer Höhe von 3300 Meter über dem Meeresspiegel. Auf drei Seiten erheben sich steile Berge, während sich nach Westen das Tal erstreckt, das einen breiten Korridor zwischen den Bergen bildet und aus fruchtbaren Ebenen im Wechsel mit Sümpfen besteht. Hier in Cuzco beendete Manco Capac seine Suche nach einer Heimat für sein Volk. Nach einer alten Überlieferung stieß er in Cuzco einen goldenen Stab in die Erde, den ihm sein Vater, der Sonnengott, geschenkt hatte, und als der Stab verschwand, erkannte er, daß der Boden nicht felsig und das Land fruchtbar war. Alle, die damals in diesem Gebiet lebten, wurden umgesiedelt. Die Archäologie steht hier in Einklang mit dem Mythus der Inka: Kultur und Geschichte der Inka entfalteten sich in diesem Tal in der unmittelbaren Nachbarschaft von Cuzco.

Die Wohnungen der Inka in Cuzco gruppierten sich um den Hauptplatz Huaycapata – Platz der Muße –, wo die Festlichkeiten abgehalten wurden; direkt daneben waren die wichtigsten öffentlichen Gebäude des Reiches – der Sonnentempel, das Haus der Sonnenjungfrauen und Curicancha – die Goldene Einfriedung. Von diesem Platz gingen die engen Straßen der Stadt aus, die in zwölf Verwaltungsbezirke eingeteilt war. Der Inspektor des Königs von Spanien meinte, es gäbe hunderttausend Häuser – zweifellos eine gewaltige Übertreibung; aber es mögen immerhin so viele Menschen dort gewohnt haben. Er versicherte: «In den acht Tagen, die ich hier war, konnte ich nicht alles besichtigen.» Es existiert kein Plan von Cuzco, wie es in den Tagen der Konquista ausgesehen hat. Der früheste Plan – der auch nur das Zentrum der Stadt zeigt – wurde von Huamán Poma 75 Jahre nach der Eroberung gezeichnet, und zu jener Zeit war die Stadt nach spanischen Grundsätzen neu erbaut worden.

Als Francisco Pizarro am 15. November 1533 mit seiner Streitmacht von 175 Spaniern und einer Hilfstruppe von über tausend

Mann der Cañari ankam, glänzte die Stadt von Gold, denn die Fassaden bedeutenderer Gebäude waren noch mit gehämmerten Goldblechen bedeckt. «Ich sah», berichtete einer der Spanier, «ein viereckiges Gebäude von dreihundert auf fünfzig Schritt, das vollständig mit Goldblechen überzogen war. Von diesen Blechen holten wir 700 herunter, die zusammen 500 Peso wogen [ein Peso entspricht ungefähr 0,147 Unzen].»

Manco Capac II. kam mit den Spaniern, aber schon während er gekrönt wurde – die Inkakrone war die mit Troddeln verzierte und von Wolle eingerahmte *llautu* –, zerstückelte Francisco Pizarro Cuzco und teilte Paläste und Häuser seinen Konquistadoren zu.

Pedro de Cieza betrat Cuzco am 11. April 1548 und beendete damit den ersten Abschnitt seiner Reise über die Königsstraße. Aber das Cuzco, das er sah, war nicht die Stadt von 1533, denn im Jahr 1536 war der scheinbar gefügige junge Inka Manco Capac seinen Bewachern entflohen, hatte eine große Zahl von Anhängern ausgehoben und belagerte Cuzco achtzehn Monate lang. Im Verlauf von Belagerung und Gegenbelagerung waren die Strohdächer der meisten Gebäude verbrannt und viele Lehmhäuser von den Spaniern abgerissen worden, damit sie mehr Manövrierspielraum hatten. Die Stadt hatte sich also sehr stark verändert. Ein Spanier, der sich in Cuzco angesiedelt hatte, berichtete: «Ich glaube, daß man von uns Spaniern sagen kann, daß wir allein in vier Jahren mehr Schaden anrichteten als die Inkaherren in vierhundert.» Die Stadt, die Pedro de Cieza sah, war also ein wiederaufgebautes Cuzco, das Francisco Pizarro gegründet hatte.

Trotzdem war genug von den Fundamenten der ursprünglichen Gebäude erhalten geblieben, so daß man sehen kann, daß Cuzco der Mikrokosmos des Reiches war und auch blieb. Denn in der Stadt wohnten Menschen, die aus allen Gebieten des Reiches dorthin gekommen waren. «Jeder Stamm unterscheidet sich durch verschiedene Kopfbedeckungen so klar und deutlich, daß, auch wenn 1 500 000 Menschen versammelt waren, jeder Stamm leicht von den anderen unterschieden werden konnte.» Die verschiedenen Gruppen bewohnten verschiedene Quartiere der Stadt, aber alle lebten in einstöckigen, steilgiebligen Häusern aus getrockneten Lehmziegeln,

Terrakottagefäß der Cañari in Südecuador. Gefäße dieser Art, gefüllt mit Chicha (Maisbier), wurden in die Gräber gestellt, um die Toten zu besänftigen.

Die Ingenieurkunst der Inka zeigte sich auch in ihren Brückenbauten, die sie, je nach den Gegebenheiten, in den verschiedensten, noch heute angewendeten Bauweisen errichteten. Oben: Brücke bei Huanuco aus parallelen Baumstämmen, die auf dauerhaften Steinpfeilern aufliegen. Unten: Hängebrücke (chaca) über den oberen Apurimac.

Vor-inkaische Steinskulpturen aus Callejon de Huaylas, einem Ort, der nicht weit entfernt von der Chincha-suyu-Hauptstraße am Santa-Fluß liegt. Mitte rechts: Stilisierter Kopf; ehemals Bestandteil einer Mauer aus der wenig bekannten Sechín-Kultur an der pazifischen Küste.

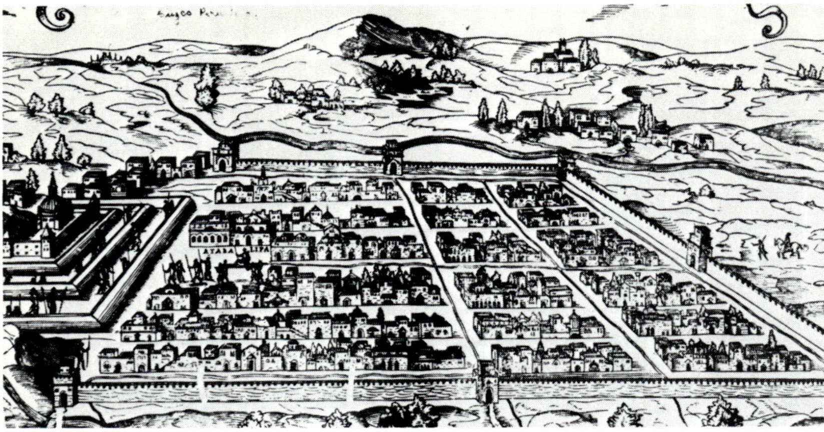

Cuzco. Linke Seite, oben und Mitte: Zwei der imaginären Ansichten de Brys von Cuzco aus dem Jahre 1596, die auf Berichten von spanischen Konquistadoren und Reisenden beruhen – man beachte die Kamele im Vordergrund. Unten: Gesamtansicht des modernen Cuzco; die Festung Sacsahuamán links beherrscht den Berggipfel, der die Stadt überragt.
Rechte Seite oben rechts: Lamas auf dem Abstieg über die treppenförmige nördliche Straße in Cuzco, bekannt als «die Straße, die den Fuchs ermüdet». Oben links: Enge Stufenstraße, die zum Cusipata (Platz der Freude) führt, dem Ausgangspunkt der Anti-suyu-Straße.

Besonders hervorragende Beispiele des inkaischen Ingenieurwesens. Linke Seite, oben: Kreisförmige Anbauterrassen in Moray, fünfundzwanzig Kilometer nordwestlich von Cuzco, die man zuerst fälschlicherweise für ein Amphitheater hielt. Später konnte man nachweisen, daß sie so tief in die Erde hineingegraben wurden, um die Ernte vor Frost zu schützen (Luftaufnahme von Shippee-Johnson). Unten: Verlauf der Anti-suyu-Straße in dem terrassierten Tal von Ollantaytambo. Rechte Seite, oben: Die Festung Ollantaytambo, die den Zugang zum Dschungelgebiet im Osten beherrschte. Unten links: Machu Picchu, gesehen vom Wachturm aus, durch den die Straße nach Cuzco kontrolliert wurde. Unten rechts: Das Yucay-Tal nördlich von Pisca.

Sacsahuamán, eines der größten jemals von Menschen errichteten Bauwerke. 30000 Indianer arbeiteten 70 Jahre lang an seiner Fertigstellung. Es wurde aus Tausenden gigantischen behauenen Steinen zu einer Länge von gut eineinhalb Kilometern zusammengefügt. Oben: Indianer, gekleidet in nach Rekonstruktionen gearbeiteten inkaischen Kampfgewändern, stellen die Verteidigung der Festungsmauern dar. Unten: Lamas weiden vor den gewaltigen Steinen der Mauern von Sacsahuamán.

die rot, gelb oder schwarz bemalt und mit dickem Stroh gedeckt waren.

Pedro de Cieza erfuhr, daß es einst in der ganzen Stadt königliche Lagerhäuser gegeben habe. Diese waren mit den Gütern angefüllt, die von den Menschen im ganzen Reich als Steuern bezahlt worden waren: von der Wüstenküste kamen Baumwolle, Muscheln, getrockneter Seetang, gesalzener und geräucherter Fisch; aus den Antisuyu-Dschungeln kamen Vogelfedern, Kokablätter, Chontaholz, Felle, tropische Nahrungsmittel und das Gold von den Goldwaschplätzen. Da Cuzco auch Arsenal war, wurden hier die Rohstoffe für Schleudern, Baumwollpanzer, Schwerter, Streitäxte – diese waren sternförmig – und Speere gelagert.

Bestimmte Stadtviertel waren den königlichen Handwerkern, den Berufsgoldschmieden vorbehalten, die von Steuern befreit waren und sich ganz der Herstellung von Gußarbeiten in Gold und Silber widmeten. «Es gab», sagte Cieza, «eine große Anzahl von Vergoldern und Silber- und Goldschmieden, die die von den Inka bestellten Stücke herstellen konnten.»

Diese Spezialisierung setzte eine Organisation voraus, und für die pragmatischen Inka war in der Tat Richtigkeit gleichbedeutend mit Ordnung. Natürlich ist Ordnung nicht unbedingt immer gut und kann schlechter als Mangel an Ordnung sein, wenn sie erzwungen ist und keine Rücksicht auf die Umstände und den natürlichen Lauf der Dinge nimmt. «Der Mythus von dem großen sozialistischen Staat der Inka», um den verstorbenen Alfred Métraux zu zitieren, «entspringt einer nur flüchtigen Bekanntschaft mit seinen Institutionen.» Gesetze über Eigentum und die Pflichten der Indianer gegenüber dem Reich sind in Begriffen europäischer Ideale interpretiert worden. Garcilaso de la Vega – «der Inka» – der 1535 in Cuzco geboren wurde, erklärte das System der Inka mit bewundernswerter Einfalt: «Sie teilten das Land in drei Teile, den ersten für die Sonne [die Religion], den zweiten für den Inka, den dritten für das Volk.» Alle drei Teile wurden vom Volk bestellt, und der Ertrag wurde in drei Teile geteilt; persönlicher Besitz war auf das Haus, die Tiere und Haushaltsgegenstände beschränkt; alles andere gehörte dem Staat – also dem Inka. «Wenn der Wirtschaftsrahmen des Staates tatsächlich so gewesen wäre», schrieb Dr. Métraux, «könnte man mit Recht von einem auf einen agrarischen Kollektivismus aufgepfropften Staatssozialismus sprechen. Aber war es wirklich so?»

Die Inkakaste, die nicht nur diejenigen umfaßte, die von inkaischem Geblüt waren, sondern auch solche, die Inka durch Privileg waren – große Feldherren zum Beispiel –, stellte die Herrscher, Gouverneure, Heerführer und Priester. Außer ihnen konnte niemand persönlich Land besitzen, da alles Land den Gemeinschaften, den Ayllu, gehörte, die unter anderem dafür verantwortlich waren, das Bewässerungssystem in ihrem Gebiet anzulegen und zu unterhalten und die gemeinschaftlichen Lama- und Alpakaherden zu betreuen. Jeder Ayllu stand unter der Leitung eines gewählten Anführers, dem ein Rat alter Männer zur Seite stand. Eine Gruppe von mehreren Ayllu kam unter die Jurisdiktion eines Distriktsführers, der über zehntausend steuerzahlende Arbeiter regierte. Diese Distrikte waren ihrerseits wieder Unterteilungen der vier Provinzen – *suyu* – des Inkareiches. Jede Provinz wurde von einem *apu* regiert, der direkt dem Sapa Inka verantwortlich war. Die Reichshauptstadt war Cuzco.

Im Gegensatz zu den Maya und Azteken hatten die Inka keine Sklaven; so schwere Arbeit wie Straßenbau, Bergbau und Entwässerung konnte nicht einfach Sklaven aufgebürdet werden. Geld gab es nicht. Der Tribut wurde in Produkten bezahlt, und die Mita bestand in Dienstleistungen. Wahrscheinlich waren nur Berufsarchitekten, Handwerker und eine kleine Gruppe von Berufssoldaten von der Mita befreit.

Um dieses ausgedehnte Gebiet von Küste, Kordillere und Montaña zu einigen, entwickelten die Inka ein Kommunikationssystem. Vielerorts wurden schon bestehende lokale Straßen in das Straßennetz eingegliedert, das durch den Bau der Tampu und die Erweiterung des Chasqui-Dienstes leistungsfähiger gemacht wurde. Aber ein solches Straßennetz war nur bei einem streng disziplinierten Volk in einem Land, das einen hohen Grad politischen Zusammenhaltes hatte, möglich.

Nachdem Pedro de Cieza alle diese Faktoren durchdacht hatte, legte er seine Schlußfolgerungen in einem Kapitel nieder mit dem

Titel «Wie die Inkaherren die Straßen bauten, auf denen sie durch ihr Reich reisten».

«Zu den vielen Dingen, die meine Aufmerksamkeit erregten, gehörte, wie die überaus prächtigen Straßen, die wir im ganzen Reich sehen, wohl gebaut wurden, wie viele Arbeiter dazu erforderlich waren und schließlich, welche Werkzeuge und Instrumente gebraucht wurden, um Berge zu ebnen und den Fels zu durchschlagen, damit die Straßen so breit und schön wurden, wie wir sie nun sehen. Denn wenn unser Kaiser Karl auch eine Straße von Quito nach Cuzco und eine von Cuzco nach Chile bauen wollte, dann glaube ich wirklich nicht, daß ihm das bei all seinen Machtmitteln und Menschen gelingen würde, wenn er nicht die Methoden und Techniken der Inka anwendete.

Wer dies liest und in Peru war, möge sich an die Straße von Pachacamac an der Küste nach Jauja über die zerklüfteten Berge von Huarochiri und über die schneebedeckten Gipfel von Pariacá erinnern, auch an die Stollen und die gewundene Treppenstraße, die zur Brücke am Apurimac hinunterführen, oder auch wie die Straße die Gebirge von Paltas, Cajas und Ayabacas und andere Gebiete dieses Reiches überquert, wo sie fast vier Meter breit ist und in den Zeiten der Inka auch frei war von Gras oder irgendwelchem Abfall.

Wie wurden diese Straßen erbaut, ohne den Untertanen übermäßige Mühsal aufzubürden? Nun, wenn ein Inka beschloß, eine dieser berühmten Straßen zu bauen, waren keine Versorgungsvorräte oder Aushebungen erforderlich. Ein Aufseher ging durch das Land, legte die Route fest und bestimmte [im Frondienst] die Indianer, die jeweils ihren eigenen Abschnitt der Straße zu bauen hatten. Auf diese Weise, wo also jede Provinz für den Straßenbau in ihrem eigenen Gebiet verantwortlich war, den sie auf eigene Kosten und mit eigenen Leuten durchführte, wurde die Straße in verhältnismäßig kurzer Zeit angelegt und gebaut. Führte die Straße in ein ödes und unbewohntes Gebiet, so kamen die Indianer, die am nächsten wohnten, mit den erforderlichen Werkzeugen und Lebensmitteln, und so wurde alles in ständiger Arbeit und in gewissem Sinne frohgemut getan, denn sie waren in keiner Weise unterdrückt.»

Diese Methode des Straßenbaus wurde fünfzig Jahre später von

Huamán Poma bestätigt. Auch er schrieb, daß es in den Zeiten der Inka «sechs Königsstraßen gab, die von einem Inka-Gouverneur aus der Familie der Anta verwaltet wurden». Er hat uns auch ein Bild von einem solchen Aufseher hinterlassen. «Die Straßen wurden vermessen und abgesteckt und auf eine Breite von drei Meter angelegt, und auf beiden Seiten hatten sie eine Steinmauer. [Die Normalbreite der Straße war siebeneinhalb Meter, wie zahlreiche Messungen ergaben.] Die Straße war gerade und breit. An ihrer Seite baute man Wegstationen, wo man sich ausruhen konnte, die auch den Chasqui-Boten dienten. Die Straßen waren sauber und, wenn sie durch sumpfiges Gebiet führten, gepflastert.»

Huayna Capac, der 1485 den Bau der Königsstraße von Quito nach Cuzco anordnete, stellte die Verbindung zwischen ihr und der Straße von Cuzco nach Chile her, die Topa Inka erbaut hatte.

KAPITEL

IX

Machu Picchu und die Kinder der Sonne

Anti-suyu oder Antis, wovon das Wort «Anden» abgeleitet ist, war die zweite Provinz im Inkareich. Ihre unbestimmte Grenze verlief in den östlichen Abhängen der Anden in einem Gebiet, das sich weit nach Nordwesten und Südosten erstreckte und den Amazonas und seine Nebenflüsse in Peru und Ecuador umfaßte. Anti-suyu schloß daher Pisac, Ollantaytambo und Machu Picchu ein und war auch mit dem weiten Vilcabamba-Gebiet, das die Spanier als letztes eroberten, verbunden.

Obwohl Cuzco im Herzland der hochragenden Anden liegt, ist es doch nur einen Tagesmarsch vom unteren Vilcanota-Fluß im Osten der Stadt entfernt und zwei Tagesmärsche von dem dicht bewaldeten Gebiet, der *ceja de la montaña*, den «Augenbrauen» des Waldes. Für die Bewohner dieses heißen Landes hatten die Inka nur ein Wort: *yunga*. Es ist bezeichnend, daß die Mauern der größten Festung, die je von den Inka erbaut wurde, nach der Ostprovinz gerichtet waren.

Die Straße nach Anti-suyu begann am Aucapata, «Platz der Freude». Von hier verlief sie in südöstlicher Richtung über Hatun Rumiyoc, dessen hohe Steinmauern aus eng zusammengefügten Quadersteinen bestehen, nach Tococachi, wo sie den Tullumayo-Fluß auf einer Steinbrücke (*ullus*) überschreitet. An diesem Punkt beginnt der Anstieg in die Berge.

Als die Inka die Unterwerfung der andinen Stämme beendet hatten, sahen sie, daß sie von Osten her noch verwundbar waren, da Cuzco nur zwei bis drei Tagesmärsche von den Dschungeln im Osten entfernt war. In dem Maß wie die Inka die an der Peripherie ihres Reiches ansässigen Stämme besiegten, brachten sie die Lebens-

E. George Squiers Zeichnung des großartigen Tors,
das in das Tal von Ollantaytambo führte.

räume der Stämme durcheinander und zwangen die Besiegten, sich auf anderes Gebiet zurückzuziehen und dadurch weitere Kriege zu verursachen. Die Schockwellen, die von dieser Invasion eines Gebirgsvolkes ausgingen, das Lamas als Lasttiere verwendete, bronzene Äxte goß und Waffen aus Metall besaß, waren noch Hunderte von Kilometern entfernt zu spüren, und der Alarm wurde von Stamm zu Stamm weitergegeben, bis er sogar die Guarani erreichte, einen angriffslustigen paraguayischen Stamm, der 1600 Kilometer östlich von Peru lebte. Durch indirekten Handel erhielten sie Kupferäxte und Silberschmuck von den Inka. Das reizte sie dazu, die Außenposten der Inka im bolivianischen Chaco anzugreifen. Solche Überfälle kamen überall in dem heißen, dicht bewaldeten Gebiet von Antisuyu vor.

Direkte Handelsbeziehungen entwickelten sich zwischen den Inka und den Urwaldstämmen, wobei die letzteren Waldprodukte gegen Kupfer- und Bronzeäxte und Silber- und Goldschmuck von den Inka eintauschten. Konnten diese Gegenstände nicht durch Handel erworben werden, so wurden Außenposten der Inka, besonders im Amazonasgebiet, angegriffen. Der erste Weiße, der den Fuß auf Inkagebiet setzte, tat das als Teilnehmer eines solchen Angriffs auf einen Außenposten in der Nähe des bolivianischen Chaco.

Als der spanische Navigator Juan Díaz de Solis nach dem Tod von Amerigo Vespucci zum Oberlotsen ernannt wurde, versuchte er, über den großen Fluß, der zuerst seinen Namen trug und heute Rio de la Plata heißt, eine Route zu dem neu entdeckten Pazifischen Ozean zu finden. Als er 1515 von den Carío-Indianern hörte, daß sie Überfälle auf ein Volk machten, das gegen Sonnenuntergang wohnte, und daß dieses Volk auf einem Berg aus Silber, in Häusern aus Stein lebte, «langhaariges Wild» – nämlich Lamas – als Haustier hielt und Gold und Silber in unbegrenzten Mengen besaß, wovon ihm einige Stücke gezeigt wurden, «beschloß er, daß man das sehen müßte». Daher schloß sich der Portugiese García Alejo den Guarani an und überfiel mit ihnen mehrere Außenposten der Inka. Der schwarzbärtige weiße Mann wurde für ein «neues Wesen» gehalten und war 1515 (zwölf Jahre vor Pizarro) der erste seiner Art, der den Fuß auf inkaischen Boden setzte.

Im allgemeinen hatten die Bewohner des oberen Amazonas ein verhältnismäßig hohes kulturelles Niveau, und sie trugen bedeutend zur Entwicklung des Ackerbaus bei. Schon 2000 v. Chr. bauten sie Maniok an, von dem die Tapioka stammt; außerdem züchteten sie Süßkartoffeln, Pfeilwurz – weit verbreitet als Stärke –, Inga, Cashew, Avocado, Zapote, Papaya und Ananas. Der Anbau dieser Nahrungsmittel breitete sich in die wärmeren Täler von Peru und Ecuador aus. Diese Völker, die verschiedenen Kulturen angehörten und geographisch weit verstreut waren, terrassierten die östlichen Abhänge der Anden, denn das war ein Gebiet mit sehr viel Regen, dessen Boden ein hohes landwirtschaftliches Potential hatte. Städte, die unmittelbar über der *ceja* aus mörtellos gefügten Steinen erbaut waren, waren über ein weites Gebiet verstreut. Eine namens Kotosh ist noch in gutem Zustand und ist vielleicht tausend Jahre älter als die ersten Inkastädte; sie stammt aus dem Jahr 1000 v. Chr.

Die Völker, die im Gebiet des oberen Amazonas lebten, bauten Narkotika und halluzinogene Drogen an. Eine dieser Drogen, die für die Wahrsagerei benutzt wurden, wurde aus der Banesteria-Rebe hergestellt, die die Inka *aya-huasca*, «Rebe der Seele», nannten. Es gab verschiedene Arten von hypnotischem Schnupftabak. Datura ist ein *yunga*-Produkt und höchst wichtig in der inkaischen und der modernen Geschichte; auch der Kokabusch gedeiht auf den feuchten Osthängen der Anden. Als die Inka mit der systematischen Invasion des Gebietes begannen, betraten sie also kaum ein landwirtschaftlich rückständiges Land.

«Im Jahr 1400», erzählte man Pedro de Cieza, «beschloß der achte Inka, nachdem er den Namen Viracocha, eines ihrer Hauptgötter, angenommen und geheiratet hatte, die verschiedenen Völker, die nicht weit entfernt im Osten von Cuzco lebten, zu unterwerfen.» So begann die Eroberung des Vilcanotatals, des schönsten und mildesten Tals von Peru. Die Eroberung wurde durch Viracochas Sohn Pachacutic – «Erderschütterer», so benannt wegen seiner Siege und der Reorganisation der Institutionen der Inka, seiner harten Anwendung der Inkajustiz und der Umformung der Geschichte durch eine selektive Manipulation der Tatsachen – beschleunigt durchgeführt.

Als Pachacutic in das Gebiet östlich von Cuzco eindrang, erkann-

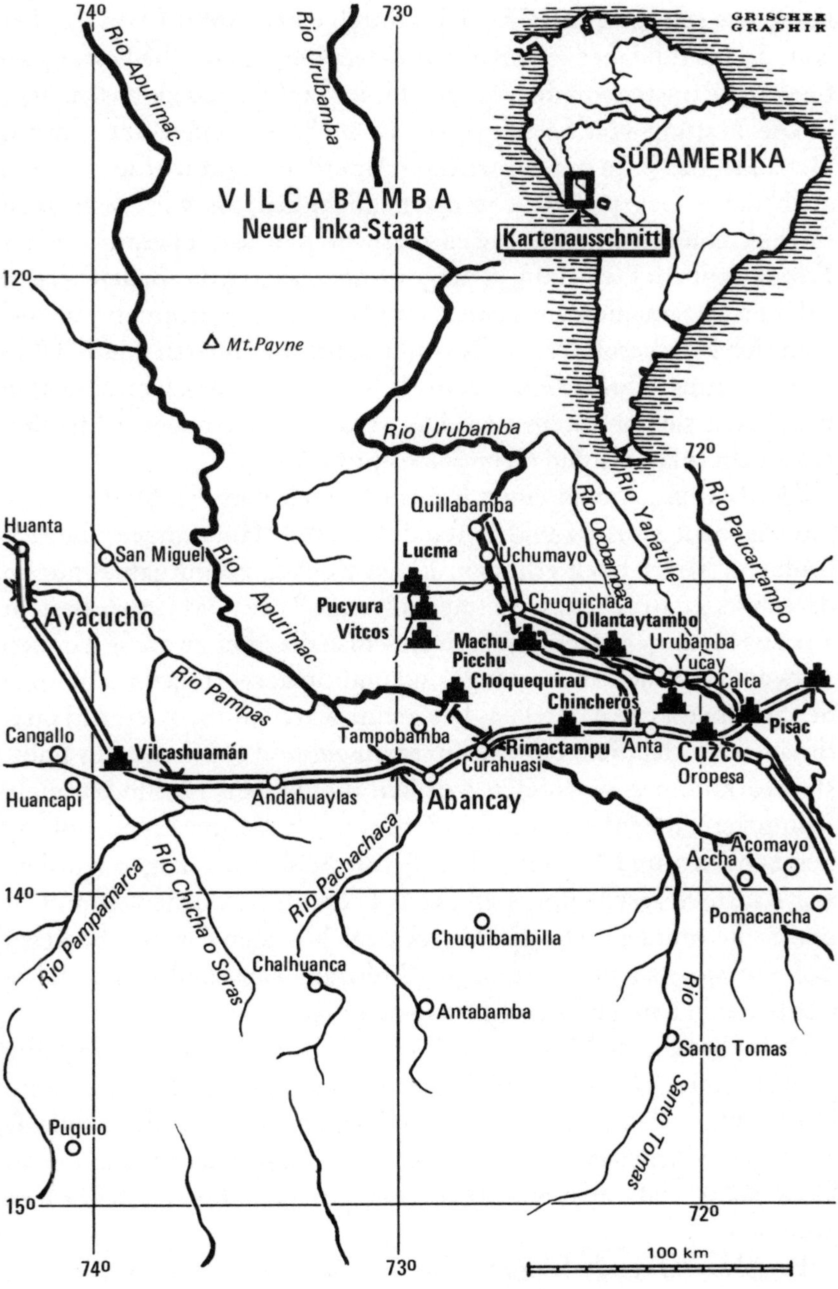

Die Anti-suyu-Straßen und die megalithischen Städte.

te er, wie sehr gefährdet die Stadt durch einen Angriff von dorther war. Er befahl daher seinen Architekten, die gigantische Festung zu bauen, die finster von den felsigen Höhen auf Cuzco hinabschaut.

Die Festung von Sacsahuamán ist nicht nur eines der größten Gebäude, das je im prähistorischen Amerika erbaut wurde, sondern auch ihren Gegenstücken insofern unähnlich, als wir die Namen ihrer Architekten kennen, weil diese sie den drei Haupttoren der Festung gaben. Das ist um so ungewöhnlicher, als das Bauen bei den Inka im allgemeinen ein gemeinschaftliches Unternehmen war, bei dem sich kein besonderes Individuum über die anderen erhob. Über diese Festung schrieb Garcilaso de la Vega: «Vier Meisterarchitekten beteiligten sich an ihrem Bau. Der erste und leitende war Huallpu Rimanchi Inka, der den Grundplan entwarf.»

Die Festung war in einen Kalksteinfelsen von 550 Meter Länge hineingebaut worden und bestand aus drei Mauerrängen, die sich fünfzehn Meter hoch erhoben. Einen Zugang zu ihr gab es nur an drei Punkten durch massive trapezförmige Tore. Das Ganze besteht aus ungeheuren vieleckigen Steinen – manche über zwanzig Tonnen schwer –, die aneinandergefügt sind und ein hervorragendes Beispiel der Steinbauweise darstellen. Die Steine waren mit schweren Hämatithämmern, Kupfer- oder Bronzemeißeln und Brecheisen in Kalksteinvorkommen gewonnen worden, die drei bis fünfundzwanzig Kilometer entfernt waren, und wurden mit Hilfe von Tauen, hölzernen Schlitten und Walzen, über die die Schlitten gezogen wurden, zur Baustelle geschleppt. Vermittels Erdrampen wurden sie an Ort und Stelle gebracht. Die genauen Aufzeichnungen der Inka besagen, daß «20000 Arbeiter in ständiger Ablösung» achtundsechzig Jahre gearbeitet haben, um Sacsahuamán zu erbauen.

Pedro Sancho de la Hoz, der das Bauwerk 1533 sah, als er 21 Jahre alt war, sagte: «Es ist das Schönste, was man im Lande sehen kann. Die Schutzwälle sind aus riesigen Steinen erbaut; sie sind so groß, als wären sie Stücke vom Berge; es ist kein einziger zu finden, der so klein wäre, daß man ihn auch nur mit drei Karren befördern könnte.»

Es gab zwei runde Kampftürme, ein Wasserreservoir mit Verteilungsröhren innerhalb der ganzen Festung, Wohnungen für den

Inka, unterirdische Lagerräume für Waffen und viele *colca* zur Aufbewahrung von Lebensmitteln. Die Festung war groß genug, daß fast die ganze Bevölkerung hier im Falle einer Belagerung Zuflucht finden konnte. Der Testfall kam aber erst 1536, als die Spanier die Festung belagerten und sie den Streitkräften Manco Capacs wegnahmen. Im Verlauf dieser Belagerung wurde ein großer Teil des Oberbaues von Sacsahuamán zerstört, aber Pedro de Cieza, der die Festung 1548 besuchte, fand, daß sie noch «gewaltig anzuschauen war».

Hinter Cuzco verlief die Anti-suyu-Straße entlang der schön angelegten Mauern der Suntu-Hausi-Paläste und stieg dann, wobei Sacsahuamán zur Linken lag, als Treppenstraße zur Grassteppe oberhalb der Stadt hinan und kam dabei an dem Viereck von Tocacachi – «Salzfenster» – vorbei. Nachdem sie die östlichen Sonnenpfeiler – die als Uhr gedient haben sollen – hinter sich gelassen hatte, erreichte sie den ersten Kontrollpunkt, Wegstation und Tampu von Puca-Pucará, ein Viereck aus sorgfältig und symmetrisch ausgerichteten Steinlagen. Der Platz sollte die Straße bewachen, und jeder Verkehr nach Cuzco hinein wurde hier kontrolliert und mit Abgaben belegt. Diese wurden *in natura* von allen Gütern, die in die Stadt gebracht wurden, bezahlt.

Nach der Überquerung der mittags grausam heißen und nachts eiskalten *chitapampa* kam die Straße zum Tampu von Huancaye. Nun, nur fünfundzwanzig Kilometer östlich von Cuzco, stieg sie fast 800 Meter in das obere Vilcanotatal ab. Dort überschritt sie den Fluß auf einer Hängebrücke. Die ursprüngliche Seilbrücke ist jetzt durch eine moderne Stahlkonstruktion ersetzt worden.

Direkt auf der anderen Seite der Brücke lag Pisac, das die Route nach Paucartambo beherrschte und die Flüsse, die zum Einzugsgebiet des oberen Amazonas gehören, kontrollierte. Obwohl nur wenige Kilometer von Cuzco entfernt, erwähnt keiner der wichtigsten Chronisten den Ort. Pisac ist in Wirklichkeit ein massiver Berg, der vom Grund des Vilcanotatales aufsteigt; in Form eines unregelmäßigen Ovals von 10 Kilometer Länge erhebt er sich bis zu 1400 Meter über das Tal und wurde von den Inkaingenieuren stark überbaut. Anbauterrassen überziehen den Berg und folgen dabei den natürlichen Höhenlinien des Felsens. Aquädukte verbinden die Terrassen miteinander und leiten das Wasser von den höheren zu den unteren hinab, und durch diese Terrassen verläuft die Anti-suyu-Straße auf ihrem Weg nach Paucartambo und der Montaña. In landwirtschaftlicher Hinsicht hatten die Terrassen den doppelten Zweck, die Anbaufläche zu vergrößern und den Boden zu erhalten, den die schweren Regenfälle sonst weggeschwemmt hätten; aber sie hatten auch eine defensive Funktion, denn über, unter und um sie herum gruppierten sich Häuser, Lagerplätze, Festungswerke, Stollen, Tore und Kontrollpunkte. Die Verteidigungsanlagen waren so ausgedehnt, daß die ganze Bevölkerung des Vilcanotatales im Falle eines Angriffs Zuflucht in Pisac hätte finden können.

Die Zitadelle von Pisac hat eine Menge gepflasterte Straßen, die durch den Felsen hindurch geschlagen sind. Die dort vorgefundenen Wohnungen deuten auf eine ziemlich zahlreiche Bevölkerung hin, die über den ganzen Berg verstreut war.

Nachdem die Straße das Amaru-puncu – «Schlangentor», was die Faszination der Inka durch die riesige Anakonda, die in den Dschungelflüssen lebt, widerspiegelt – durchschritten hatte, ging sie weiter in Richtung auf Paucartambo, 30 Kilometer nordöstlich. Auf dem Weg dorthin vereinigten sich mehrere Straßen des Anti-suyu zu einer Hauptstraße.

Später erreichte die Straße das Tampu von Colquepata und stieg dann nach Paucartambo hinauf, von welchem Aussichtspunkt aus man auf eine scheinbar endlose Dschungelwildnis, die sich weit in der Ferne verliert, und auf eine Anzahl von Flüssen auf ihrem Weg zu den mächtigen Nebenflüssen des Amazonas hinuntersieht. Man berichtete Garcilaso de la Vega, daß in den Zeiten des Inkareiches die Verwandten seiner Mutter, die einen hohen Rang in der sozialen Hierarchie einnahm, bei Challapampa in die Montaña eingedrungen seien, die nur wenig bewohnt war. Von dort rückten sie weiter vor zu einem Ort namens Pillcupata, wo sie «vier Völker», das heißt: Ayllu von Mitimae, ansiedelten, die an das heiße Klima der Gegend gewöhnt waren. In Tunu legten sie die ersten von den Inka bewirtschafteten Kokabusch-Plantagen an.

Koka ist ein großer Busch, der in den üppigen Ebenen der Montaña heimisch ist. Seine Blätter, die in Form, Farbe und Duft denen der Teepflanze ähneln, liefern Kokain, das durch sorgfältiges Trocknen gewonnen wird. Anbau und Gebrauch von Koka gehen auf Hunderte von Jahren vor der Inkakultur zurück, denn in Küstengräbern aus der Zeit um 500 n. Chr. wurden Beutel mit Kokablättern zusammen mit Töpferware in Form eines menschlichen Gesichts gefunden, die sehr zutreffend kokablätterkauende Menschen darstellt, wobei die Koka die Backen aufbläht, so daß sie Hamsterbakken gleichen. Die übliche Praxis ist, einen Priem von Kokablättern, denen ein Alkali – Kalk oder Asche – zugesetzt wird, das die Auflösung des Blattes beschleunigt, wodurch das Kokain frei wird, neben den Zähnen in eine Tasche des Mundes zu nehmen. Die Menge Kokain, die mit einem solchen Priem aufgenommen wird, ist winzig – 300 bis 400 Milligramm –, aber das ist offenbar genügend, um die Sinne des Kauenden zu betäuben und ihn weniger hungrig und ganz unempfindlich gegen Kälte und Durst zu machen. Kokain gab es in allen alten indianischen Kulturen von Argentinien bis Kolumbien, und man zählt heute noch Millionen von Kokakauern. Die Inka waren diejenigen, die seine Produktion systematisch betrieben. Befragt man ihre eigenen Historien, so muß man vermuten, daß der Genuß von Koka den Priestern – für die Wahrsagerei –, der Inkakaste, den Chasqui, sowie alten Menschen, die damit ihre Sinne abstumpften, wenn sie dem Tod entgegensahen, vorbehalten war. Mit der spanischen Eroberung fielen aber die Schranken, und das Kokakauen breitete sich auf alle Klassen aus. «In ganz Peru», bemerkte Pedro de Cieza, «war und ist es Brauch, dieses Koka im Mund zu haben; sie behalten es im Mund von morgens bis sie sich schlafen legen. Dieses Koka ist so wertvoll, daß es gewissen Leuten ein jährliches Einkommen von 80000 Peso verschaffte. In Spanien gibt es jetzt viele, die durch den Kauf und Verkauf von Koka auf den *catu*-Märkten reich geworden sind.» Heute ist jede Arbeit im Gebirge darauf eingestellt; gäbe es Koka nicht, so wäre Peru sehr anders.

Wenn auch Koka einer der Anlässe für die Inbesitznahme der Montaña durch die Inka war, so war doch der Hauptgrund die Sorge, ihre Ostflanke durch ein Bündnis mit den Stämmen des Gebiets zu schützen, indem sie sie als Puffer gegen eine etwaige

Invasion benutzten. Dieses Bündnis wurde so fest, daß Manco Capac 1536 zahlreiche Stammesleute der Anti in seinem neoinkaischen Staat hatte.

Bei Pisac teilte sich die Anti-suyu-Straße. Der nordöstliche Zweig ging, wie beschrieben, nach Pancartambo, während der andere Zweig mehr westlich, entlang des Yucay-Tales in Richtung auf Machu Picchu und, nördlich dieser berühmten Stadt, auf die Dschungel von Urubamba zu verlief. Die Inka erkannten rasch, daß dieses Tal nicht nur ein weiterer Zugang zum oberen Amazonas war, sondern auch ein weiterer möglicher Invasionsweg. Unter der Herrschaft von Pachacutic gewannen die Inka die Kontrolle über das ganze Gebiet. Auf dem östlichen oder linken Ufer des Yucay war eine ganze Kette von Städten: Calca, dessen Anbauterrassen von kanalisierten Bächen, die sich aus den sehr kalten Abflüssen der Gletscher hoch droben bildeten, gespeist wurden; Colla, und dann Yucay, der lieblichste Fleck des ganzen Tals und bevorzugte Aufenthaltsort des Hofes der Inka während des Winters, wenn sich eine arktisähnliche Kälte über Cuzco senkte. Beide Seiten des engen Flußtales sind terrassiert.

Jenseits der Terrassen, wo sich das Tal verbreitert und die Seiten weniger steil werden, steht eine Festung, die das rechte oder nördliche Ufer des Urubama-Flusses bewachte und den Vormarsch einer Armee auf dieser Seite der Straße wirksam blockieren konnte. Unterhalb ist eine Brücke. Die ursprüngliche Hängebrücke hing an drei massiven Türmen, was ungewöhnlich innerhalb des inkaischen Brückenbaus ist. 1880 wurden die Hängetaue durch Stahlseile ersetzt, aber die erneuerte Brücke benutzt bis heute die originalen inkaischen Stütztürme. An diesem Punkt vereinigten sich die beiden Anti-suyu-Straßen und setzten sich als gepflasterte Straße – denn hier regnet es viel – bis zu dem Verwaltungszentrum Ollantaytambo fort.

Der einzige Weg nach Ollantaytambo hinein und wieder heraus führte durch ein prächtiges Tor. Es machte einen so tiefen Eindruck auf E. G. Squier, daß er eine Abbildung davon in seinem 1877 erschienenen Buch über Peru als Titelbild verwendete. Der ganze Verkehr nach Anti-suyu wurde durch dieses Portal geschleust.

Rechts waren die Steilabfälle des Tales – hoch, steil und unbegehbar –, links die Wasserfälle des Urubamba.

Eine breite und schön angelegte Treppe führt direkt vom Dorf zu der Festung, die sich über ihm auftürmt. Auf ihrem Weg kommt die Straße durch eine Reihe von Anbauterrassen, die in eine künstlich erweiterte Mulde im Fels hineingebaut sind. Darüber ist ein Schutzwall – eine Seltenheit in der inkaischen Architektur, hier aber erforderlich, weil es keine natürlichen Barrieren zum Schutz der Stadt und der Akropolis gibt. Ein Torweg führt nach Intihautana, das noch höher liegt.

Am Rand der Festung mit Blick auf den Fluß, an einer Stelle, wo die Felsoberfläche planiert wurde, war der Sonnentempel. Was von ihm noch existiert – wenn er überhaupt je vollendet wurde –, ist eine Gruppe von sechs Megalithen mit eingehauener Stufengitterverzierung, jeder dreieinhalb Meter hoch und eineinhalb Meter breit – gigantische Platten aus hartem rötlichem, porphyrähnlichem Stein aus den Steinbrüchen von Cacha-cata, das wenige Kilometer von der Festung entfernt hoch oben auf der anderen Seite des Flusses liegt. Auf irgendeine Weise waren diese dreißig Tonnen schweren Blöcke vom Steinbruch hinuntergeschleppt, wahrscheinlich bei einer Furt über den Urubamba gebracht, zum Felsfundament der Festung hinaufgezogen und schließlich an ihren Platz gebracht worden. Einige der Steinhöcker, an denen die Seile festgemacht wurden, sind noch zu sehen, wie auch der Steinbruch, aus dem die Steine stammen – Zeuge dafür sind heute noch die Häuser der Steinbrucharbeiter und einige große, halbgebrochene Monolithen. Außerdem liegt ein gewaltiger, halbbearbeiteter Stein verlassen in der Ebene von Urubamba unterhalb der Festung. Vielleicht wurde er hier beim Beginn der spanischen Eroberung zurückgelassen, denn Ollantaytambo war 1536 noch im Bau.

1400 war Ollantaytambo ein befestigtes Dorf, das dem Lares-Stamm gehörte. 1440 wurde das Dorf durch ein Kommando der Inka zerstört; zwanzig Jahre danach wurde die Provinz in das Reich eingegliedert und mit dem Bau der Festung durch Pachacutic begonnen, der dann auch die Straße, die auf ihrem Weg nach Anti-suyu über den Paß verlief, ausdehnte, verbreiterte und verbesserte. Als der

Aufstand von Manco Capac fehlschlug und die Belagerung von Cuzco aufgehoben wurde, zog sich der junge Inka mit seiner Streitmacht nach Ollantaytambo zurück, von wo er sich energisch verteidigte.

1533 war Manco Capac, ein scheinbar gefügiger junger Mann und einer der vielen Söhne des letzten unbestrittenen Inka Huayna Capac – der 1527 starb –, in Cuzco auf Betreiben der Konquistadoren zum Sapa Inka ausgerufen worden. Auch nachdem die Eroberer Cuzco seiner Schätze beraubt und die schönsten Gebäude für sich selbst übernommen hatten, waren die Beziehungen zwischen Besiegten und Siegern, zumindest an der Oberfläche, anscheinend freundlich. Manco Inka arrangierte eine königliche Jagd der Sonne, bei der 10000 eingeborene Träger in einem gewaltigen Kreis verteilt wurden; auf ein bestimmtes Signal gingen sie langsam aufeinander zu, indem sie um sich schlugen und das Wild in Netze trieben. Sie umzingelten die Dickichte und Felder, und der Lärm ihres Geschreis brachte die Tiere von den Bergen herunter; langsam gingen sie weiter vor, bis sich die Männer schließlich die Hände reichen konnten. Hirsche, gelegentlich ein Bär, Kaninchen, Viscachas, Chinchillas, Füchse, Pumas, Vicuñas wurden allesamt in die Netze getrieben und, außer den Vicuñas, getötet. Die Spanier nahmen an dieser Jagd teil, die die letzte ihrer Art war, denn die Sieger erbitterten allmählich die Inka, indem sie vornehme *coya* als Konkubinen nahmen und alle ständig bedrängten, die Verstecke verheimlichter Inkaschätze endlich preiszugeben. Im Herbst 1535 entschloß sich Manco Capac zum Aufstand, und 1536, am Fest des heiligen Johannes vor der Porta Latina, das in diesem Jahr auf Samstag, den 6. Mai fiel, versammelte Manco Capac Tausende von Indianern in Cuzco; der Aufstand hatte begonnen.

Es war eine der großen Belagerungen der Geschichte: Rund hundert Spanier, die von 5000 Mann Cañari-Hilfstruppen unterstützt wurden, waren gegen eine inkaische Streitmacht von 200000 angetreten.

Juan Pizarro – «der Bruder des Gouverneurs, ein junger Mann von fünfundzwanzig, der ein Vermögen von 200000 Dukaten besaß» – wurde durch einen faustgroßen Stein aus einer indianischen

Schleuder getötet. 1500 Indianer fielen, als die Spanier die Festung Sacsahuamán erstürmten, und die Berge unbegrabener Toter wurden von Kondoren gefressen. Den Gefangenen schlugen die Spanier nach Art der Araber die rechte Hand ab.

Da zog sich Manco Capac nach Ollantaytambo zurück. Er wurde von Hernando Pizarro verfolgt, der für diese Expedition siebzig seiner besten Männer zusammenzog. Unter ihnen befand sich auch der sechzehnjährige Pedro Pizarro, der berichtete, daß, «als wir [in Ollantaytambo] ankamen, wir es stark befestigt antrafen. Es war ein harter Kampf, denn es ist sehr stark und hat sehr hohe Wehrgänge. Es hat nur einen Eingang, nämlich den Torweg, und lehnt sich an einen sehr steilen Berg. Von oben schleuderten Krieger Steine auf jeden von uns herunter, der einzudringen versuchte.»

1537 kehrten jedoch Diego de Almagro und seine Männer von einer Expedition nach Chile zurück, und mit Hilfe ihrer Verstärkung wurde ein neuerlicher Angriff auf Ollantaytambo unternommen. Der Druck auf Manco Capac war so stark, daß er beschloß, die Festung aufzugeben und sich in die seiner Ansicht nach unangreifbare Montaña von Vilcabamba zurückzuziehen.

Manco Capac organisierte seinen Rückzug mit großer Umsicht, nahm viele Mumien seiner Vorfahren mit und sandte seine unmittelbare Familie voraus. Die Nachhut, die sich unter ständigem Druck von seiten der Spanier zurückzog, zerstörte die Straße (die einzige nach Vilcabamba) und legte den Spaniern auf dem Panticallapaß Hindernisse in den Weg. Die Inka begingen aber einen taktischen Fehler: sie dachten nicht daran, wie schnell die Pferde bergan steigen konnten, und stellten die Siegesstimmung der spanischen Fußsoldaten nicht in Rechnung. Manco wurde auf dem ganzen Weg bis zur Hängebrücke über den Urubamba, der berühmten Chuquichaca, schwer bedrängt.

Vor 1537 war die Anti-suyu-Straße den Spaniern unbekannt, aber über fünfzig Jahre lang danach war sie die meistbenutzte Straße in ganz Tihuanti-suyu. Doch trotz ihrer Bedeutung und der Häufigkeit, mit der sie benutzt wurde, stammt die erste Beschreibung von ihr, die wir besitzen, erst aus dem Jahr 1847, als Monsieur Léonce Angrand, der französische Generalkonsul in Lima, in der Zeit von

1844 bis 1847 eine ausgedehnte archäologische Rundreise durch Peru machte. Von dieser Reise, die er auf einem Maultier und zu Pferd durchführte, stammen die ersten genauen Pläne und Zeichnungen von Inkamonumenten. Später erschien 1867 E. G. Squier in Ollantaytambo, und seinem gründlichen Werk ist es zu verdanken, daß die Stätte in der ganzen Welt bekannt wurde.

Es war jedoch ein Franzose, Charles Wiener, der 1877, zehn Jahre später, die Anti-suyu-Straße einer größeren Öffentlichkeit bekannt machte. Er publizierte auch zwei Bücher, die vierzig Jahre später eine außerordentliche Wirkung auf die südamerikanische Archäologie hatten. In Ollantaytambo schrieb er *«on parlait d'autres villes encore, de Hauina Picchu et de Matcho Picchu»*. Er ging diesem Wink freilich nicht nach; das sollte später ein anderer tun, ein junger Amerikaner namens Hiram Bingham, über dessen Entdeckungen noch in diesem Kapitel berichtet wird. Wiener selbst beschloß, nach Osten weiterzureisen und der Straße nach Anti-suyu zu folgen.

Östlich von Ollantaytambo stürzt der Urubamba-Fluß in einer ununterbrochenen Reihe von Wasserfällen durch steile Granitschluchten hinab. Die Inka versuchten nie, hier eine Straße zu bauen. Terrain und Klima ändern sich rasch: die Höhe des Landes geht zurück, und es beginnt ein Gebiet dichter Vegetation; es wird warm und feucht, und Koka-Plantagen tauchen auf. Das ist die *ceja*, die Augenbraue des Urwalds, und unmittelbar dahinter kommt der Dschungel.

Das Tal hinter Ollantaytambo ist auf seiner östlichen Seite, wo die Wände der Schlucht nicht zu steil sind, ausgiebig terrassiert. Der Berg Veronica, dessen Gipfel eine Höhe von 6000 Meter erreicht, erhebt sich ganz in der Nähe. Die Anti-suyu-Straße, einst viel breiter als heute, hielt sich auf der Ostseite der Schlucht und war von einer hohen Mauer gesäumt, die Reisende und Lamas daran hinderte, unerlaubt die Terrassen zu betreten. Nach einer scharfen Wendung nach Osten erstieg sie dann die Flanke des Tales, indem sie die Terrassen durchschnitt. Ein fünfstündiger Anstieg brachte den Reisenden zum Tampu von Avaspampa, das 2600 Meter hoch liegt. Dort erscheint der schneebedeckte Veronica zum Greifen nahe; das gemäßigte Yucaytal ist links zu sehen, und die wärmeren tropischen

Gebiete liegen rechts. Nähert man sich dem Panticallapaß, so kann man die Straße noch sehen, ihre schön verlegten Steine noch an Ort und Stelle. Als die Von-Hagen-Expedition hier 1953 vorbeikam, waren noch große Abschnitte der Straße intakt, noch in Gebrauch und stellenweise in überraschend gutem Zustand. Ein Stück weiter kommt das Tampu von Panticalla, das jetzt zwar weitgehend zerfallen ist, aber offenbar einst groß und geräumig war. Im Westen erhebt sich der Gipfel des Cerro de Padre Eterno, dessen ursprünglicher inkaischer Name unbekannt ist.

Hinter dem Tampu wendet sich die Straße scharf nach links und passiert «die Tür». Das war der strategische Paß, der die Straße hinunter zur Chuquichaca-Brücke sicherte, die den Urubamba überspannte und ihrerseits den Zugang zur letzten Zufluchtsstätte der Inka in Vilcabamba bewachte. Auf ihrem Weg dorthin folgte die alte Straße dem wild herabstürzenden Lucumayu, indem sie sich auf seinem linken – westlichen – Ufer hielt, da der Fluß auf der anderen Seite viele Nebenflüsse hatte. Um dort eine Straße anzulegen, hätte man viele Brücken bauen und unterhalten müssen, an Stelle der einen, die tatsächlich benötigt wurde. Diese Brücke war die Chillichaca, deren Widerlager und Türme noch zu sehen sind. Auf ihrem Weg das Tal hinab passierte die Anti-suyu-Straße Umasbamba, Huirto und Huayopata und erreichte schließlich den Urubamba-Fluß und die berühmte Chuquichaca-Hängebrücke.

Der Vilcabamba-Fluß, einer der größeren Nebenflüsse des Urubamba, bewässert einen großen Teil der niedriggelegenen Montaña hinter, das heißt nordöstlich, dem hohen Granitgipfel von Machu Picchu. Nachdem Manco Capac mit den Resten seines Heeres die Chuquichaca-Brücke überschritten und danach ihre Taue durchschnitten hatte, folgte er dem Fluß bis in die Dschungel der Vilcabamba-Provinz. Das Gebiet des hier errichteten neoinkaischen Staates bildete etwa ein Dreieck und lag zwischen den Flüssen Apurimac, Urubamba und Vilcasmayu. Manco, dem die Spanier, die die Brücke repariert hatten, dicht auf den Fersen waren, folgte einer gut angelegten, gepflasterten Straße neben dem Vilcabamba-Fluß und zog sich tiefer in den Dschungel zurück in Städte, die dort speziell als sichere Rückzugsorte erbaut worden waren. Durch das ganze Gebiet zogen sich gute gepflasterte Straßen mit Brücken verschiedener Typen, die die vielen Bäche und Flüsse, die den Dschungel durchschneiden, überspannten.

Obwohl der Kern dieses neoinkaischen Staates, der sich ständig durch den Zustrom von Indianern, die vor der *Pax Hispanica* flohen, vergrößerte, aus dem Gebirge stammte, hatte er auch die loyale Unterstützung durch Völker der *yunga*, den Stämmen der Anti. Die Chuncho, Piro und Campa hatten schon lange Frieden mit den Inka geschlossen und halfen Manco aktiv bei seinen Bemühungen, in ihren Jagdgebieten ein neues Cuzco zu schaffen. In diesem Zufluchtsgebiet baute Manco seine Verteidigungsstellung aus. Straßen wurden weit in den Dschungel hinein ausgedehnt. Befestigte Stützpunkte in der Montaña gestatteten es den Inka und ihren Verbündeten, die wichtigsten Straßen der Anden ständig zu überfallen. Pferde wurden erbeutet, und Manco lernte zu reiten. Nachschub zwischen Vilcas-huamán und den Apurimac-Brücken wurde abgefangen, wodurch die Inka Gewehre, Degen, Armbrüste und Rüstungen erhielten. Sie wurden so stark, daß Manco und seine Streitkräfte im Bürgerkrieg auf der Seite des Heeres von Almagro an der Schlacht von Chupas – bei Vilcas-huamán – teilnahmen. Als die «Männer aus Chile» geschlagen wurden und die Inka sich wieder in ihre Stützpunkte zurückzogen, baten sieben Spanier, die ihr Leben verwirkt hatten, hier um Asyl, das ihnen gewährt wurde. In den fünf Jahren, die die sieben in Neu-Cuzco verbrachten, richteten sie Schmieden ein, machten Hufeisen und Degen und reparierten Gewehre. Dazwischen lehrten sie die führenden Inka das Ballspiel und Dame. So erhielt Manco einen guten Einblick in die Strategie der Spanier, was ihm dazu verhalf, seine Guerillataktik zu vervollkommnen. Die Überfälle der Inka wurden zu einer erheblichen Bedrohung der spanischen Verkehrswege, und die Erfolge der Angreifer zogen noch mehr Indianer auf ihre Seite, so daß der anhaltende Widerstand der Inka gegen die spanische Besetzung zu einem gewaltigen Problem für den Vizekönig wurde. Schließlich wurde jedoch der Widerstand unterdrückt und Tupac Amaru, der letzte Exil-Inka 1572 enthauptet. Das letzte Stadium der Inkakultur war erstickt, die Standorte der Dörfer und Festungen, die Neu-Cuzco bildeten und die sehr wenige

Weiße überhaupt gesehen haben, gerieten in Vergessenheit. Erst in jüngster Zeit ist ihre genaue Lage und einiges aus ihrer Geschichte entdeckt worden. Victos, eine der letzten Inkahauptstädte, war jedoch von zwei Spaniern besucht worden, von denen einer berichtete, daß «es dort eine große Fläche gibt, die mit Steinplatten gepflastert und mit prächtigen Gebäuden bedeckt ist, die kunstvoll aus Stein erbaut sind».

Bis 1909, als der junge Yale-Professor Hiram Bingham sich aufmachte, um die letzte Hauptstadt der Inka zu finden, gab es keinen klaren Hinweis auf ihren Standort. Binghams bedeutende Entdekkungen öffneten den Weg für spätere Forscher und die Erweiterung unseres Wissens über dieses Problem.

Die Von-Hagen-Expedition stieß bei ihrem Versuch, das ganze Straßennetz der Inka aufzunehmen, 1953 weiter in die Montaña vor als seinerzeit Hiram Bingham. Inkagebäude, von denen manche spanischen Einfluß verrieten, wurden in Puncuyoc entdeckt, desgleichen ein ganzer Komplex von gepflasterten, zweieinhalb Meter breiten Straßen. Allein schon der Umfang dieser Entdeckungen machte es unmöglich, alle Straßen im Detail aufzunehmen, so daß dieses Vorhaben zugunsten einer Gesamtübersicht des inkaischen Straßensystems aufgegeben werden mußte. Aber alles deutete darauf hin, daß Vilcabamba immer noch «dort draußen» war. Im Sommer 1964 machte ein junger amerikanischer Archäologe, der lange in Peru tätig war, eine weite und gefährliche Reise in das Vilcabamba-Gebiet und entdeckte dort sechzehn verschiedene Inkagemeinden. Er fand Wohnungen, die zumeist aus Granit erbaut waren, Springbrunnen und terrassierte Gärten, glasierte Töpferwaren und Hufeisen. Ein starker spanischer Einfluß war bei diesen Funden festzustellen.

1909 war dies alles jedoch noch nicht bekannt. Das reizte Hiram Bingham und veranlaßte ihn, sich auf die Suche nach Manco Capacs «Neu-Cuzco» zu machen. Zuerst wurde sein äußeres Bollwerk entdeckt, und dann hörte Hiram Bingham, als er seine Forschungen fortsetzte, von der geheimnisvollen Stadt hoch auf den Granitklippen über dem Urubamba.

Diese Stadt war Machu Picchu, siebzig Kilometer westlich von

Vilcabamba 600 Meter über den tobenden Wassern des Urubamba in schwindelnder Höhe gelegen. Sie stand nicht in unmittelbarer Beziehung zu dem Zentrum des letzten inkaischen Widerstandes, und es gab keinen direkten Verbindungsweg dorthin. Sie war keine Zitadelle und bestimmt keine Festung, obwohl sie Verteidigungsanlagen hatte. Die Spanier haben sie nie gesehen, und kein spanischer Chronist erwähnt sie. Daß sie der einheimischen Bevölkerung bekannt war, geht aus Karten hervor, die Charles Wiener 1875 gezeichnet hat.

1911 machten Hiram Bingham und sein Spezialistenteam den Anstieg von 600 Metern durch das dichte Unterholz nach Machu Picchu. Wie sie den Wald, der die Ruinen verbarg, fällten, tauchte langsam vor ihren Augen eine Stadt mit Wohnungen, Palästen, Plätzen und Springbrunnen auf; nach und nach wurden diese dem grünen Chaos von Vegetation entrissen, das sie 500 Jahre lang bedeckt und bewahrt hatte. Es ist der Traum fast jedes Archäologen, daß er eines Tages in der lautlosen Verborgenheit eines Urwaldes eine Ruine finden wird, eine Stadt, eine Stätte, von der niemand auch nur etwas geahnt hatte, und dieses große Glück hatte Hiram Bingham.

Die Lage der Stadt war verwegen. Tief unten machte der Urubamba eine hufeisenförmige Windung, die Machu Picchu auf drei Seiten abschloß. Wo immer es möglich war, waren die jähen Abhänge terrassiert. Mit der Zeit schien es, als sei diese eindrucksvolle Stätte von denen, die sie bewohnt hatten, verlassen worden, aber die Forschungsarbeit ging jahrelang weiter, und in ihrem Kielwasser schwamm ein Strom von Publikationen mit den gewissenhaftesten und gründlichsten Berichten, die je auf dem Gebiet der peruanischen Archäologie hervorgebracht wurden. Machu Picchus Entdecker merkten jedoch bald, daß die Stadt nicht einmalig war, außer hinsichtlich der Vollendung ihres Mauerwerks und ihrer außergewöhnlich eindrucksvollen geographischen Lage, denn hinter dem Stadttor stießen sie auf eine schön angelegte Steinstraße, die nach Süden führte und Machu Picchu mit einer Kette anderer Stätten verband, die in Abständen von 8 bis 16 Kilometer an dieser Straße lagen. Es ist ganz klar, daß nur ein Volk, das das ganze Gebiet kontrollierte und

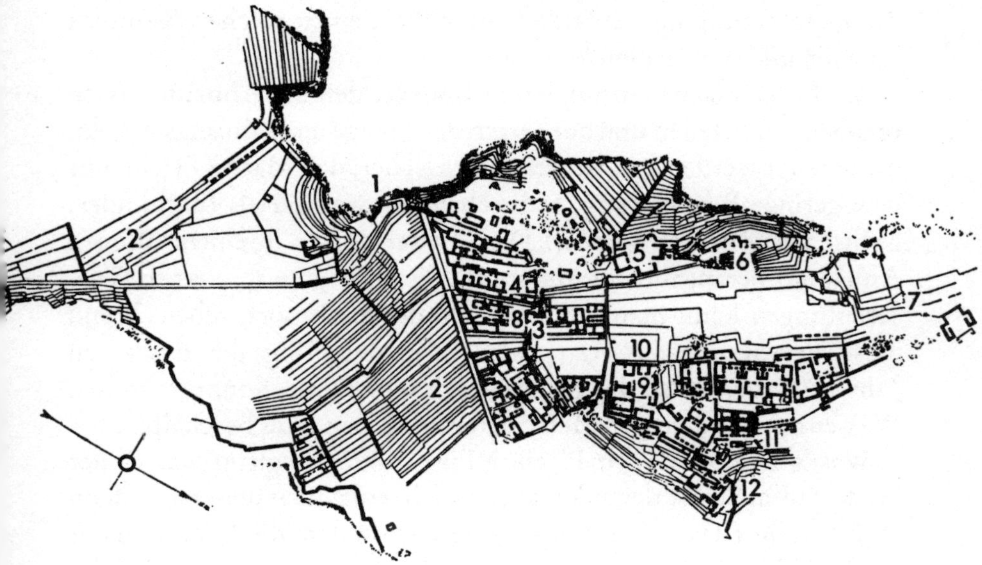

Machu Pichhu in einem Sattel zwischen zwei Berggipfeln, 650 Meter über den Stromschnellen des Urubamba-Flusses. Die Stadt ist zum großen Teil befestigt. 1 Tor zur Stadt; 2 Anbauterrassen; 3 Treppe der Springbrunnen, die die Stadt mit dem Wasser versorgte, das durch einen Aquädukt aus einer Entfernung von eineinhalb Kilometern herangebracht wurde; 4 Wohnbezirk der Familienklans; 5 Der heilige Platz und der Tempel der Drei Fenster; 6 Intiahautana, «Halteplatz der Sonne»; 7 Die nördlichen Terrassen und die Straße nach Huayna Picchu; 8 Der halbkreisförmige Tempel, der Palast der Ñustas; 9 Haus der Klans; 10 Eine Klan-Abteilung der «Drei Türen»; 11 Königliches Mausoleum; 12 Platz der Treppen und die Friedhöfe. (Gezeichnet nach Hiram Binghams «Lost City of the Incas», New York 1951.)

die Bevölkerung unbestritten beherrschte, einen solchen Komplex erbauen und unterhalten konnte.

Nach der Fläche ausnutzbaren Bodens, den die Anbauterrassen ergaben, zu urteilen und auch nach der Menge an Nahrungsmitteln, die erzeugt werden konnte, scheint es sicher, daß Machu Picchu nur eine geringe Bevölkerung, wahrscheinlich weniger als fünfhundert Menschen ernähren konnte. Das Wasser wurde in einem offenen Aquädukt herangebracht; die sorgfältig angelegten steinernen Wasserleitungen kann man von oberhalb der Stadt noch sehen. Wenn diese Versorgung aussetzte, wie es auf der Höhe der trockenen Jahreszeit manchmal der Fall gewesen sein mußte, konnte man sich Wasser nur aus dem 750 Meter tiefer gelegenen Fluß beschaffen.

Was war also Machu Picchu? Für Hiram Bingham war es der letzte Zufluchtsort der Inka, aber gleichzeitig auch der erste – denn er sah in ihm das «Ursprungs-Tampu», von dem die Inka nach der großen Flut ausgegangen waren. In Wirklichkeit ist aber Machu Picchu spätinkaisch, wie aus der schönen Töpferware hervorgeht, die in der Stätte ausgegraben wurde, in der nichts Älteres zutage kam. Außerdem war es nicht einmalig, sondern nur ein Teil eines Schwarms von kleinen Gemeinden, die hoch über der Schlucht des Urubamba erbaut worden waren. Eine Querstraße der Anti-suyu-Route verband sie alle miteinander und auch mit Cuzco.

Zwischen Cuzco und diesem Gebiet ist eine hohe, wellige Puna, die zu einem großen Teil landwirtschaftlich genutzt wird. Diese reicht bis zum Pampapaccahuana, einem von den Gletschern gespeisten Fluß, der kurz unter der großen Festung Ollantaytambo in den Urubamba mündet. Nördlich davon liegen Machu Picchu und die mit ihm verbundenen Siedlungen, zu denen eine fünfzig Kilometer lange Straße führt.

Die Route von Cuzco nach Machu Picchu verlief entlang des Chincha-suyu, der nördlichen Route, bis zu den Sümpfen von Anta. Dahinter wandte sich die Straße nach Norden bis Huaracondo – fünfundzwanzig Kilometer nordöstlich von Cuzco –, wo es noch Reste einer Inkabrücke und einer Straße gibt. Nach einer Wendung nach Westen verlief die Straße parallel zu der Anti-suyu-Hauptstraße entlang des Urubamba durch Incasamana und Pauccarcancha, wo sie den Pampapaccahuana überschritt. Danach war die Straße so angelegt, daß sie an der Flanke der Urubambaschlucht 700 Meter hoch über dem Fluß weiterging.

Das erste bisher bekannt gewordene Dorf in der Kette der Siedlungen, zu der Machu Picchu gehörte, ist Runca Raccay, eine Anzahl dicht gedrängter Häuser mit einem kleinen Platz und ein paar Anbauterrassen; hier können nicht einmal fünfzig Personen gewohnt haben. Etwa zwanzig Kilometer weiter kommt in einer Höhe von 3800 Meter Sayac Marca, eine Gruype von fünf *cancha* mit zwei Bädern und einem kleinen Platz. Die Bewohner nährten sich von den Nahrungsmitteln, die auf den Anbauterrassen wuchsen oder die sie sich durch Tauschhandel mit anderen Siedlungen des Gebiets verschafften.

Auf ihrem Weg durch einen dichten Wald wird die Straße durch eine ohne Zement in den Felsen hinein gebaute Stützmauer gehalten. Diesen Fels hatte man abgehauen, um Platz für die Grundsteine der Mauer zu schaffen. Dann passierte die Straße auf halbem Wege zwischen Sayac Marca und der nächsten «hängenden Stadt», zehn Kilometer weiter, einen Stollen. Hier wurde den Straßenbauern der Weg durch ein freiliegendes Granitvorkommen versperrt, das glatt und steil war und keine natürliche Unterlage für die zwei Meter breite Straße bot; sie hatten daher keine andere Wahl, als einen Tunnel von 16 Meter Länge durch den Fels zu treiben. In der hinteren Hälfte des Tunnels machten sie Steinstufen, damit die Straße an beiden Ausgängen eben wurde. Das erstaunlichste Merkmal der Straße entlang des oberen Randes der Urubambaschlucht ist, daß sie trotz der Ungleichmäßigkeit des Terrains fast durchweg horizontal ist; nur gelegentlich gibt es eine leichte Steigung.

Von einem Ende zum anderen ist die Straße mit Granit gepflastert, der an Ort und Stelle gebrochen und, wie alles Mauerwerk, ohne Zement verlegt wurde. Die Grundsteine der Stützmauern – die oft acht Meter hoch sind – sind in Vertiefungen verlegt, die aus dem Granit ausgehauen wurden. Gelegentlich gibt es ein kleines Tampu zwischen den Siedlungen, aber solche Haltestationen können selten nötig gewesen sein, da die Entfernungen zwischen den Dörfern durchschnittlich nur fünfzehn Kilometer betragen. Diese Dörfer bilden eine Kette entlang der Urubambaschlucht: nach Sayac Marca passiert die Straße Phuyo Pata Marka, Wiñay Wayna, Inti Pata und Choquessuysoy und endet schließlich in Machu Picchu, wo es kein Weiterkommen mehr gibt.

Wieso ist so viel menschliche Kraft aufgewendet worden, um diese Straße zu bauen? Die Hunderte – Tausende –, die mit dem Bau der Anbauterrassen und des Straßennetzes beschäftigt waren, schufen nur ganz wenig und kaum benötigtes landwirtschaftlich nutzbares Land. Die Gesamtbevölkerung dieser so exponiert angelegten Siedlungen konnte tausend nicht überstiegen haben. Das Gebiet war strategisch ohne Bedeutung, denn kein Feind hätte es wagen können, durch diesen dichten und schwierigen Urwald vorzurücken. Waren diese großartigen und kühnen Straßen wirklich nötig? Ist es vielleicht so, wie ein spanischer Chronist vermutete, daß die Inkakaste glaubte, Müßiggang führe zum Niedergang eines Volkes, und daß sie, um die Bevölkerung diszipliniert und aktiv zu erhalten, solche gigantischen Arbeitsbeschaffungsprogramme erdachte, ganz ohne Rücksicht darauf, ob sie schließlich einen Nutzen hatten?

Es ist nicht leicht, eine andere Erklärung für die Straße, die Terrassen und die Dörfer auf dem Weg nach Machu Picchu zu finden.

KAPITEL

X

Die Königspassage von Vilcanota

Im Sommer 1549 rüstete sich Pedro de Cieza, um Cuzco zu verlassen und nach Süden zu reisen. Zuerst mußte er aber in Rimac-pampa – dem «Sprechenden Platz», der so hieß, weil dort Proklamationen erlassen wurden, haltmachen. Rimac-pampa, der sechste Bezirk von Cuzco, war der Ausgangspunkt der großen Straße nach Süden zum Titicacasee und darüber hinaus und auch ein bewachter Kontrollpunkt, den jeder Reiseverkehr in dieser Richtung zu passieren hatte. Die hier beginnende Straße wurde 1452 auf Befehl von Topa Inka angefangen und erstreckte sich 3500 Kilometer weit nach Süden bis hinein nach Chile.

Nach den Schlachten von 1548, die der Revolte von Gonzalo Pizarro ein Ende setzten, war Pedro de Cieza, wie schon oben erwähnt, von Bischof und Präsident La Gasca zum Ersten Historiker der Indien ernannt worden. Er wurde mit Briefen ausgestattet, die alle Beamten anwiesen, ihm jede gewünschte Hilfe bei der Niederschrift seiner Historien zu gewähren.

Jetzt brauchte Cieza nicht mehr zu Fuß zu gehen, während sein Pferd die Manuskripte trug, und wie früher 30 Peso für ein Blatt Papier zu bezahlen. Außer seinem eigenen Reittier hatte er ein Packpferd für seine Papiere, und ein Diener wartete ihm auf. Andere Soldaten jedoch, die für La Gasca gekämpft hatten, erhielten Titel, Ländereien und Zuteilungen von Indianern – meistens auf Kosten derjenigen, die ihre Rechte verwirkt hatten, weil sie auf der Seite des Verlierers waren; aber wie Cieza selbst sagt und was durch Berichte bestätigt wird, erhielt er wenig mehr als diesen Titel.

Diese riesige dritte Provinz des Inkareiches, das Colla-suyu, hatte ihren Namen vom Stamm der Colla, die rund um den Titicacasee wohnten. Sie erstreckte sich weit nach Süden und umfaßte das südliche Peru, ganz Bolivien, die Montaña bis hinunter zum Dschungel, einen Teil des paraguayischen Chaco, das andine Gebiet Argentiniens – wo Tucumán, eine große, moderne Stadt liegt, deren Name aus dem Ketschua stammt – und ganz Chile bis zum fünfunddreißigsten Breitengrad, ein Gebiet mit einer unfruchtbaren Küste und den höchsten Bergen von Südamerika. Südlich dieses Gebiets trafen die Inka auf heftigen Widerstand der araukanischen Stämme und stießen daher nicht mehr weiter vor.

Auf seinem Weg nach Süden schlug Cieza «diese Straße, die von Cuzco nach Chuqui-apu [dem modernen La Paz] in Bolivien führt», ein. Gleich hinter Cuzco vereinigen sich die beiden Flüsse, die durch die Stadt fließen, zum Hautenay-Fluß, und das Land steht fast unter Wasser. Die Straße war deshalb gepflastert, mit Mauern versehen und terrassiert, und farnähnliche Molle-Bäume säumten sie auf beiden Seiten. Wenige Kilometer außerhalb von Cuzco passierte der Reisende Surihaulla – «Straußenfeld» –, wo die Inka einst die dreizehige Rhea, den südamerikanischen Vogel Strauß, wegen seiner Federn züchteten und hielten.

Dann kamen die Salzgruben – Cachi-mayu –, die die Spanier Las Salinas nannten. Zu der Zeit, als Cieza auf seinem Weg nach Süden hier vorbeikam, war der Ort noch frisch im Gedächtnis der Spanier, da hier am 26. April 1538 die grausame Schlacht zwischen den Heeren von Pizarro und Almagro ausgefochten wurde. Über diesen Kampf hat Cieza eine seiner ‹*Historien*› geschrieben, obwohl er sagt, «daß er lieber den Bericht über diese Schlacht vermeiden und sie in der Vergessenheit begraben lassen würde. Ich möchte wirklich am liebsten still sein über diesen bösen Streit; aber von ihm gingen ja alle Übel aus, die dieses Land belasten.» Cieza sammelte von den Überlebenden alle einschlägigen Informationen über diesen Bürgerkrieg zwischen Spaniern, die um den immer noch reichen Leichnam des Inkareiches kämpften, und berichtete, «wie die Indianer sich auf den Bergen und Hügeln drängten, und sich nicht den Sieg der einen oder anderen Seite wünschten, sondern nur, daß möglichst alle dabei umkamen.» Die Schlacht von Las Salinas endete mit dem Justizmord an Almagro durch Hernando Pizarro, der dafür 22 Jahre lang im Gefängnis La Mota in Medina del Campo eingekerkert wurde.

Drei Kilometer weiter kam der Reisende nach Oma – jetzt San Geronimo – und zu den «Engen», wo die Salzsümpfe und ein Felsmassiv der Anden die Breite der Straße einschränkten. Dieser Ort war lange ein Zankapfel zwischen dem Stamm, der ursprünglich dort saß, und den vordringenden Inka, die ihn beherrschen mußten, wenn sie sich nach Süden in das Gebiet der Colla ausdehnen wollten. Nachdem die Inka ihn erobert hatten, legten ihre Ingenieure die Straße über den Felsen – der so hoch ist wie der von Gibraltar –, um die Sümpfe und den nahegelegenen See zu umgehen, die in der Regenzeit oft zu Überschwemmungen führten. Auf der höchsten Stelle des Felsens bauten sie eine große Gemeinde namens Tipon.

Cieza notierte, daß man, «wenn man Cuzco verläßt, über die Königsstraße zur Enge von Mohina geht, wobei die Wohnungen von Quispicanchis links der Straße bleiben, die hier ein breiter Damm ist. In Mohina gab es große Gebäude, die aber jetzt alle in Ruinen liegen.» Das kam daher, daß das Tampu infolge der Wirren des Bürgerkriegs niedergebrannt wurde.

1867 stellte Squier, der von Süden her an diesen Platz kam, fest, «daß er auf eine gut planierte Straße gestoßen sei, die zu der großen Stadt Muhyna [Mohina] führte»; die Ruinen hier beeindruckten ihn als eine der ältesten in Peru. Noch später, im Jahre 1912, nahm Hiram Bingham dieselben Ruinen auf und kam zu der Auffassung, daß «das ganze Tal zu einer systematischen archäologischen Ausgrabung einlade».

Diese ist immer noch nicht durchgeführt worden. Aber 1931 flog Robert Shippee mit Leutnant Johnson als Kameramann über das Gebiet und brachte eine Reihe prachtvoller Luftaufnahmen des ganzen Hautenaytales mit. Die Kameralinse hatte eingefangen, was allen anderen entgangen war: einen großen archäologischen Komplex gerade hinter der Stelle, wo die Straße den Fluß überschritt.

1953 folgte die Von-Hagen-Expedition, indem sie die Luftaufnahmen als Führer benutzte, der Inkastraße von Mohina in das Tal hinunter und fand die Stelle, wo die Straße den schmalen, aber tiefen

Fluß überquert hatte. Von hier ging die Straße zwischen gewaltigen, hohen Mauern nach Piquillacta – «Flohstadt» –, einem der größten Speicherzentren im ganzen Inkareich, weiter. Auf einem verhältnismäßig ebenen Gelände verstreut findet man hier die Überreste von über 300 verfallenen Lagerhäusern, von denen viele einst mit Stroh bedeckt waren. Das Gebiet war übersichtlich angelegt, und die Königsstraße, die breit, gepflastert und mit Mauern versehen war, verlief über den Hauptplatz. Unmittelbar vor Piquillacta liegt Lucre, und zwischen dem Ufer dieses Sees und dem Kamm der Hügel über ihm hatten die Ingenieure der Inka Terrassen angelegt, um in dem geschützten Gebiet neues Land zu gewinnen.

Merkwürdigerweise erwähnt Pedro de Cieza, der doch «überallhin Abstecher machte», dieses gewaltige Speicherzentrum nicht, und auch andere Quellen schweigen sich darüber aus. Aber wenn auch niemand von Piquillacta sprach, so berichtete doch jedermann über das Tor von Rumi Colca. Cieza bemerkte, daß es dort «eine große und sehr starke Mauer gibt. In dieser Mauer ist ein breites Tor, in welchem Wachtposten stationiert sind, um Tribut und Zölle zu erheben, und außerdem nahmen sie jeden fest, der versuchte, Gold oder andere Wertgegenstände aus Cuzco fortzunehmen. Hier fand man auch ihre Steinbrüche.» Zwei Straßen – die eine kam vom Ufer des Sees her, die andere von den Lagerschuppen – trafen sich am Tor. Es war zweifellos ein Zolltor – ein Kontrollpunkt. Cieza bezeichnete die sechs Meter breite Straße als «sehr groß und breit». Squier, der von allem die ersten genauen Messungen machen wollte, schrieb, daß die Mauer quer durch das Tal 230 Meter lang, zehn Meter breit und an ihrer Basis elf Meter dick war. Auch er hielt das Tor für ein Zolltor, da neben ihm Überreste einer Kaserne waren, während sich darüber – von unten kaum wahrnehmbar, aber ganz deutlich sichtbar in den Luftaufnahmen – ein großes Bauwerk, eine Haltestation befand.

Beim Tor, 35 Kilometer von Cuzco entfernt, waren die Steinbrüche von Rumi Colca, aus denen die Inka große Blöcke aus bräunlichem Andesit holten. Aus diesen stellten sie die Quadersteine her, mit denen sie die massiven Mauern von Cuzco bauten.

Die Königsstraße setzte sich dann fort zum Urcossee, einem

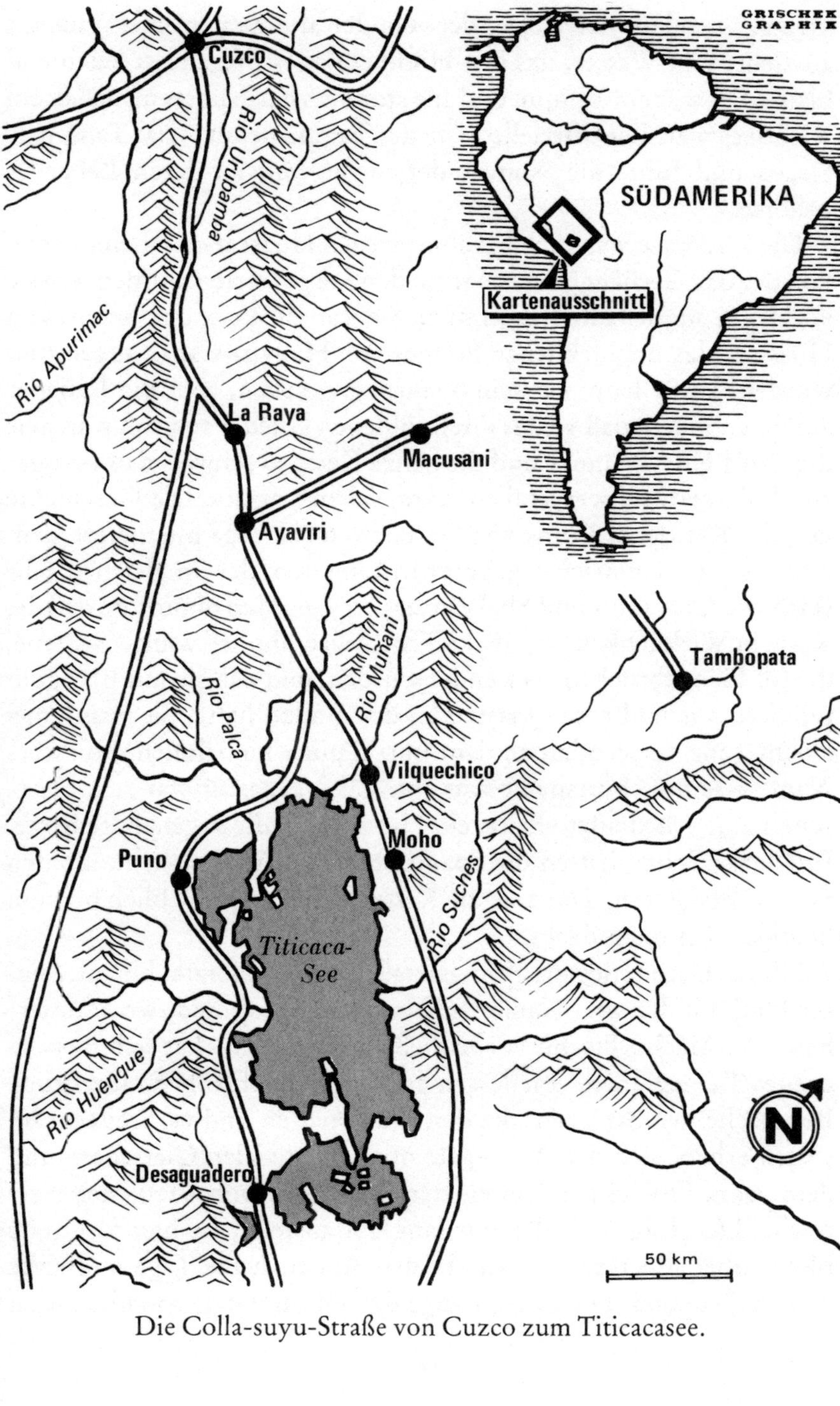

Die Colla-suyu-Straße von Cuzco zum Titicacasee.

kleinen, runden, tiefen See, der wie der alte Krater eines Vulkans aussieht; sein Wasser, das den Himmel widerspiegelt, ist leuchtend blau. Hier war ein Tampu, und alle stimmen darin überein, daß es ein wichtiges war. Die offizielle Liste der Tampu nennt es das Tampu de Urcos und führt die Namen derjenigen auf, zu deren Lehen es gehörte.

Der Urcossee war auch berühmt wegen Huascars goldener Kette, von der das Gerücht ging, sie sei in den See geworfen worden, um sie vor den Konquistadoren zu retten. Sie war zur Feier der Geburt von Huascar, des unglücklichen Sohnes von Huayna Capac angefertigt worden. Zwar hatte sie kein Spanier je gesehen, aber die Indianer erzählten ihnen, daß «jedes ihrer goldenen Glieder so groß wäre wie die Faust eines Mannes und die ganze Kette so schwer, daß es sogar 200 Indianern schwergefallen wäre, sie zu tragen». Die Geschichte von der Kette wurde uns von Garcilaso de la Vega überliefert, dem ersten als Einheimischer geborenen Literaten, der im gleichen Jahr starb wie Cervantes und Shakespeare – 1616. Man nimmt an, daß die Kette in Wirklichkeit eine dicke Trosse war, ähnlich wie die Seiltaue, die für Hängebrücken verwendet wurden, und daß sie mit Blattgold plattiert war und rote Quasten an den Enden hatte. Sie wurde bei einem Tanz verwendet, an dem nur Männer teilnahmen. Huascars Name – sein Geburtsname war Inti Cusi, Huascar war sein Herrschername – bedeutet «Seil», ein Hinweis auf die sogenannte Kette. In Ciezas Zeiten hatten die Spanier bereits Pläne gemacht, um den See zu entwässern, damit sie die Kette fänden; aber sie blieb bis zum heutigen Tag unentdeckt.

Hinter Urcos stieg die Königsstraße das Vilcanotatal hinauf. Dieser Fluß mit den drei Namen – Vilcanota, Yucay und, wo er unterhalb von Machu Picchu vorbeifließt, Urubamba – hat sich hier ein breites Tal gegraben, von dessen hochragenden Flanken rauschende Bergbäche herabstürzen, die den Fluß speisen und verbreitern. Im Osten erhebt sich der Ausangate mit seinen vielen Gletschern und dem schneebedeckten Gipfel, der eine Höhe von 6200 Meter erreicht. Der Talgrund, der nur langsam ansteigt, ist hier fast 3000 Meter über Meereshöhe, was in den Anden heiße Tage und kalte Nächte bedeutet. Die ganze Länge des Vilcanotatals von hier bis zu

Die Aimara, hier spielen einige ihrer Nachfahren das traditionelle Musikinstrument des Stammes, die Flöte, gehörten einst zu den großen indianischen Kulturvölkern Boliviens und Perus. Von ihrer kulturellen Blüte, die bereits in der Vor-Inkazeit lag, zeugen heute noch die Ruinen von Tiahuanaco und Sillustani.

Eine der technischen Meisterleistungen der inkaischen Ingenieure war die *Aroya*, ein Korb an einem Seilzug, um Flüsse und Gebirgsschluchten zu überwinden. Das technische Prinzip, das sich hinter dieser Konstruktion verbirgt, ist selbst nach heutigen Maßstäben noch nicht veraltet. Oben: De Brys Zeichnung einer solchen Anlage aus dem 16. Jahrhundert. Unten: Heutige *Aroya* bei Ayaviri im Norden des Titicacasees.

Boote aus Riedgras, einem Wasserschilf, das im Titicacasee wächst. Oben: George Squiers Zeichnung einer Pontonbrücke aus Riedgrasbooten über den Desaguadero. Unten: Vom Verfasser durchgeführte Rekonstruktion einer Pontonbrücke an derselben Stelle des Desaguadero.

Riedgrasboote, wie sie schon in der vor-inkaischen Zeit gebaut und zum Fischfang und Transport benutzt wurden, auf dem Titicacasee. Mit diesen zerbrechlich anmutenden Booten befuhren die Inka den mit 8300 km^2 größten Hochlandsee der Erde.

Beide Zeichnungen stammen von dem berühmten französischen Paläontologen Charles d'Orbigny, der von 1824–34 Südamerika bereiste. Oben: Das 1830 entstandene Bild zeigt Chuquisaca-Indianer in ihrer typischen Tracht. Unten: Das dichte Nebeneinanderexistieren von hochentwickelten indianischen Kulturvölkern in bestimmten Teilen Südamerikas läßt sich heute noch an den historischen Ruinen ablesen, die aus den verschiedensten Architekturtraditionen abstammen. Die hier gezeigten Häuser mit Runddächern sind bezeichnend für die Aimara, ein einst hochentwickeltes Kulturvolk, deren Nachfahren heute südlich des Titicacasees in Chile und Bolivien leben.

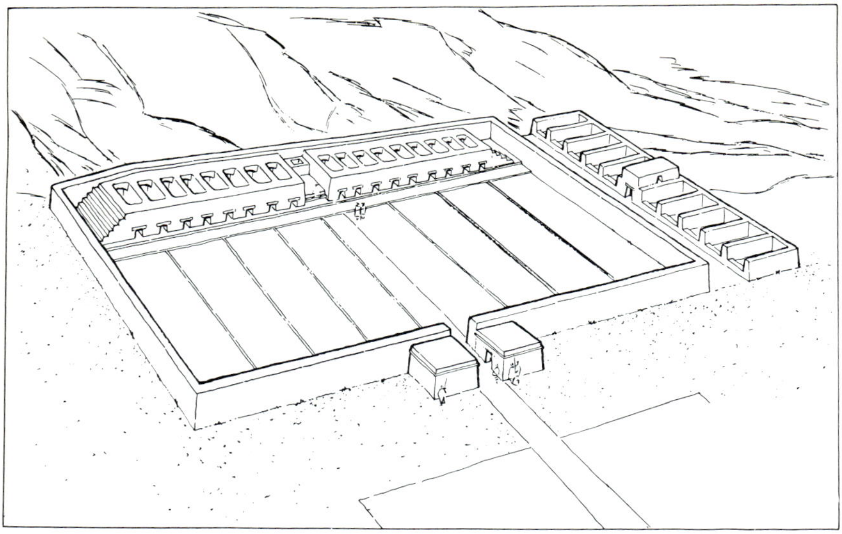

Oben: Rekonstruktion der königlichen Lagerhäuser in Chala im heutigen Peru, wo getrockneter Fisch, Seetang und Schalentiere vor dem Transport ins Landesinnere, nach Cuzco, gelagert wurden. Mitte: Der Autor auf einer der Küstenstraßen, nördlich von Chala, über die die Nahrungsmitteltransporte aus den Küstenregionen verliefen. Unten: Die Überreste des Lagerhauses in Chala.

Oben: Cahuamarca (Ansichtsstadt), wo die Straße ins Gebirge führt, um die unpassierbare Küstenwüste zu umgehen. Unten: Schmaler Meeresarm bei Chala, Peru, an dem die zum inkaischen Imperium gehörenden Küstenbewohner Seetang ernteten.

Stier von Pucará, ein Keramikstier, der auf Hausdächer gesetzt wurde, um böse Geister abzuwehren.

dem hohen Paß von La Raya, 200 Kilometer weiter südlich, ist ein weiter Streifen von Nutzpflanzen: Quastenmais – *sara* –, purpurn blühende Kartoffeln – *moraya* – und Weizen, der schon kurz nach der Eroberung eingeführt worden war.

Urcos war auch eine Straßenkreuzung: die südwestliche Straße nach Arequipa, das damals von geringer Bedeutung war, aber heute die zweitgrößte Stadt von Peru ist, begann hier. Diese Route war über 600 Kilometer lang, und das Gebiet, durch das sie führte, war so zerklüftet und dünn besiedelt, daß auch die Inka sie selten benutzten. Sie wird hier nur erwähnt, weil sie beweist, daß nicht einmal dieses ausgedehnte, öde Gebiet mit all den gewaltigen Problemen, die es dem Ingenieur stellte, die Inka davon abhielt, eine Straße hindurch anzulegen, um ihre Verbindungswege zu verbessern.

Kurz vor dem nächsten Tampu, in Quiquijahna, überbrückte die Straße zum erstenmal den Vilcanota. Das Dorf Quiquijahna war auf beiden Seiten des Flusses erbaut worden, und die Bewohner des rechten Ufers waren dafür verantwortlich, daß die Brücke in gutem Zustand war.

Die meisten Reisenden auf der Königsstraße erwähnten die Brükke, und sie wurde bis 1877 benutzt; danach wurde sie durch eine moderne Brücke mit drei Bögen ersetzt. Huamán Poma bestätigte, daß sie ursprünglich eine Seil-Hängebrücke war.

Quiquijahna war hauptsächlich vom Stamm der Cavina bewohnt, «bei dem es Brauch ist, große Ohrpflöcke zu tragen. Die Cavina kleiden sich in wollene Ponchos und schlingen ein schwarzes Stirnband um den Kopf. Ihre Stadt Quiquijahna – «Kristallhaus» – hat am Rand der Berge schöne Steinhäuser.»

«In alten Zeiten verehrten sie einen Tempel namens Ausangate», die höchste Spitze in den Bergen der Umgebung, die sogar von Cuzco aus zu sehen ist. Quiquijahna war in Inkazeiten auch bekannt als «Ziel der Läufer, die während der Augustfeste von Coya-rayni einen Wettlauf dorthin machten und im Wasser des Flusses bei diesem Dorf badeten».

Der nächste Halt auf der Königsstraße war Cusipata, eines jener Tampu, die in einer unbewohnten Gegend gebaut worden waren. Cusipata – «Angenehme Gegend» – verdiente seinen Namen, denn es lag im Tal des Flusses in 3000 Meter Höhe, und die Umgebung war intensiv bebaut. Hier sind lange Strecken der Königsstraße, viereinhalb Meter breit, gesäumt von Steinmauern und dort gepflastert, wo sie durch ein Sumpfgebiet geht, noch deutlich zu sehen und an manchen Stellen sehr gut erhalten. Die alte Straße verläuft parallel zu der modernen Erdstraße durch das Gebiet, manchmal ganz nahe. Kurz bevor das moderne Dorf Cusipata erreicht wird, sieht man die Reste des kleinen Tampu, das hier erbaut wurde.

Als nächstes nach diesem Tampu, auf halbem Wege zwischen zwei wichtigen Haltestationen, war ein *topo* an der Steinmauer auf einer Seite der Straße. Wie schon erwähnt, wurden die *topo* verwendet, um Entfernungen zu messen; sie standen siebeneinhalb Kilometer oder, wie ein Chronist berichtet, 6000 Schritt voneinander entfernt. Da bei den Inka wie bei den Spaniern Entfernungen nach dem praktischen Schritt berechnet wurden, ergibt das für den Inkaschritt etwas mehr als einen Meter; und die Standardbreite von sieben Metern, die eingehalten wurde, wo die Umstände es erlaubten wie meistens auf der Küstenstraße, war gleichbedeutend mit sechs Schritt.

Im weiteren Verlauf, in Combapata, einem königlichen Tampu, das in Huamán Pomas Reisebeschreibung durch das Symbol eines Hauses gekennzeichnet ist, war die Königsstraße auf den unteren Abhängen des Gebirges angelegt. Combapata war auch wichtig als Dorf, denn es beschützte eine Hängebrücke über den Fluß und hatte eine Verbindung mit der Straße von Urcos nach Arequipa.

Das ganze Gebiet und seine Bevölkerung gehörte zu der Zuteilung – *repartimiento* – des berühmten Alonso de Mesa. Mesa hatte als Anteil an Atahualpas Lösegeld 135 Mark Silber und 3330 Peso Gold bekommen und hatte in den Schlachten des Jahres 1534 gekämpft. In diesen «schlug er sich hervorragend, denn er war jung und kräftig und hatte ein gutes Pferd und schöne Waffen». Mit seinem Reichtum verschaffte er sich einen ganzen Harem von inkaischen *palla*. Er nahm an der Verteidigung von Cuzco während der Belagerung durch Manco Capac teil und war 1572 als alter Konquistador «Berater» der jüngeren Spanier, die gegen den neoinkaischen Staat in Vilcabamba kämpften.

Als Cieza zum großen Tempel von Viracocha kam, stellte er fest, daß er im Gebiet eines anderen Stammes, der Cana, lag. «Sie tragen Ponchos wie die anderen und auf dem Kopf große runde hohe Mützen. In dem Dorf Cacha gibt es große Gebäude, die zum Gedenken ihres Gottes Viracocha erbaut sind.»

Kurz vor dem Tempel führt die von Mauern gesäumte Straße durch ein Gebiet, das mit der Lava aus dem Vulkan Haratché bedeckt ist. Die Lavabrocken, die aussehen wie Kohle, die gerade aus dem Ofen kommt, sind in wildem Durcheinander aufgehäuft.

Aus diesem Rückstand höllischen Feuers fließt ein Bach, den die Ingenieure der Inka mit schön verlegten Steinen stauten und dessen Wasser sie in verschiedene Leitungen verteilten, mit denen sie Anbauterrassen, die zwischen den Lavahügeln angelegt waren, bewässerten. Das restliche Wasser lief in einen künstlichen Teich, hinter dem der Tempel von Viracocha steht.

Squier, der 1867 hier vorbeikam, bemerkte, daß der Tempel in einem für Peru einzigartigen Stil erbaut war und nahm sein Geometergerät und das Meßband zur Hand, um einen Grundriß des Tempels anzufertigen. Er stellte fest, daß die mittlere Mauer knapp zehn Meter lang und zwölf Meter hoch war und eine Basis aus schön bearbeiteten zweieinhalb Meter hohen Steinen hatte, die die bei den Inka üblichen Nischen aufwies; die übrige Mauer bestand aus Adobe – Lehmziegeln. An verschiedenen Stellen sind noch die Überreste von hölzernen Balken in die Mauern eingebettet, und es stehen auch noch mehrere gewaltige kreisrunde Säulen mit zwei Meter Durchmesser.

Diese je zwölf Säulen auf beiden Seiten der mittleren Mauer ließen Squier richtig vermuten, daß sie Balken getragen hatten, die auf der Mauer auflagen. Das Dach war grasgedeckt. Alle öffentlichen Gebäude dieser Art wurden von einer zentralen Organisation unter der Leitung von Berufsarchitekten und Maurermeistern erbaut, die von der Mita ausgenommen und voll damit beschäftigt waren, öffentliche Bauwerke, Dämme, Brücken, Straßen und Terrassen zu planen und zu entwerfen. Da die Inka Papier und dessen Ersatzmaterialien nicht kannten, fertigten die Architekten Modelle an, von denen einige noch vorhanden sind.

Garcilaso de la Vega sah, wie der Tempel von Viracocha zerstört wurde: «Die Spanier zerstörten ihn, obwohl er einzig in seiner Art war. Sie hätten ihn erhalten sollen und auf ihre Kosten alle diese wunderbaren Dinge bewahren müssen, die Zeugnis für die Größe des Reiches, dessen Eroberung ihnen gelang, hätten ablegen können.» Garcilaso behauptete, daß sie das ganze Bauwerk zerstörten, aber wie man noch sehen kann, vernichteten sie es doch nicht gänzlich. Manche der Gebäude, die es umgeben, sind noch gut genug erhalten, daß ein kenntnisreicher Architekt und Archäologe sie rekonstruieren kann.

Die Sprache änderte sich in dieser Gegend, wie alle Reisenden auf der Königsstraße bemerkten. Es wurde nun Aimara gesprochen, was auch der Name der führenden Stämme der Gegend ist. Jahrhundertelang hatten diese Stämme den imperialistischen Plänen der Inka widerstanden, wobei der Stamm der Colla, nach dem die ganze dritte Provinz des Reiches – Colla-suyu – benannt wurde, das erste Hindernis war, das die Eindringlinge auf ihrem Weg nach Süden überwinden mußten. Nach 1430 unternahm jedoch Pachacutic einen Feldzug, um alle Stämme am Titicacasee zu unterwerfen, und einer nach dem anderen wurde dem Reich eingegliedert.

Die erste aimarasprechende Siedlung, auf die der Reisende auf seinem Weg über die Königsstraße stieß, war Sicuani, wo es ein Tampu gab. Huamán Poma gibt den vielleicht korrekteren Namen Ciquyani an und führt es als königliches Tampu auf. Die Stadt liegt in einer Schlucht.

Das Vilcanotatal verengt sich nun hier; die Nacht bricht früher herein, und die nächtliche Kälte ist schärfer als weiter unten im Tal. «Sie haben», sagte Cieza, «viele Lamaherden; Vicuñas und ebenfalls wilde Guanakos durchstreifen die höhern Berghänge. Es gibt viel Mais und Weizen und eine Menge Rebhühner und Kondore. Sie fangen auch zahlreiche Fische in den Flüssen.» Über den schmaler gewordenen Fluß war hier eine Brücke erbaut worden, um eine Verbindung mit der Straße nach Arequipa herzustellen.

Auf den nächsten dreiunddreißig Kilometern steigt die Straße an, bis sie bei La Raya eine Höhe von 4300 Meter erreicht. Hier ist die große kontinentale Wasserscheide. Der Wind ist hier außerordentlich kalt, und Squier erinnert sich, daß er, als er sich dem engen Paß näherte, «einen eisigen Fluß, erstarrt in treibendem Schnee und Eiskristallen, die zwischen den Felsen tanzten, sah». Einst gab es auch einen Sonnentempel – *Huil canota* auf Aimara, daher der Name Vilcanota.

Beim Paß sind noch Überreste einer Steinmauer vorhanden. Sie sieht mehr wie eine Grenzlinie als wie eine Verteidigungsmauer aus, aber gerade als eine solche beschreibt sie ein Chronist, indem er sagt, ihr Zweck wäre, «die Inka daran zu hindern, die Colla zu besiegen, und die Colla, auf inkaisches Gebiet vorzudringen». Ganz in der Nähe sind Reste einer Wachstation, wo Zölle erhoben und das Kommen und Gehen der Leute kontrolliert wurden; denn die Indianer hatten wenig Wünsche, und die herrschenden Inka wußten es einzurichten, daß das auch so blieb.

Im gleichen Gebiet gibt es einen eisigen See, der von den Ruinen mehrerer großer inkaischer Tampu umgeben ist. Trotz der beißenden Kälte machte Squier «einen Grundriß von einem dieser Tampu – unter dessen zerfallenden Mauern wir Schutz gegen die Nacht fanden». Dieses Tampu, sagte er, «kann man als Prototyp dieser Art von Gebäuden ansehen, obwohl keine zwei ganz gleich sind». Das Gebäude war fünfundfünfzig Meter lang und in drei je achtzehn Meter lange Räume geteilt. Die Mauern standen direkt am Ufer des Sees. Es gab große Höfe für Lamas, ähnlich denen, in die die Kamele nachts in den Karawansereien in ganz Asien zusammengetrieben werden. Zwei Flüsse entströmen dem See: der nach Norden fließende wird der Vilcanota, dessen Lauf bereits beschrieben wurde; der nach Süden fließende der Pucará, der später in den Titicacasee mündet.

Die *Ordenanzas de Tambos* – 1543 – bezeichnen dieses Gebiet als *«despoblado muchos dias»* – seit langem entvölkert; nur sechzig Indianer wohnten hier, und diese waren Francisco de Villacastín unterstellt, der Ayaviri, das nächste große Tampu, besaß.

Ayaviri, in einem breiten Tal beim Pucará-Fluß gelegen, war, wie Pedro de Cieza sagt, «in alten Zeiten großartig anzusehen, und der Platz ist auch heute [1549] noch bemerkenswert, besonders die großen Gräber, die so zahlreich sind, daß sie mehr Raum benötigen als die Wohnungen der Lebenden. Die Leute dort sind derselben Abstammung wie die Cana, sie kleiden sich nämlich in lange, wollene Ponchos, die bis zum Boden reichen, und tragen schwarze Stirnbänder.» Ihre hauptsächliche Waffe war die Bola – ein Lasso mit Wurfkugel.

«Da Ayaviri ein großer Distrikt ist, durch den ein bedeutender Fluß [der Pucará] fließt, befahl Topa Inka [ungefähr 1450], daß hier ein großer Palast erbaut wurde und dazu viele Gebäude, in denen die Tribute gelagert wurden. Auch ein Sonnentempel wurde hier erbaut, und Topa Inka siedelte in der Provinz Indianer, die Mitimae genannt wurden, mit ihren Frauen an.»

Diese Mitimae – die hispanisierte Form von *mitima-coma* – waren, wie schon erwähnt, loyale ketschuasprechende Stammesleute, die in ein neu erobertes Gebiet oder eines, dessen Loyalität zweifelhaft war, umgesiedelt worden waren. Sie fungierten sowohl als Garnison, um Aufstände zu verhindern, als auch als Vermittler der inkaischen Lebensart, einschließlich des Sonnenkultes. Da die Bevölkerungsumsiedlungen in einem riesigen Maßstab erfolgten, hätte diese Praxis – wäre sie nicht durch die spanische Eroberung unterbrochen worden – zu einer durchgehend heterogenen Bevölkerung geführt. Ketschua wurde für alle öffentlichen Angelegenheiten verwendet, aber einheimische Dialekte waren ebenfalls erlaubt, und einheimische Kleidung war nicht nur gestattet, sondern wurde sogar gefördert. In Ayaviri stellte Pedro de Cieza jedoch fest, daß «wenig ursprünglich Einheimische übriggeblieben waren und daß die Mitimae die Herren des Bodens geworden waren».

Von Ayaviris früherer Größe ist über dem Boden nichts übriggeblieben. Ja, niemand, der nach Cieza hier vorbeikam, erwähnt die Ruinen überhaupt, obwohl die Von-Hagen-Expedition die Inkastraße – und auch ein Tampu – in der Nähe lokalisierte.

Ayaviri war auch eine bedeutende Straßenkreuzung, denn in der Nähe teilte sich die Königsstraße, deren beide Zweige dann auf den einander gegenüberliegenden Seiten des Titicacasees verliefen. Die *Ordenanzas* bemerken: «Hier trennen sich die beiden Straßen, die den See umkreisen. Sie heißen Oma-suyu [der östliche Zweig] und Hurcos-suyu [der westliche Zweig].» Das wurde 1613 von Vásquez de Espinosa bestätigt, der noch eine weitere Straße erwähnt, «die beim Dorf Asillo nach Osten abzweigt und zum Carabaya führt».

Pedro de Cieza spricht mit Nachdruck von dieser Seitenstraße, denn «gegen die Urwälder der Anden zu ist der berühmte und sehr reiche Carabaya-Fluß. Man holte aus ihm über 1700000 Peso Gold von einer Feinheit, die das Normale überschritt. Man findet immer noch Gold im Fluß.»

Die Hauptfunktion der fraglichen Seitenstraße war, einen Zugang zu dem reichen Goldgebiet zu schaffen. Die Straße verlief nahe dem Ufer des tiefen und schnellfließenden Carabaya-Flusses, der in einer steilwandigen Schlucht dahinströmt. Das Land liegt ungefähr 4000 Meter über dem Meeresspiegel und hat das Aussehen einer welligen, baumlosen Ebene, die durch phantastische Horstbildungen aus Kalkstein und Granit mit Quarzadern unterbrochen wird. Mit Glück und viel Anstrengung kann man aus diesem Fels Gold gewinnen. Auf den Spitzen dieser Klippen gibt es zahlreiche Grab-*chullpa*, aus Stein erbaute, im allgemeinen zylindrische Häuser der Toten.

Das ganze Gebiet ist überaus öde und unwirtlich, und nur wenige Lebewesen sind hier heimisch. In dem verkümmerten Riedgras rund um die kleinen, eisgesäumten Teiche kann man vielleicht ein Paar andiner Schneegänse – *huachua* – sehen, während auf den mit Grasbüscheln bedeckten Bergen wachsame Vicuñas beobachtet werden können.

Durch die große Höhe, die isolierte Lage und die Abwesenheit von Menschen war dieser Teil der Provinz Carabaya ideal für das Vicuña. Dieses Geschöpf, das halb so groß ist wie das Lama und einen langen, graziösen Hals hat, war hochgeschätzt wegen der langen, hellkastanienbraunen Wolle, die seine Brust bedeckt und es gegen die eisige Kälte der andinen Nächte schützt. Diese Wolle wurde von den Jägern des Inka unter den strengsten Vorsichtsmaßnahmen geschoren. In ihrer unübertroffenen Weichheit ist diese Wolle die feinste, die man kennt, und hat 2500 Haare pro Zoll. Pedro de Cieza war der erste, der (bemerkenswert genau) das Tier gezeichnet und beschrieben hat. Ein männliches Tier gebietet über eine Herde von weiblichen Tieren, und die Kämpfe zwischen konkurrierenden männlichen Tieren können tagelang dauern, bis eines oder mehrere vor Erschöpfung sterben.

Nach einer Jagd wie derjenigen, an der auf Einladung von Manco

Capac die Spanier teilnahmen, wurden die eingefangenen Vicuñas geschoren und wieder freigelassen. Die Inka, so berichtet uns Garcilaso de la Vega, «führten mit Hilfe ihrer Quipu genau Buch über die Zahl der getöteten und freigelassenen Tiere. Die grobe Wolle des Guanako wurde dem Volk gegeben; diejenige des Vicuña, die so fein ist wie Seide, war für die Inka reserviert.»

Das kleine Alpaka, das sehr einem «peruanischen Schaf» ähnelte, wie ein Spanier es nannte, wird von Pedro de Cieza als «sehr häßlich und wollig» beschrieben. Es ähnelt in seiner Figur dem Lama, ist aber kleiner. Nach Pedro Blas Valera, einem anderen Chronisten, dessen gesamtes historisches Werk vernichtet wurde, als Sir Walter Raleigh Cadíz überfiel und brandschatzte, «werden Alpakas nicht zum Lastentragen gezüchtet, sondern wegen ihrer Wolle, die ausgezeichnet und sehr lang ist».

Das Guanako, das man von Ecuador bis Patagonien antrifft, wo es die Hauptquelle der Indianer für Fleisch und Felle war, ist nicht zum Haustier geworden. Es ist so groß wie das Lama und neigt im Gegensatz zum Vicuña, das in gewaltigen Herden wandert, zum Einzelgängertum. Seine «Wolle ist kurz und grob, sein Fleisch gut und geschmacklich wie Wild». Als Cieza in Bolivien war, bekam er «ein Abendessen aus einem jener fetten Guanakos, und es erschien mir als das Beste, was ich je gegessen habe».

Das Lama war das Lasttier der Inka. Außerdem lieferte es Wolle und Fleisch, und sein Dung (*taquia*) wurde als Brennstoff verwendet. Es ist ein sehr anpassungsfähiges Geschöpf, das sowohl noch in einer Höhe von 5100 Meter als auch in den heißen Wüsten an der Küste leben kann. Mochica-Töpferware zeigt, daß die Indianer dem Lama in Wüstengebieten einen Fransenbehang aufsetzten, der seine Augen gegen den heißen Sand schützte. Ein Lama mit einer Last, die halb so viel wiegt wie es selbst, nämlich 200 Pfund, kann normalerweise eine Strecke zwischen zehn und zwanzig Kilometer am Tag zurücklegen; wenn man es antreibt, noch weiter. Seine für feine Webereien zu fettige Wolle wurde hauptsächlich für Decken, wollene Säcke und Tauwerk verwendet. Außerdem konnte der Dung der Lamas, da sie gern einen gemeinsamen Entleerungsplatz aufsuchen und der wie Schafkügelchen aussieht, gesammelt und als Brennstoff verwendet werden. Schließlich wurden Lungen, Leber und Magen des Lamas von Wahrsagern als Omen befragt, was an den Brauch der Römer erinnert, die Leber von Hühnchen zu befragen, bevor sie in einen größeren Krieg zogen. Der Lamahirte hatte also einen verantwortungsvollen und ehrenvollen Platz in der Gesellschaft.

Die Lamaherden waren ein wesentlicher Teil der Wirtschaft der Inka. Als hauptsächliche Lasttiere beförderten sie Waren in Friedenszeiten und Waffen im Krieg. Jeder Ayllu hatte seine eigenen Lamaherden, und die *quipu-camayoc* – Wächter der Quipu – führten die Akten über die Anzahl der Tiere, so daß die Gouverneure die genaue Zahl der Lamas im Reich zu jedem beliebigen Zeitpunkt kannten. Wenn man den ersten spanischen Chronisten Glauben schenken darf, belief sich die Zahl auf Hunderttausende. Lamas waren natürlich auch die Tiere, die man benutzte, um Waren nach Carabaya hinein und das dort gewonnene Gold herauszutransportieren.

«Carabaya» ist die hispanisierte Form des Ketschuawortes *Karawaya*, «gewunden». Das Wort ist sehr treffend, denn der Carabaya-Fluß hat sich eine tiefe Schlucht gegraben, von deren Grund sein Brausen, das an den senkrechten Wänden widerhallt, heraufdröhnt. Die Straße ist hier so eng, daß zwei Lamas kaum aneinander vorbeikommen; aber sie ist sehr gut angelegt, um das zerklüftete, baumlose Terrain zu überwinden. Im weiteren Verlauf geht sie dann im Zickzack hinunter in das Goldgebiet. So ist die Carabaya, abwechselnd kalt und heiß, regenreich und ungesund, ein abschreckendes Gebiet, das die Indianer nur betraten, weil es der Wille des Inka war, daß sie das hochwertige Gold, das es hier gab, zutage förderten. «An diesem Ort in Peru», schrieb ein Jurist des siebzehnten Jahrhunderts an seinen Vizekönig, «gibt es viele Goldminen, wie zum Beispiel im Carabaya-Gebiet. Die Arbeit der Indianer ist hier schwerer als fast überall sonst, weil die Lufttemperatur so ungesund ist und die Leute die ganze Zeit im Wasser stehen, um Erz zu waschen.» Es gab in dieser Gegend viele Dörfer von Goldwäschern.

Da zu allen Zeiten niemand gern die schwere Arbeit der Goldgewinnung verrichtete, sorgten die Beamten der Inka dafür, daß die

Leute einige Erleichterungen hatten. Die Steuern wurden turnusmäßig ausgesetzt, und nur verheiratete Indianer wurden für diese Arbeit ausgewählt; ihre Frauen mußten sie begleiten, um für sie zu kochen und die Chicha zu bereiten. Ihre Felder im Ayllu wurden während ihrer Abwesenheit für sie bebaut, und wenn sie krank wurden, wurden sie heimgeschickt. Es gab Ruhepausen, Feste und, wie Cieza sagt, Unterhaltung und Spiel.

Gold wurde hauptsächlich aus den Flüssen gewonnen, und zwar durch Goldwaschen. Da Gold schwerer als Eisen ist und untergeht, mußten Sand und Kies aus dem Fluß herausgehoben und durch Schwenken gesiebt werden. Die Methode der Inka war, eine Anzahl von seichten Stellen aus Stein zu bauen – Rinnen oder Rippen, um das Gold, das bei Regen flußabwärts geschwemmt wurde, aufzufangen und zurückzuhalten. Die Goldkörner blieben hier wegen ihres Gewichtes liegen und wurden dann in der trockenen Jahreszeit eingesammelt. Es wurden auch primitive, aber wirksame hydraulische Bergbaumethoden angewendet – zum Beispiel, indem Felsklippen unterhöhlt und Wasserläufe an ihren Fuß aus goldhaltigem Quarz geleitet wurden.

Gold war der «Schweiß der Sonne», und da die Auffassung herrschte, daß der Inka von der Sonne abstammte, war alles Metall Staatseigentum. Nach dem Bericht des gelehrten Pater Bernabé Cobo umgaben gewisse Rituale den Vorgang der Goldgewinnung: «Diejenigen, die in die Minen gingen, huldigten den Bergen, die das Gold enthielten, die sie *curi* nannten. Während des Festes waren sie die ganze Nacht auf, tranken und tanzten und flehten die Berge an, ihr Gold ohne Widerstreben herzugeben. Goldkörner und Goldstaub wurden unter dem Namen *llimpi* verehrt.» Das gewonnene Gold wurde auf den Quipu notiert und als eine Form des Tributs an die Gouverneure gesandt. Später wurde es dann geschmolzen und zu Barren gegossen und in dieser Gestalt den Goldschmieden geliefert, die Schmuck nach Bestellung anfertigten.

Kaum hatten die Konquistadoren als Lösegeld und durch Plünderung alles Gold und Silber über dem Erdboden zusammengerafft, verlangten sie, zu den Quellen dieser Metalle geführt zu werden. Die Indianer kamen dem Wunsch gern nach, weil sie hofften, auf diese

Weise die ungebetenen Gäste loszuwerden, unter denen sich ein gewisser Pedro de Candia befand.

Über Candias Tapferkeit waren sich alle einig, aber was seine Intelligenz anging, so sagt Cieza immer und immer wieder, «daß er ein Mann von wenig Verstand war». Don Pedro, ein Grieche, der nach seiner Vaterstadt Candia auf Kreta genannt wurde, kam in der Anfangszeit der Konquista nach Südamerika. Er war einer der dreizehn, die mit Francisco Pizarro auf der Insel Gallo waren, ging als erster Konquistador 1527 in Tumbes an Land und bekam einen großen Anteil an Atahualpas Lösegeld. Er schaffte es, während des Bürgerkriegs auf der richtigen – nämlich der siegreichen – Seite zu stehen, und ließ sich nach der Schlacht von Las Salinas in Cuzco nieder. Er war einer von 1600 Soldaten, die das gleiche taten – alle so voller herausforderndem Übermut und mit so viel Geld zur Erfüllung ihrer Wünsche ausgestattet, daß der Gouverneur der Stadt nur zu erfreut war, als einige von ihnen sich aufmachten, um hinter irgendeinem *ignis fatuus* herzujagen, das ihnen verborgene Goldschätze und Reiche versprach.

«Es bedurfte nur eines indianischen Mädchens aus seinen Bediensteten, das ihm einredete, daß auf der anderen Seite der Kordillere, im Osten, ein sehr reiches und bevölkertes Gebiet liege», und Pedro de Candia, der nichts zu tun hatte, als Geld und Zeit zu verschwenden, scharte 300 Mann um sich und setzte sich auf der Anti-suyu-Straße in Marsch. Nachdem sie den Vilcanota überschritten und durch die große Festung Pisac gekommen waren, erreichte die Expedition Paucartambo, eines der letzten großen befestigten Tampu, bevor das Land sich zu den Tälern, Pampas und Dschungeln des oberen Amazonas senkte. Pedro de Cieza schrieb ein ganzes Kapitel darüber, «wie Pedro de Candia und diejenigen, die mit ihm in die Wälder eindrangen, unglaubliche Mühsal erduldeten, und wie sie keinen Weg nach vorwärts fanden und nach Colla-suyu umkehren mußten».

Die Truppe folgte den Kokablätter- und Goldpfaden durch Dschungel und über Flüsse und kam oberhalb des Carabaya heraus. Ungeachtet der Leiden, die seine Streitmacht hatte erdulden müssen, ungeachtet auch der Verluste an Menschen, Ausrüstung, Pferden und Indianern bat Pedro de Candia um die Erlaubnis, das Tal besiedeln zu dürfen. Da der Gouverneur wußte, daß Candia «nicht genügend befähigt für diesen Posten war», gab er ihn einem anderen; aber es war gleich, wer ihn erhielt: «7000 Eingeborene kamen um, und sie gerieten in eine solche Not, daß sie einander aufessen mußten.»

KAPITEL

XI

Der Titicacasee und die Minen von Potosí

Die Königsstraße teilte sich in Azángaro, nicht weit entfernt von Ayaviri und etwa fünfzehn Kilometer nordöstlich des großen Felsens von Pucará, den man auf der Hurcos-suyu-Straße erreicht. Hier beginnt das Becken des Titicacasees, das am Nordende des Sees vorwiegend aus Mooren und Sümpfen besteht, wo das hohe Tortoragras wächst. Das Gebiet ist außerdem ein idealer Nistplatz für eine Vielzahl von verschiedenen Vogelarten.

Obwohl das Land hier zum großen Teil fast ständig unter Wasser steht, gibt es doch ein begrenztes Gebiet trockenen Bodens an der Mündung des Ramis-Flusses, der weitgehend den nordwestlichen Teil des Titicacabeckens bewässert. Einige Stammesleute fanden das Land geeignet zum Wohnen und bauten hier aus Rasenstücken gewölbte Häuser. Ihre Nachkommen bauen heute noch auf diese Weise.

Der Oma-suyu-Abschnitt der Königsstraße zieht sich am Rand dieser Sümpfe entlang und folgt dem Ostufer des Titicacasees bis nach Tiahuanacu. Sie passiert dabei Huancano, Chico und Moho, das wegen seines traditionsreichen Marktes und seiner vielen *chullpa* – Steingräber – bekannt ist.

Die meisten Tampu auf dieser Route gehörten entweder den Pizarros oder Francisco de Carbajal, dem Stellvertreter und Berater von Gonzalo Pizarro bei dessen gescheiterter Revolte. Hätte diese Erfolg gehabt, so wäre Carbajal der Marquis der Cañari geworden, die infolge ihres Hasses auf die Inka den Spaniern während der ganzen Eroberung als Verbündete gedient hatten. Er wäre auch

Premierminister des neuen Staates geworden, dessen Gründung er Gonzalo Pizarro geraten hatte.

Am 21. Oktober 1547 kam es beim Tampu von Huarina auf sumpfigem Boden in der Nähe des Ufers des großen Sees zu einer großen Schlacht. Diego Centeño, der für Präsident La Gasca kämpfte, nahm mit 1000 Mann an dieser Auseinandersetzung teil. Über Centeño sagte Pedro de Cieza: «Er war ein Herr, nicht sehr groß, mit gutem Benehmen und rotem Bart. Er war nicht gerade freigebig, wenn es um sein eigenes Geld ging, gab aber das Fünftel des Königs großzügig aus.» Er war von Carbajal jahrelang quer durch das Andenreich verfolgt worden, und nun, da er die größere Streitmacht hatte, meinte er, mit diesem Luzifer abrechnen zu können. Auf der Seite der Rebellen befehligte Gonzalo Pizarro die Kavallerie, und Carbajal die Infanterie, die wie ihr Anführer Umhänge aus grünlichem Tuch trug, um sich gut dem Gelände anzupassen. Jeder von Carbajals 400 Arkebusieren trug zwei bis drei geladene und zündfertige Donnerbüchsen.

Diego Centeño wartete; aber Carbajal reizte ihn zum Handeln, indem er die Königsstraße immer wieder kreuzte und sich dabei dem feindlichen Feuer aussetzte. Trotz der Gefahr riet er seinen Leuten: «Feuert nicht, Burschen, wartet ab.» Als ihre Feinde auf hundert Meter herangekommen waren, gab er den Befehl zum Feuern. Bevor sich Centeños Männer von dem Schock erholen konnten, kam die zweite Salve und dann die dritte. Über die Hälfte wurden getötet, und Centeño selbst wurde verwundet, konnte aber entkommen.

Als Gonzalo Pizarro über das Feld mit den Toten und Sterbenden ritt, starrte er erstaunt darauf hinunter und bekreuzte sich im Reiten: «Jesus! Was für ein Sieg!»

Es war sein letzter.

Bog man nun zum Hurcos-suyu-Zweig der Königsstraße ab, so war das erste Tampu nach der Abzweigung Pucará, was «Festung» bedeutet. Berge aus rotem Sandstein erheben sich 300 Meter über das heutige Dorf, in dem sich noch einige Überreste der Festung und anderer Gebäude befinden, die Cieza «in Ruinen und im Verfall» antraf.

Vásquez de Espinosa, der im folgenden Jahrhundert nach Pucará kam, nannte es «eines der wunderbaren Werke der Inka» und sprach von dem «großen, stolzen Gebäude dort und der Inca-cancha genannten Festung». Pedro de Cieza hörte, als er sich kurz dort aufhielt, von einigen älteren Bewohnern Einzelheiten über die um 1460 stattgefundene große Belagerung der Festung durch Topa Inka. Dazu kam es, weil die hier ansässigen Menschen zur Colla-Liga gehörten, die seit Jahrhunderten das Vordringen der Inka erfolgreich blockiert hatte.

Die Bewohner von Pucará waren wegen ihrer Töpferwaren berühmt, und die Tradition ist heute noch lebendig in der modernen Keramik, die als «Stiere von Pucará» bekannt ist. Diese Stücke werden weithin geschätzt und gesammelt.

Danach erreichte die Königsstraße das Tampu von Nicasio, wo Cieza «weinende Indianer sah, die an der Spitze eines Trauerzugs gingen und traurige und jammervolle Worte sangen». Das Dorf war damals und ist auch heute noch bedeutend wegen der dort aus Tortora hergestellten Boote und seiner Fischerei.

Zwei Jahre bevor Cieza hier eintraf, war der Oberherr von Nicasio, Hernando Bachicao, auf Befehl von Carbajal erwürgt worden. Bachicao, der einen üblen Leumund hatte, kam einige Zeit nach dem Beginn der Konquista nach Südamerika. Er nahm aber an der Schlacht von Las Salinas teil und wurde 1541 Beamter in Cuzco, wo er mit Vaca de Castro zusammenarbeitete, der den ersten Reiseführer für das Straßennetz der Inka anfertigte. Bachicao ergriff Partei für Gonzalo Pizarro bei dessen Rebellion gegen die «Neuen Gesetze» und war einer derjenigen, die den Vizekönig verfolgten, der dann bei Quito getötet wurde. Sein Charakter wurde aber von einem der Leute Pizarros durchschaut, der seinen Anführer warnte: «Wenn Bachicao, wie er behauptet, ein Schüler von Euch ist, dann sind er und Carbajal viel eher Eure Lehrer, und Ihr seid der Schüler.» Als Bachicao in der Schlacht von Huarina meinte, daß sich die Waage gegen Pizarro neigte, ging er auf die andere Seite über; aber als die Niederlage vollendet war, versuchte er, unentdeckt hinter Pizarros Linie zurückzuschlüpfen. Das entging aber Carbajal nicht, der ihn sofort umbringen ließ.

Die Königsstraße verlief nun neben dem großen See. Die ersten

Spanier, die ihn sahen, waren Diego de Agüero und Pedro Martínez de Moguer, die 1533 dorthin kamen und bei ihrer Rückkehr von dem «größten See in den Indien» berichteten. Cieza gab jedoch die erste schriftliche Beschreibung. Geographisch liegt der Titicacasee – oder richtiger: Chucuito – in einem Becken zwischen zwei Gebirgszügen, die zur Kette der Anden gehören. Der See ist 135 Kilometer lang und 70 breit. Er liegt auf der Hochebene in einer Höhe von 3800 Meter, was ihn zum höchstgelegenen schiffbaren Gewässer der Welt macht. Zahlreiche große und kleine Flüsse münden in den See, aber nur einer fließt aus ihm ab, was zur Folge hat, daß er leicht salzig ist. Das ihn umgebende Land wechselt zwischen trockener Pampa und besser anbaufähigem Boden. In dieser Höhe kann Mais, außer an geschützten Orten, nicht mit Erfolg angebaut werden, aber Kartoffeln, Quinoa, Weizen und Gerste gedeihen gut.

Das ganze Gebiet war in den Zeiten der Inka dicht bevölkert und ist es auch heute noch. Zahlreiche verschiedene Stämme siedelten sich um den See herum an; die führenden waren die Lupaca und die Colla, «die gegeneinander Krieg führten». Cieza schreibt, daß sie «wollene Gewänder tragen. Die Frauen tragen auf dem Kopf eine wollene Mütze in der Form eines Mörsers. Diese nennen sie *chullo.*»

Juliaca war die nächste Haltestation auf der Straße. Hier gab es das übliche Tampu mit ummauerten Höfen für die Lamas und kleineren Räumen für die Reisenden. Es scheint recht bedeutend gewesen zu sein, da Huamán Poma es ein königliches Tampu nennt, aber heute gibt es keine Andeutungen von größeren Gebäuden mehr.

Nachdem die Straße Caracoto, eine tributpflichtige Gemeinde, passiert hatte, erreichte sie Hatun-colla, «was ein bedeutendes Objekt war, denn *hatun* heißt groß. Jetzt [1549] ist als Folge des Krieges alles verschwunden, und die meisten Eingeborenen sind fortgezogen.» Cieza sagt uns auch, daß Hatun-colla «der wichtigste Ort im Land der Colla war. Nachdem die Inka gekommen waren, erweiterten sie die Stadt und errichteten viele Gebäude und Lagerhäuser, in die der Tribut von den umliegenden Städten gebracht wurde. Eine Anzahl von *mamacona* [Sonnenjungfrauen], Priestern und viele Mitimae wurden angesiedelt. Es gab auch einen Sonnentempel.» Fast alles ist vergangen, aber die *chullpa*, die Steintürme für die Toten, sind geblieben, «denn in dieser Provinz der Colla stellen sie sie in Reihen auf den Feldern auf; sie sind so groß wie Türme, schön erbaut aus zueinander passenden Steinen mit Türen, die sich zur aufgehenden Sonne öffnen».

Die *chullpa* und auch, was von den sonstigen Gebäuden von Hatun-colla geblieben ist, sind größtenteils um Umayo, ein paar Kilometer westlich des Sees, konzentriert. Die Begräbnistürme sind entweder rund oder viereckig; meistens stehen sie auf Hügeln und sind eigentlich eher verstreut als in Reihen beisammen. Stil und Form des Mauerwerks ist so schön wie alles in und um Cuzco; manche Steine sind mit skulptierten Tieren – Eidechsen, Viscachas oder Pumas – verziert. Sie sind präinkaisch und stellen wahrscheinlich einen Ableger oder auch eine Weiterentwicklung der älteren Tiahuanacu-Kultur dar.

Squier, der im Winter 1867 auf sie stieß, war von ihrer Größe und Bauweise fasziniert, und obwohl es schon Zeichnungen von ihnen gab, machte er doch eine ganze Anzahl von Daguerreotypien davon. Eine reich verzierte Stele beeindruckte ihn so, daß er eine Abbildung davon in Blattgold auf den Deckel seines Buches über Peru prägen ließ. Squier meinte, daß «vom Standpunkt der Architektur aus diese *chullpa* zu den bemerkenswertesten Monumenten Amerikas gehören».

Geht man die Straße weiter, so kommt man nach Paucar-colla, das Huamán Poma als königliches Tampu verzeichnet. Nach der Eroberung erhielt es Gómez Mazuela als Lehen. Siebzig Jahre später, nämlich 1613, tritt Vásquez de Espinosa dort zur Zählung seiner Christen auf und vermerkt eine Gesamtzahl von 1003 Tributpflichtigen.

Chucuito, unser nächster Halt, stößt an einen Gebirgskamm, der sich sanft zum Titicacasee hinuntersenkt, und Cieza hielt es fast für die «wichtigste und vollständigste Siedlung in diesem Reich». Vor seiner Eroberung durch Topa Inka im Jahr 1450 war es das Verwaltungszentrum der aimarasprechenden Stämme der Lupaca und überlebte die Eroberung als Verwaltungszentrum der Inka. Überreste des Ica-uyu und des Kurin-uyu, Gebäuden, in denen Beamte wohnten, sind noch vorhanden, und Cieza sprach von den großen Wohnungen dort. Chucuito hatte einen so bedeutenden Ruf, daß es, zusammen mit mehreren Dörfern und Tampu südlich davon, als *repartimiento* dem König von Spanien selbst gegeben wurde.

Die nächsten Tampu an der Königsstraße kamen in Abständen von ungefähr zwanzig Kilometer. Das erste, das man nach Chucuito erreichte, war Ancora, wo es viele *chullpa* gab; dann kamen Llave, Juli – das bemerkenswert ist wegen seiner vier im Mestizo-Stil erbauten Kirchen und der schon 1590 dort aufgestellten Druckpresse –, Pomata und Zepita. Als Cieza durch diese Gegend kam, «war der Gouverneur ein Indianer namens Don Gaspar, der sehr klug und verständig war». Cieza berichtet uns auch, daß «bei Zepita der Desaguadero-Fluß verläuft».

Seinen ursprünglichen Namen weiß niemand sicher. Für die Spanier, die bald bemerkten, daß er der einzige Fluß war, der dem Titicacasee entströmte, wurde er sogleich der Desaguadero, der «Entwässerungsfluß». Der Fluß, der durchgehend fast fünfzig Meter breit und ungefähr zehn Meter tief war, bot keine Furt und wurde deshalb an zwei verschiedenen Stellen mit einer Pontonbrücke aus *balsa* (Erklärung weiter unten) überquert.

Als Hernando Pizarro 1537 hierher kam, um die rebellischen Lusaca «zur Räson» zu bringen, stellte er zu seinem Leidwesen fest, daß die Brücke, die er hätte überschreiten müssen – die andere war achtzig Kilometer entfernt –, flußabwärts abgetrieben worden war. «Viele Männer von Pizarro trieben ihre Pferde in den Fluß; vier von ihnen ertranken, und der eine, der hinüberkam, wurde gefangengenommen und geopfert.» Der Ort war zweifellos strategisch wichtig.

Cieza weiß nichts über die Brücke zu sagen, außer daß «sie dazu benutzt wurde, Zoll von allen, die sie überschritten, zu erheben». Garcilaso de la Vega, der einen großen Teil seines Heimatlandes gesehen haben mußte, bevor er es mit neunzehn Jahren für immer verließ, berichtete, daß «die Brücke ungefähr vier Meter breit, knapp einen Meter hoch [über dem Wasserspiegel] und dreißig Meter lang war. Alle sechs Monate mußte sie völlig erneuert werden.»

Wiederum verdanken wir Squier die einzigen authentischen Illustrationen dieser berühmten Pontonbrücke. Als er 1867 dieses Gebiet erforschte, gab es zwei solche Brücken. Die wichtigere war die von Nasacara, achtzig Kilometer weiter flußabwärts; sie bestand aus zwanzig großen Pontons – Boote aus *balsa*-Holz –, die durch schwere Seile aus geflochtener *cabuya*-Faser festgehalten wurden. Diese Seile gingen durch jedes *balsa* und waren ihrerseits fest an zwei massiven Steintürmen angebunden. Tortoragras, aus denen die Pontons gemacht waren, wurde auch zu deren Füllung verwendet, wodurch ein fortlaufender, fester Gehweg entstand. Die zweite Pontonbrücke, die Squier auch zeichnete, gehörte zur Königsstraße, und zwar dort, «wo der Fluß dem See entströmt».

Es muß hier erwähnt werden, daß das spanische Wort *balsa* einen leichten, schwimmenden Baumstamm bezeichnet, der aus *balsa*-Holz sein kann, aber nicht sein muß. Dieses Material stammt von einem Baum, der in Regengebieten heimisch ist und zur Gattung *Ochroma* gehört. Die vorinkaischen Stämme des hohen Nordens von Peru benutzten es zur Herstellung von Flößen für die Küstenschiffahrt; einem solchen begegnete Bartolomé Ruiz, der Navigator der Konquistadoren auf einer Erkundungsfahrt vor der Eroberung. Die *balsa* für die Herstellung der oben beschriebenen Pontonbrükken wurden jedoch aus Tortoragras angefertigt, das geschnitten, getrocknet und zu zigarrenförmigen Bündeln geformt wurde. Vier solche mit *cabuya*-Faser zusammengebundene Bündel brauchte man, um ein Ponton oder Boot zu bauen, wobei zwei den Rumpf und zwei die Seitenflächen bildeten. Die Indianer bauen heute noch Boote dieses Typs, die je nach der Länge der Bündel gewöhnlich zwischen zwei und drei Meter lang sind; aber es gibt auch gelegentlich Boote von zwölf Meter Länge. Sie sind mit einem einfachen Segel ausgestattet und werden in seichtem Wasser gestakt.

Weiter entlang des Südufers des Titicacasees kommt die Straße durch Huaqui und dann nach Tiahuanacu, das auf der baumlosen Hochebene wenige Kilometer südlich der Südspitze des Sees liegt. Es gibt hier wenig Gras, der Wind weht ständig, und die Temperaturen – besonders nachts und am frühen Morgen – sind extrem tief. Und doch hat hier ein Volk, über das wir nichts wissen, eine gewaltige Zeremonialstadt aufgebaut.

Als Cieza hierher kam – er lieferte die erste und bis zum neunzehnten Jahrhundert beste Beschreibung der Ruinen –, stellte er fest, daß «es keine große Stadt ist. Aber es ist berühmt wegen seiner großen Gebäude. In der Nähe der Wohnhäuser befindet sich ein von Menschenhand angelegter Hügel, der auf großen Steinfundamenten ruht.»

Das war die Acapana, ein riesiger Hügel, eine teilweise künstliche Stufenpyramide, die einst vollständig mit Stein verkleidet war, mit Grundmauern von Häusern und einem großen, steinernen Wasserbehälter. Allem Anschein nach war die Acapana eine Festung wie Sacsahuamán, die als Zuflucht bei Belagerungen diente. Nordwestlich von diesem Bauwerk befindet sich eine größere rechteckige Einheit, die Calasa-soya, die wahrscheinlich eine Tempelumfriedung war; und im Westen liegt ein weiteres großes Gebäude, das allgemein als «Palast» benannt wird.

Wer waren die Bewohner von Tiahuanacu? «Ich fragte die Einheimischen», schrieb Pedro de Cieza während seines Besuches im Jahr 1549, «in Gegenwart von Juan Vargas [berühmt dafür, daß er persönlich Illa Tupac, einen der obersten Generäle Manco Capacs, gefangennahm], der ein *encomienda* dort besitzt, ob diese Gebäude in den Zeiten der Inka errichtet wurden. Sie lachten über meine Frage. Sie seien lange vor den Inka erbaut worden, aber sie könnten nicht sagen, von wem.»

Man ist jetzt allgemein der Ansicht, daß Tiahuanacu nie eine große Bevölkerung aufwies und daß es kein Stadtstaat, sondern – bis zur Ankunft der Inka – ein abgelegener, isolierter Platz war, der von Priestern regiert und von Soldaten unterhalten und verteidigt wurde. Die Wirkung, die Tiahuanacu ausübte, war weitreichend. Muster und bildhauerische Techniken, ähnlich den in der Stadt üblichen findet man am ganzen Titicacasee und nach Norden bis Huari – Viñaque –, das in den Anden bei Vilcas-huamán, rund 700 Kilometer entfernt, liegt. Es ist ein Beweis für Ciezas vortreffliche Beobachtungsgabe, daß er, als er die Ruinen von Huari sah, vermutete, daß «sie nicht inkaisch waren und daß sie, nach dem Grad des Verfalls zu urteilen, dort schon seit langer Zeit gestanden haben müssen». So war also logischerweise Huari entweder eine Kolonie von Tiahuanacu oder doch wenigstens stark von dort beeinflußt.

Was Pedro de Cieza an Tiahuanacu am meisten beeindruckte,

waren «die großen Tore ... kolossale Bauten», von denen das großartigste das berühmte monolithische Sonnentor ist.

Das war das große Tor, dessentwegen Squier 850 Kilometer weit ritt. Er stellte fest, daß es fast genau vier Meter lang, zwei Meter hoch und einen halben Meter stark war, und fotografierte es – «für mich interessant, weil es die erste Fotografie war, die zu machen ich das Glück hatte». In der Mitte des Tores ist der Sonnengott abgebildet; die von seinem Kopf ausgehenden Strahlen enden in Pumaköpfen, und die Stäbe in seinen Händen sind mit Kondorköpfen verziert. Geflügelte Figuren wiederholen sich auf dem ganzen Fries, ein Motiv, das in ganz Peru vorkommt – auf Webereien, Töpferwaren und Metallarbeiten – und das den weinenden Gott darstellt, der zoomorphische Tränen – Pumaköpfe und Kondore – weint.

Bei Tiahuanacu vereinigen sich die beiden Zweige der Königsstraße – Oma-suyu und Hurcos-suyu – wieder, und in derselben Gegend zweigte eine Straße nach La Paz ab, dem alten Chiquiapu, jetzt die Hauptstadt des heutigen Staats Bolivien. Diese Stadt wurde von den Inka wegen der großen Mengen von Gold, die in der Nähe gefunden wurden, hochgeschätzt.

Die Hauptstraße ging jedoch weiter zu den Dörfern und Tampu von Siquisaca, hinter dem sie das von den Stämmen des Titicacasee-Gebiets bewohnte Land verließ und die größere Provinz der Charca, ein stark besiedeltes und von den Inka sehr beliebtes Gebiet betrat. An einem von Huamán Poma «Acontina» genannten Ort teilte sich die Straße wieder; ein Zweig führte direkt nach Osten nach Chuquisaca – später bekannt als La Plata und heute Sucre – und Pocro, einer Stadt, die auch wegen ihrer Silberproduktion berühmt war. Sie gehörte Hernando Pizarro.

Unter den Inka war Chuquisaca ein kleineres Verwaltungszentrum, und erst unter den Spaniern gewann es an Bedeutung. Die neue Stadt wurde als La Plata von Hauptmann Pedro Anzures – «Peransures» – gegründet, der, wie Cieza sagt, ein «alter Konquistador war, sehr beschlagen in der Kriegskunst, weithin geachtet, beliebt und sehr großzügig». Im Bestreben, die Spaltung zwischen Almagro und Pizarro zu verhindern, reiste er 1536 nach Spanien und verschaffte sich königliche Dekrete, die – vergeblich – das Gebiet, das den beiden gehören sollte, definierten. Anzures kämpfte auf der Seite des Siegers in der Schlacht von Las Salinas, nahm an der berühmten Expedition in das Carabaya-Gebiet teil und gründete, nachdem diese gescheitert war, 1538 La Plata.

Chuquisaca war, sagte Cieza, «wegen seines großen Reichtums an Silber sehr berühmt in den Reichen von Peru. Der Boden hat gegenwärtig [1549] einen hohen Preis wegen des Reichtums, der in den Minen von Potosí entdeckt wurde.»

Potosí fiel in die Jurisdiktion von Diego de Almagros Reich «Neu-Toledo», aber die gewaltigen Silbervorkommen in diesem Gebiet wurden erst später entdeckt. «Ein Indianer namens Huanca», berichtete der gelehrte Jesuit José de Acosta, «ging eines Tages aus, um Hirsche zu jagen, und stieß dabei auf gewisse Bäume, die Quinoa genannt werden. Er mußte sich an einem Stamm festhalten, dessen Wurzeln er dabei aus dem Boden riß; sie waren mit Silber aus einer Silberader bedeckt. Er wußte auf Grund seiner Erfahrung als Arbeiter in den Silberminen von Pocro, daß das Silber gut war. Er brachte das Erz nach Pocro und legte es in einen *huayra* [einen primitiven Hochofen, der mit Holzkohle geheizt und durch den ständig wehenden Ostwind zu einer Temperatur von über 1000 Grad Celsius angefacht wurde]. Da er eine Mine von so großem Reichtum und damit sein Glück gefunden hatte, grub er insgeheim noch mehr von diesem Silber aus. Eines Tages wurde er von einem Spanier namens Diego Villaroel dabei ertappt. Fünf reiche Silberadern wurden entdeckt, und die Mine wurde am 21. April 1545 auf ihre beiden Namen eingetragen.»

Potosí kam später unter die Herrschaft von Gonzalo Pizarro, der den Silberreichtum zur Finanzierung seiner Revolte gegen die Krone benutzte. Bis 1560 hatten die Minen für 58 Millionen Peso Silberbarren produziert. 1600 hatte Potosí 160000 Einwohner, mehr als jeder andere Platz in dieser Zeit in Amerika.

Pedro de Soría, der die Arbeiten in den Minen für Pizarro leitete, wurde von Carbajal gedrängt, «sein Möglichstes zu tun, um für Seine Exzellenz [Gonzalo Pizarro], deren Ausgaben anwachsen, Silber zu fördern». Er wischte Sorías Klagen beiseite: «Ich hörte, nicht von irgendeinem schäbigen Soldaten, sondern von vornehmen Edlen, daß Ihr 150000 Peso Gold beiseite schafftet; es wäre also kein schlechter Gedanke, dieses den Soldaten zu geben, die sich, wie Ihr sagt, bei Euch beschwert haben.» In Bedrängnis bat Soría um landwirtschaftliche und Bergbaugeräte und erhielt die Erlaubnis, Hernando Pizarros Haus zu bewohnen und seine Diener zu benutzen. Dieses Verlangen nach Silber verstummte nie. «Schickt mir», schrieb Gonzalo Pizarro, «mit diesen 7000 indianischen Lastenträgern alles Silber, das Ihr auftreiben könnt, auch Hernando Pizarros Anteil. Ich kann nachts nicht schlafen, wenn ich an die vielen denke, denen ich Kleidung und Nahrung stellen muß, und an das, was ich meinen Anhängern schulde.»

Diese Ereignisse fanden 1547 statt. 1549, als Cieza unterwegs war, um diese Provinzen zu besuchen, hatte sich die Situation geändert. Pizarro und Carbajal waren tot, ihr Besitz verwirkt; und Pedro de Hinojosa hatte Pizarros ganzes Vermögen, das ein jährliches Einkommen von 100000 Castellano abwarf, in Besitz genommen. Hinojosa hat bewiesen, daß sich Verrat tatsächlich auszahlen kann. Er war 1534 mit Hernando Pizarro nach Peru gekommen. 1547 befehligte er Gonzalo Pizarros Flotte, aber er ging zu Präsident La Gasca über und nahm 1548 an dem endgültigen Sieg über seinen Freund und Lehnsherrn teil. Und so wurde er mit der Hilfe der Umstände und seines Verrats der Gewinner.

KAPITEL

XII

Eine Straße bis ans Ende der Erde

Hier nehmen wir Abschied von Pedro de Cieza, der berichtet, daß «jenseits dieser Provinz der Charca die Provinz Chile liegt. Nun habe ich Euch über die Königsstraße von Colombia bis Potosí mitgenommen, was nach meiner Schätzung gut 2000 Kilometer sind. Daher will ich jetzt nicht mehr weitergehen.»

Wohl nicht so sehr um Genauigkeit bemüht ist unser Führer für die nächsten 2500 Kilometer. Es war ein Mann von gänzlich anderer Art als Cieza, aus härterem Holz geschnitzt, ein Mann, der eher Geschichte macht als darüber berichtet – nämlich niemand anderer als Diego de Almagro, einer der ersten Teilnehmer an der spanischen Entdeckung und Eroberung von Peru.

1522 schlossen Almagro, Francisco Pizarro und der Priester Fernando de Luque «vor Gott und den Menschen» einen Vertrag, daß sie Peru entdecken und erobern und die Beute aus dem «Königreich des Goldes» gleichmäßig teilen wollten. 1527, nach zwei erfolglosen Expeditionen und nachdem sie Schwierigkeiten bei der Beschaffung von Hilfsgütern erlebt hatten, ging Pizarro jedoch nach Spanien und besorgte sich eine königliche Urkunde, die ihn zum Gouverneur und Generalkapitän von Peru ernannte – obwohl dieses noch nicht erobert war –, Almagro dagegen nur den nachgeordneten Posten eines Hauptmanns von Tumbes, des nördlichsten Hafens von Peru und Ausgangspunktes der Eroberung, übertrug. Außerdem erhielt Almagro den untergeordneteren Auftrag, Männer und Material aufzutreiben und nach Peru zu transportieren, so daß er bei der Ergreifung von Atahualpa nicht zugegen war. So gab es also von Anfang an Streit zwischen Pizarro und Almagro, und dieser wurde immer heftiger, als ihre vereinigten Streitkräfte auf Cuzco vorrückten und es eroberten.

Dort erreichten die Auseinandersetzungen einen Höhepunkt, als Almagro einen kleineren Anteil an der Beute erhielt als Pizarro. Um weitere Streitereien zu verhindern und die Gefahr eines Bürgerkriegs abzuwenden, plante man, Almagro zum Gouverneur aller Gebiete südlich des Territoriums von Pizarro zu machen. Der König gab seine Zustimmung dazu, und die Trennungslinie sollte das reiche Küstental von Chincha, dreizehn Breitengrade südlich des Äquators, sein.

Obwohl die Geographie damals weit von einer exakten Wissenschaft entfernt war, konnte doch die geographische Breite ziemlich genau berechnet werden, und Almagro stellte alsbald fest, daß Cuzco – der hauptsächlichste Streitpunkt – ein klein wenig südlich von Chincha und daher in seinem Gebiet lag. Am 12. Juni 1535 wurde indessen eine neue Vereinbarung getroffen, in der bestimmt wurde, daß die Geographen zur Einholung «neuer Instruktionen» nach Spanien zurückkehren sollten und daß Almagro in der Zwischenzeit aufbrach, um festzustellen, was sein neues Reich zu bieten hatte. So begann also in einer Atmosphäre des Mißtrauens die erste Erforschung der Königsstraße vom Titicacasee «bis zum Ende der Erde».

«Almagro war ein Mann von kleiner Statur», schrieb Pedro de Cieza – der ihn jedoch nicht persönlich gekannt haben kann –, «mit häßlichen, groben Gesichtszügen, aber großem Mut und viel Ausdauer. Er war großzügig, neigte aber zum Prahlen. Da er jedoch seine Ohren überall hatte, war er über das Land und das Volk gut informiert, und die Entdeckung dieser Reiche war großenteils ihm zu verdanken. Er war ein Findelkind und so niedriger Herkunft, daß man von ihm sagen konnte, sein Stammbaum begann und endete mit ihm.» Dieser letzte Satz ist ein wenig übertrieben, da die Namen seiner beiden Eltern bekannt sind – Juan de Montenegro und Elvira Gutiérrez. Er trug aber keinen dieser beiden Namen, sondern nahm den Namen des Dorfes an, in dem er 1479 geboren wurde.

Almagro war ungebildet und einäugig. Wenn der Flecken von der Stelle entfernt wurde, wo sein linkes Auge hätte sein sollen, erschien eine grelle Narbe, die Augenhöhle war leer, und eine gezackte Wunde ging bis zur Stirn. Dieses Auge hatte er durch einen indianischen Pfeil in den frühen Tagen der Suche nach dem «Goldenen Königreich» verloren, und er hatte daher den Spitznamen «der Blinzler». Aber er war eine geborene Führernatur, stand zu seinem Wort und war tapfer und beliebt.

Für Almagro und alle anderen Spanier war Chile weithin unbekannt. Die Indianer, die danach befragt wurden, sagten, es sei ein Land der Wüsten und hohen Gebirge, aber reich an Gold. So war es von Anfang an klar, daß eine sorgfältige Planung unerläßlich war. Almagro beorderte infolgedessen einen seiner Hauptleute nach Lima, um dort drei Schiffe zu beschaffen, auszurüsten und mit Nachschubgütern zu beladen. Mit ihnen sollte er nach Süden segeln und sich schließlich mit der Hauptmacht treffen, obwohl es nicht vorherbestimmt werden konnte, wo und wann.

Inzwischen versammelte Almagro eine Streitmacht von 570 Mann, teils Kavallerie, teils Fußsoldaten. Hernando de Soto, der ungeheuer reich war, bot einen großen Teil seines Vermögens, wenn er den stellvertretenden Oberbefehl erhielte, aber Almagro lehnte ihn zugunsten von Rodrigo Ordóñez ab, eines Juden, der zum Christentum übergetreten war.

Auch der neu eingesetzte Inka Manco Capac wurde um Hilfe gebeten und war gern dazu bereit, da er zweifellos nur zu erfreut darüber war, daß damit so viele lästige Spanier aus dem Weg sein würden. Er wählte 12000 Stammesleute als Lastenträger aus und stellte einen ganzen Zug von Lamas zur Verfügung. Villac-Umu, der höchste Priester des Landes, und Mancos Halbbruder Paullu erhielten den Oberbefehl über die indianische Streitmacht. Paullu, der damals kaum zwanzig Jahre alt war, hatte merkwürdig gegensätzliche Motive. Er nahm Partei für die Spanier gegen sein eigenes Volk, und als Manco sich in die Festungen von Vilcabamba zurückzog, wurde er an seiner Stelle Marionetten-Inka.

Als die Vorbereitungen genügend weit gediehen waren, sandte Almagro hundert berittene Soldaten und Tausende von Indianern in rollendem Einsatz voraus. Diese folgten der Königsstraße südlich des Titicacasees beim Tampu von París. Dort, nicht weit von dem stark salzigen See von Aullaga – jetzt Poopó –, schlug Hauptmann

Juan Saavedra das Lager auf und begann, Vorräte anzulegen. Auf seinen Befehl, den Paullu weitergab, schlachteten die Indianer Lamas und machten *charqui* aus ihrem Fleisch; Mais, Bohnen und Pfeffer wurden in Fünfundzwanzig-Pfund-Säcken gelagert. Mehl wurde aus *chuño* – getrockneten Kartoffeln – hergestellt.

Im August 1535 brach Almagro mit der Hauptmacht von Cuzco auf; er kam rasch vorwärts und vereinigte sich mit der Vorhut in Paría. Zusammen rückten sie weiter nach Süden vor. Trotz der Anwesenheit von Paullu und Villac-Umu stießen sie bald auf Widerstand der Eingeborenen aus der Montaña unterhalb der Provinz der Charca. Diese Indianer kämpften mit Pfeil und Bogen – die nie von den Inka benutzt wurden –, und Almagros Pferd wurde getötet.

In Tupiza am oberen San-Francisco-Fluß – einem Nebenfluß des Rio de la Plata – machte das Heer halt, da Paullu einen Boten und eine Staffel von Indianern abfing, die mit Tributgold aus Chile nach Norden unterwegs waren. Ein Spanier schätzte den Wert des Schatzes auf «90000 Castellano, während andere ihn mit dem dreifachen Betrag bewerteten». «Das Gold war eine Augenweide», erinnerte sich einer, «es wirkte auf die Männer wie die Sporen auf ein Pferd.» Dieses Gold gehörte vermutlich zu dem Lösegeld für Atahualpa, das sich wegen der ungeheuren Entfernung verzögert hatte. Die Spanier waren besonders beeindruckt von einem vierzehn Pfund schweren Goldklumpen, was ihre Hoffnung auf einen Erfolg der Expedition vergrößerte.

Unmittelbar nach diesem Zwischenfall verschwanden Villac-Umu und die Hälfte der Träger, und doch entdeckte Almagro – hauptsächlich, weil Paullu zurückblieb – zunächst keinerlei unheildrohenden Zusammenhang zwischen den beiden Ereignissen. Er geriet jedoch in Zorn, und das spiegelte sich in der Art wider, wie er die Indianer, die geflohen waren, ersetzte. «Alle Eingeborenen», schrieb Cristóbal de Molina, «die nicht freiwillig an der Expedition teilnehmen wollten, wurden in Fesseln und Ketten mitgenommen. Sie wurden nachts eingesperrt und tagsüber beladen und vor Hunger fast sterbend mitgeführt. Wenn Stuten der Spanier Fohlen bekamen, mußten diese Indianer sie in Sänften tragen.»

Cristóbal de Molina – aus Santiago – zum Unterschied von einem

Pater desselben Namens, der aus Cuzco kam – wurde 1491 geboren und reiste viel in Europa, bevor er 1532 in Peru eintraf. Seine Teilnahme an der Expedition gehörte zum üblichen Ritual der Eroberung, denn Krone und Kirche wünschten sich sowohl geistlichen Gewinn wie materiellen Nutzen. Die Spanier betrachteten es als ihre heilige Pflicht, alle Indianer zu ihrer Religion zu bekehren – wenn möglich durch Ermahnung, andernfalls aber durch nackte Gewalt –, und ihr Glaube gehörte ebenso zu ihrem Gepäck wie Pferd und Degen. Bevor Feindseligkeiten eröffnet werden konnten, mußte der amtierende Priester oder ein königlicher Notar das *Reglement* verlesen, das den durch den Papst sanktionierten Anspruch des spanischen Königs auf alle Länder Amerikas feststellte und von den Eingeborenen forderte, ihren Irrglauben abzulegen und zum Christentum überzutreten. Wenn ein Dolmetscher zur Stelle war, wurde das seltsame Dokument übersetzt, wenn nicht, wurde es eben auf Spanisch verlesen, und es blieb den Indianern überlassen, seine Bedeutung auf irgendwelchen unergründlichen Wegen aufzufassen. Wenn sie das *Reglement* annahmen und den Spaniern gestatteten, sich niederzulassen, gab es keine Feindseligkeiten, taten sie es aber nicht, dann waren Blut und Feuer gerechtfertigt.

«Ich begleitete», schrieb Cristóbal de Molina an seinen König, «Almagro bei seinen Entdeckungen in Chile.» Und er wurde einer seiner Geschichtsschreiber. Almagro selbst war Analphabet – was er zugibt; denn ein Dokument vom 2. November 1537 trägt nur Almagros Schnörkel, was bei ihm offiziell als Unterschrift galt. Es war von einem Notar gegengezeichnet: «auf Ersuchen von Almagro, da er sagte, er könne nicht schreiben».

Aber «Analphabetentum» darf man nicht als gleichbedeutend mit Dummheit betrachten; derselbe Pater berichtet uns im Gegenteil, daß «Almagro, da er Eure Majestät von allem unterrichten wollte, einen gewissen Henao aussandte, um alle Straßen aufzuzeichnen, die er betrat und entdeckte, also von Tumbes – in Peru – bei drei Grad südlicher Breite bis zum Fluß Maulé bei fünfunddreißig Grad südlicher Breite, was zu Land 5200 Kilometer weit ist, und ebenso alle Nationen und Stämme mit ihren Kleidungsgebräuchen und Lebensgewohnheiten zu zeichnen – sowie viele andere Dinge». Dieser letzte

Teil des Berichts und Henaos Zeichnungen sind noch nicht wieder aufgetaucht. Es gibt eine bekannte und oft reproduzierte Illustration eines araukanischen Indianers von Chile – die früheste Illustration eines Indianers, der einen Poncho trägt, die in einem Buch erschien, das in den Bibliographien als «Marcgrav» angeführt wird, korrekter aber Georg, Markgraf von Leibstadt, ‹*Historia rerum naturalium Brasiliae . . . et Chilensibus*›, Ludgum 1648, heißen müßte.

Molina beschreibt, wie die eingeborenen Träger den ganzen Tag ohne Ruhepause arbeiteten und nur etwas gerösteten Mais und Wasser zu sich nahmen. «Ein Spanier schloß auf dieser Expedition zwölf Indianer mit einer Kette zusammen und brüstete sich, daß alle zwölf so gestorben seien. Starb ein Indianer, so hieb er ihm den Kopf ab, um den anderen Schrecken einzujagen und es sich zu ersparen, das Vorlegeschloß der Kette aufzumachen.»

Die Spanier hatten Angst. Sie reisten in unbekanntem Land, waren Gefangene des Raums, und der Terror war eine Waffe. Pedro de Cieza versuchte, diesen, äußerlich betrachtet, Grausamkeiten Gerechtigkeit widerfahren zu lassen und bat seine Leser, zu bedenken, «was für unerhörte Mühen und Gefahren eine so kleine Zahl von Spaniern in einem so weiten Gebiet zu bestehen hatte – die kaum glaublichen Zwischenfälle in diesen Kriegen und bei der Entdeckung eines Gebiets von 8000 Kilometer Länge, den Hunger, Durst, Tod und alle Beschwernisse». Dann sein moralisches Urteil: «Ich möchte nicht die Beschäftigung von indianischen Trägern in vernünftigem Ausmaß verurteilen. Aber wenn vier Indianer gebraucht wurden, nahm man ein Dutzend, und es gab viele Spanier, die sich ihre Huren von den armen Indianern in Hängematten tragen ließen. Wollte man die großen Übeltaten aufzählen, so gäbe es kein Ende, denn sie töteten die Indianer, als seien sie nutzlose Tiere. Ich behaupte freilich keineswegs, daß alle Spanier diese Untaten verübten, denn ich sah und weiß von vielen Beispielen guter Behandlung der Indianer.»

So rückten sie, während der Tod umging, nach Jujuy – jetzt in Argentinien – vor, wo die Hauptstraße auf die Seitenstraße nach Tucumán traf. Die Straße, auf der sie ritten, variierte in der Breite zwischen drei und sechs Meter, und man kann sie noch gut sehen, da das Gebüsch, das vor Jahrhunderten beseitigt wurde, sich nicht wieder ausgebreitet hat und die Oberfläche der Straße lediglich der von Natur harte Sandboden der Puna ist. In den üblichen Abständen von 20 bis 25 Kilometern findet man die Überreste von Tampu, von denen viele erst kürzlich von einer Gruppe von argentinischen Archäologen wiederentdeckt wurden. Es war eines der Wunder des inkaischen Verkehrssystems, daß Straßen, Ruheplätze, Brücken und die *topo* als Entfernungsmesser in so isolierten Gegenden erbaut und unterhalten werden konnten.

Auf der Ebene von Chuciana – dem modernen Salta – ruhten sich Almagro und seine Männer aus und warteten, bis der Schnee auf den Pässen schmolz. Im ganzen Frühjahr 1536 bereiteten die Indianer – von denen in den Berichten nur als «Dienststücken» gesprochen wird –, die Vorräte für die nächsten sechs Monate zu, während der Schmied seinen transportablen Amboß aufstellte und Hufeisen aus Kupfer – Eisen gab es nicht – schmiedete. Kupferne Hufeisen waren entbehrlich, Pferde jedoch nicht.

Das Heer setzte sich in Bewegung, als Kundschafter meldeten, daß der Schnee geschmolzen sei. Die Schneeschmelze führte aber zu einem Ansteigen des Flusses Huachipas, und in der folgenden Überschwemmung ertranken viele Indianer.

Arenal, ein breiter Streifen öder Wüste, wurde in sechs mörderischen Tagesmärschen durchquert; an seinem Ende waren kahle Berge zu sehen, zwischen denen ein See eingebettet lag, den die Spanier Laguna Blanca tauften. Die noch deutlich markierte Straße war nicht gepflastert, da die Erde einen Überzug aus Kies, Stein und Sand hatte, der eine genügend harte Oberfläche bot. Die einzige Vegetation hier bestand aus niedrigen, zähen Büschen mit kümmerlichen Blättern, die aus der Ferne als dichter Bestand erschienen, sich aus der Nähe jedoch als in lockerem Abstand stehend erwiesen. Sie waren weder für Menschen noch für Tiere als Nahrung verwertbar. Die Ingenieure der Inka mußten diese Büsche roden, um Platz für die Straße zu schaffen, die immer noch als gerade Linie quer über die Hochebene zu sehen ist.

Die Tampu in dieser trostlosen Gegend waren aus *pirca* – losen Steinen – erbaut, die nach Möglichkeit mit *llanac allpa* – «klebende Erde» – zementiert war. In günstig gelegenen Gebieten waren große und gut angelegte Zentren erbaut worden, von denen manche von den Archäologen ausgegraben wurden. Mumien, inkaisches Schuhzeug, Kopfputz, Webereien, Töpferwaren und Metallarbeiten – aus Kupfer, Bronze, Silber und sogar Gold – sind dort gefunden worden. Außerdem haben Untersuchungen an Ort und Stelle ergeben, daß es keineswegs nur eine Inkastraße in dieser Gegend gab, sondern ein ganzes Netz von Straßen, die kreuz und quer durch die Anden zwischen Argentinien und Chile verliefen. Die Leistung der Inka, ein solches Straßensystem zu bauen, ist historisch gesehen beispiellos, wenn man bedenkt, wie unwirtlich und trostlos diese Gegend ist, aber sie wird nahezu unglaublich, wenn man sich klarmacht, daß die Inka erst 1471 mit der Eroberung dieses Gebiets begannen, also nur fünfundsechzig Jahre, bevor Almagro hierher kam.

Tupac Yupanqui, genannt Topa Inka, wurde 1473 als Inka inthronisiert. Vorher, als er noch General des Heeres war, hatte er Botschaften von Stämmen weit im Süden der Tucma – später Tucumán – in Argentinien empfangen, und diese Stämme wurden dem Inkareich eingegliedert. Nachdem er die Stellung des Inka erlangt hatte, beschloß Topa Inka jedoch, wie Garcilaso de la Vega schrieb, «ein größeres Unternehmen: die Eroberung von Chile». Führer und Kundschafter wurden ausgesandt, die genaue Informationen sammelten und übermittelten. Da Wasser und die Grundnahrungsmittel spärlich waren, rückte das Heer in Staffeln vor: nach einer gewaltsamen Erkundung stießen drei Heere zu je 10000 Mann in die Provinz Cuquimpú – Coquimbo – vor, wo die eigentliche Grenze zu Chile liegt. Die Stammesstaaten von Atacama, damals Copiapó, unterwarfen sich, denn als sie die große Menge von 30000 Mann erblickten, «ergaben sie sich sogleich, worüber sich der Inka freute, der die Tore des Reiches von Chile offen sah». Darauf marschierten die Heere der Inka weiter zum Maulé-Fluß, 330 Kilometer südlich des heutigen Santiago und 35 Breitengrade südlich des Äquators. Nachdem sie dort auf heftigen Widerstand des Stammes der Purumacha stießen, befahl der Inka Halt, und der Maulé-Fluß wurde zur Südgrenze des Inkareichs. Die Herrschaft der Inka in dem neu eroberten Gebiet wurde alsbald gefestigt, und ein leistungsfähiges Kommunikationssystem wurde eingerichtet.

KAPITEL

XIII

Die Atacamawüste fordert ihren Tribut

Um in die Provinz Chile einzumarschieren, mußten Almagro und seine Männer die Anden überschreiten, wozu sie einen Paß benutzten, den sie San Francisco nannten. Die Berge, die sie bei ihrem Aufstieg vor sich sahen, waren zuerst kahl, oberhalb von 4000 Metern jedoch mit Schnee bedeckt. Der hundertzwanzig Kilometer lange Paß zog sich an der Schneegrenze hin, und Hunger und Kälte machten dem erschöpften Heer ständig zu schaffen. Almagro, der erkannte, wie verletzlich seine Truppen in dem beängstigend engen Paß waren, befürchtete einen Hinterhalt, aber eines solchen bedurfte es bei der so feindseligen Natur gar nicht.

In den fünfzig Jahren vor der Ankunft von Diego de Almagro hatten die Inka ein Straßennetz mit den üblichen leistungsfähigen Kommunikationsmitteln – Straßen, Brücken, Chasqui-Systemen und Tampu – eingerichtet und beherrschten es politisch so vollkommen, daß seine Struktur die Bürgerkriege zwischen Atahualpa und Huascar ebenso wie den Schock, der durch die Ankunft der «Bärtigen» ausgelöst wurde, überstand. Jetzt, im Jahre 1536, traten diese selbst auf den Schauplatz.

Hunger, Schnee und Kälte waren die beständige, mißtönige Begleitmusik. Die indianischen Träger hatten leichte Sandalen oder waren barfuß und trugen nur einen wollenen Poncho. Die Spanier waren nicht allzu schwer gekleidet unter ihrem stählernen Panzer, obwohl der König von Spanien Almagro einen Pelzmantel geschickt hatte. Die Pferde waren den eisigen Winden, den Frostnächten und der graslosen Erde schutzlos ausgesetzt.

In dieser Höhe leidet der Mensch an *soroche*; der Sauerstoffman-

Auf einem Plateau oberhalb von Cuzco bauten die Inka im 15. Jahrhundert die Festung von Sacsahuamán. Ihre dreifachen Mauern standen auf Terrassen übereinander. Sie erreichten eine Höhe von 80 und eine Länge von 500 Meter. Hier ist noch das Fundament des ehemaligen turmartigen Zentralgebäudes der Festung zu sehen.

Oben: Eine goldene Totenmaske aus der Chimú-Kultur, die sich heute im Museum «Oro del Peru» in Lima befindet. Die Chimú, deren Reich sich von Paita an der nordperuanischen Küste bis nach Lima erstreckte, waren den Inka, durch die sie um 1480 erobert wurden, in der Metallkunst weit überlegen.

Links: Die Nazca, eines der ältesten Kulturvölker Amerikas, zeichneten sich nicht nur durch eine hochentwickelte Weberei und Keramikkunst aus, sondern auch durch ihre Goldschmiedekunst. Diese Totenmaske ist aus 18karätigem Gold hergestellt und befindet sich heute im Museum in Lima.

Rückseite, oben: Goldenes Opfermesser aus der Chimú-Kultur, das wahrscheinlich nur symbolischen Zwecken diente. Das mit Türkisen besetzte Zeremonialmesser stellt einen unbekannten Menschen oder Gott dar. Unten: Kostbarer, verzierter goldener Brustschmuck aus der Chavín-Kultur.

gel ruft schweres Kopfweh und Schwindel hervor, jene Symptome, die José de Acosta so beschreibt: «Die Luft ist so dünn und durchdringend, daß sie einem in die Gedärme schneidet.» Das blendende Licht der vom Schnee reflektierten Sonne verursachte Schneeblindheit – die Indianer nannten sie *surumpi*, wenn als Nebenwirkung auf der Innenseite des Augenlids scharfe Knötchen entstanden, so daß man das Auge nur unter Schmerzen schließen konnte. Unter diesen widrigen Umständen wurde der Paß überschritten. Die Indianer, die «Dienststücke», starben tausendweise, die Pferde, was den Spaniern als ein noch schmerzlicherer Verlust erschien, zu Hunderten. Diese riesigen Verluste waren nicht einfach eine Übertreibung der Spanier, denn als Juan de Herrada ein paar Monate später Almagros Spuren folgte, waren die toten Indianer so zahlreich, daß ihre gefrorenen Leichname wie sonst die Quadersteine aufgeschichtet waren, um einen Schutz gegen Wind und Schnee zu bieten. Was die toten Pferde anging, so lieferten sie tiefgefroren die Nahrung für die Schar der Kämpfer auf ihrem Weg zu den grünen Weiden von Chile. Der Fall von Jerónimo de Castilla ist typisch. Sein Körper war durch den Frost so steif, daß er eines Abends mit den Schuhen auch seine Zehen ablegte und ihren Verlust erst am anderen Morgen bemerkte.

Diego de Almagro war sich klar darüber, daß sie Hilfe brauchten, suchte die zwanzig besten Pferde aus und brach, vom Inka Paullu begleitet, zur Küste auf, die ungefähr hundertfünfzig Kilometer entfernt war.

Niemand hat darüber berichtet, wie die an der Küste wohnenden Diaguita reagierten, als plötzlich aus der Wüste zwanzig Reiter auftauchten. Die Stammesleute, die am Rand des Gebiets lebten, das an den Copiapó-Fluß grenzt, waren vielleicht zu verblüfft, um überhaupt zu reagieren, und die Spanier zu hungrig, um Befürchtungen zu hegen. Sollte es Zwischenfälle gegeben haben, so mußten sie durch die vermittelnden Worte von Inka Paullu bereinigt worden sein.

Hilfe tat not, und das Wort des Inka war Gesetz, so wurde sie freiwillig geleistet. Eine lange Reihe von Indianern mit Lebensmitteln und Wasser folgte dem Trupp hinauf zum Paß San Francisco.

Almagro überschaute rasch seine strategische Lage. Copiapó, das

Zentrum der an der Küste wohnenden Diaguita, lag 80 Kilometer vom Meer entfernt zu beiden Seiten eines Flusses. Dort wurde intensive Landwirtschaft betrieben – Mais, Bohnen, Spanischer Pfeffer, Kürbis, Jucca und Kartoffeln. Im Süden und Norden war dagegen die Atacamawüste, die trockenste der Welt, wo nie Regen fällt.

Der Stamm, der über die Pässe der hohen Anden hierhergekommen war, war ein Ableger der kulturell weiter entwickelten Diaguita, die im jetzigen oberen andinen Argentinien lebten und berühmt waren als Töpfer und Kunsthandwerker, die massive Kupfer- und Bronzegegenstände herstellten.

Da es nie regnete, waren die Häuser aus luftgetrockneten Lehmziegeln – Adobe – erbaut oder, entlang des Flusses, aus Schilf, das mit *llanac-allpa* – «klebender Erde» – verputzt war. Ihre materiellen Güter waren in den Augen der an Berge von Inkagold und -silber gewöhnten Spanier nichts wert: die Töpferware waren Gebrauchsgegenstände, der Fischfang ergänzte die Stärkekost; sie hatten kupferne Waffen wie Hellebarden und Speere mit Metallspitzen, jedoch weder Gold noch Silber. Jeder Indianer besaß vier bis acht Lamas, die Häuptlinge zwölf bis zwanzig. Die Kost war einfach und eintönig, frischer Mais wurde geröstet oder gekocht; man konnte ihn auch trocknen und mahlen und dann mit Wasser zu einem Teig verarbeiten, der in Asche gebacken wurde. Schmorgerichte aus getrocknetem Fleisch oder Fisch wurden mit Bohnen oder Korn gestreckt und mit sehr scharfem Pfeffer gewürzt. Salz, das aus dem Meer gewonnen wurde, war eine Handelsware. Zweimal am Tag, am Vormittag und bei Einbruch der Dunkelheit, wurden Mahlzeiten eingenommen. Das war auch bei den Spaniern der Brauch gewesen, bevor sie sich das Mittagsmahl angewöhnten: *almuerzo* – Mittagessen – war in Wort und Tat arabisch.

Die Verluste bei der Überquerung der Anden waren entsetzlich: über 5000 Indianer, 170 Pferde und sieben Spanier tot, die letzteren allerdings schon vor dem Übergang über den Paß San Francisco. Aber Almagro wußte, daß drei Schiffe mit Nachschub an der Küste entlangsegelten, drei verschiedene Verstärkungstrupps wurden über Land erwartet, und die Diaguita würden trotz seiner dezimierten Reiterei wenig Widerstand leisten. Er war sich dieser Hoffnungen so sicher, daß er ein Fest anordnete und auf dessen Höhepunkt dreißig Häuptlinge festnehmen ließ. Almagro wollte erfahren, welches Schicksal die drei spanischen Kundschafter, die ohne seine Erlaubnis vorausgegangen waren, erlitten hatten. Es gab Mittel, um sich diese Informationen zu verschaffen. Die Spanier waren, wie zu erwarten war, getötet worden. Auf Grund des Gesetzes der Vergeltung wurden die Häuptlinge nach dem Verhältnis zehn für einen lebendig verbrannt.

Almagro hatte sich seinen Namen gemacht.

Der Marsch nach Süden setzte sich auf der markierten Straße fort, einem Weg, der auf der Standardbreite von siebeneinhalb Meter von Steinen und Vegetation gesäubert war. Das Wasser wurde getragen. Zunächst marschierten sie wegen der intensiven Hitze und der grellen Sonne, die sich in dem mit Salpeter bedeckten Kieselsand spiegelte, bei Nacht, aber dann stellten sie fest, daß die kleinen Rinnsale, die vom Gebirge herabkamen, nachts ausblieben. Vor ein Rätsel gestellt, suchten sie nach einer Lösung. Diese war, daß die Hitze der Sonne die Gletscher zum Schmelzen brachte, so daß dann die kleinen Bäche zu Tal flossen. Bei Sonnenuntergang hörte dieser Vorgang auf. Wer die Wüsten von Peru im Norden kannte, wußte, daß es keinen Regen an der Wüstenküste gab. Der Himmel war oft überzogen, der Regen hing wie unvergossene Tränen in den Wolken, fiel aber nicht. Warum? Sie hatten nicht etwa ein abstraktes Interesse an dieser Frage, denn die Antwort war eine Sache auf Leben oder Tod, wie es auch die Kunst ihres Führers war, voraussagen zu können, wann und wo Wasser gefunden werden konnte.

Außerdem waren die drei von Lima ausgelaufenen Schiffe mit dem lebensnotwendigen Nachschub wegen Gegenwind weit im Verzug. Überall an der 4200 Kilometer langen Wüstenküste wehte der Wind heftig nordwärts. Je nach seiner Stärke behinderte oder begünstigte er die Schiffahrt.

Der Konquistador wußte, daß das Meer sehr kalt und daß die Nordströmung sehr stark war und zwischen drei und sechs Knoten in der Stunde variierte. Verursachte die Strömung den Wind? José de Acosta, der gelehrte Jesuit, der 1590 an diesen Küsten reiste und so große Schwierigkeiten mit dem *soroche* hatte, bezeichnete den Wind als «störend und ungesund. Der Himmel war bewölkt, aber es regnet nie ... ein Naturwunder, daß es nie an der Küste regnet und immer windig ist.»

Auch ohne eine definitive Antwort auf die Frage nach den Ursachen war Almagro als guter Anführer doch in der Lage, seine Männer durch eine furchtbare Hitze am Mittag zu führen und sie während der scharfen Kälte der Nacht ruhen zu lassen, denn in der Wüste setzt die Abkühlung ein, sobald die Sonne untergeht. Als sie hundertfünfzig Kilometer zurückgelegt und das Gebiet der Picunche, des «Nordvolks», erreicht hatten, kamen sie nach Coquimbo. Dort erwartete sie die willkommene Nachricht, daß die *Santiago*, eines der drei Versorgungsschiffe, eingetroffen war.

Schinken, Salzfleisch, Brot, Zwiebeln, Knoblauch, Zucker und Wein, Pferde, Schweine und Rinder, Hufeisen, Sättel, Kleider, neue stählerne Hellebarden von jener Art, deren blattartige, rasiermesserscharfe Schneiden sich verheerend auf das menschliche Fleisch auswirken – das alles machte ihnen große Freude – sowohl gastronomisch wie militärisch.

Coquimbo, das vom Choapa-Fluß bewässert wird, hat eine Bucht und einen natürlichen Hafen, fruchtbare Täler und, wenn Almagro danach gesucht hätte – was er nicht tat –, eines der größten Kupfervorkommen in der südlichen Hemisphäre. Goldene Städte, «ein neues Peru», waren sein Ziel.

Hier hörte Almagro von Gonzalo Calvo. Wer war Gonzalo Calvo? Wie war es möglich, daß ein Spanier allein den ganzen 3400 Kilometer langen Weg herunter von Peru durch eine der trostlosesten Wüsten der Welt und durch Völker zurückgelegt hatte, die verständlicherweise den Spaniern höchst feindselig gesonnen waren, und der dann dort nicht etwa eine einsame Zuflucht, sondern eine Stellung von erheblichem Einfluß bei den Piunche gefunden hatte? Er übernahm die indianische Kleidung, lernte die Sprache, ohne die eigene zu vergessen, hatte Frauen, ein Haus und eine angesehene Stellung. Aber sein langes Haar konnte seine Entstellungen nicht verbergen: beide Ohren waren ihm abgeschnitten worden. Er war, so berichtete er Pater Cristóbal de Molina, auf Befehl von Francisco Pizarro wegen irgendeines Verbrechens verstümmelt worden, und da er diese Entstellung nicht ertragen konnte, floh er nach Chile – auf welche Weise, weiß man nicht.

Der Stamm, mit dem Gonzalo Calvo sein Los teilte, wohnte in dem fruchtbaren Aconcagua-Tal, das von einem Fluß desselben Namens bewässert wird, der dem Schnee der schmelzenden Gletscher auf dem Gipfel des Aconcagua, des höchsten Berges der westlichen Hemisphäre – 6958 Meter – entspringt. Unterhalb von ihm war ein weiterer Paß – der Uspallata –, den die Inka benutzten und über den eine Inkastraße mit Tampu gebaut worden war. Obwohl das Tal großen Reichtum bot, fruchtbare Seitentäler mit subtropischer Temperatur und reiche Mineralquellen – Eisen, Kupfer, Blei, Silber, Gold, Mangan –, konnte doch keiner dieser Bodenschätze in eine unmittelbar verwertbare Beute verwandelt werden.

Das Heer, das nun auf über siebenhundert Mann angewachsen war – denn es waren von Ruy Diaz Verstärkungen herangebracht worden, zu denen auch Almagros fünfzehnjähriger Sohn Diego gehörte –, kam in guter Ordnung weiter nach Süden vorwärts und traf zunächst auf keine Schwierigkeiten.

Dann wurden sie plötzlich angegriffen. Almagro hatte auf eiserne Disziplin geachtet und gestattete seinen Leuten keine Provokationen oder Plünderungen. Gonzalo Calvo und sein Stamm waren ihnen freundlich gesonnen, wieso also der Angriff? Dann bemerkte Almagro, daß der Dolmetscher Felipillo fehlte. Nach intensiver Suche fand man ihn bei einer Anzahl von *Yana-Kona*, indianischen Trägern, die die Absicht hatten, sich aus dem Staub zu machen.

Felipillos richtiger Geburtsname ist zwar nicht überliefert, aber seine persönliche Geschichte ist wohlbekannt. Als Francisco Pizarro 1527 mit seiner kleinen Streitmacht in Tumbes, der großen nördlichsten Küstenstadt der Inka, seinen ersten Kontakt mit Peru hatte, beschloß er, zwei von seiner Truppe, Alonso de Molina und den Negersklaven Ginés zurückzulassen. Sie sollten die Sprache und die Gebräuche des Landes kennenlernen, bis Pizarro zurückkehrte. Umgekehrt nahm Pizarro zwei junge Männer des Stammes der Tumbe mit nach Spanien, von denen einer Felipillo genannt wurde.

Pizarros Ankunft in Spanien mit viel Gold, schönen Webereien aus Vicuñafaser, silbernen Bechern, drei Lamas und zwei Indianern, begleitet von schönen Reden über die Entdeckung des Goldenen Reiches erregte natürlich große Neugier beim Publikum. So wurde Felipillo mit den Lamas, den gefiederten Mänteln und den goldenen Schätzen vorgeführt, um den König zu beeindrucken, von dem Pizarro die Zustimmung zur Kapitulationsurkunde erwartete und auch erhielt. Felipillo schlüpfte aus seinem indianischen Poncho, ließ sich das Haar schneiden, kaufte Pluderhosen und Wildlederschuhe, ein Wams mit Schlitzärmeln, einen leinenen Halskragen und einen kleinen zuckerhutförmigen Hut. In vier Jahren lernte er, Spanisch zu lesen und zu schreiben.

Als Francisco Pizarro 1532, Seele und Körper gewappnet für die Eroberung, nach Tumbes zurückkehrte, war Felipillo Dolmetscher. Der Niedergang seines Heimatlandes deutete auf Veränderungen hin, und er erfuhr, daß es während seiner Abwesenheit, also zwischen 1527 und 1532, einen Bürgerkrieg zwischen Atahualpa und Huascar, den Konkurrenten um die Herrschaft, gegeben habe und daß Atahualpa viele seiner Stammesgenossen, der Tumbe, darunter zweifellos auch Leute von seinem Ayllu, getötet habe. Die Tumbe waren ja erst kürzlich von den Inka – 1465 – unterworfen worden, und das Ketschua, das sie sprachen, war ihrer eigenen Yunga-Sprache aufgepfropft.

Als sie weiter bergan marschierten, merkte Felipillo, daß er nicht mehr im gewohnten Element war. Er kannte das Hochland nicht, sein Ketschua war mangelhaft, und die fünfjährige Abwesenheit hatte seinem Wortschatz nicht gut getan. Felipillo war damals der einzige spanische Dolmetscher. Wegen Atahualpas Behandlung seines Volkes, der Tumbe, war er diesem unversöhnlich feindselig gesonnen und gab Atahualpas Entgegnungen auf die Anklagen der Spanier eine abweichende Nuance. Er nutzte den Vorteil seiner Stellung aus und versuchte, sich einer der Frauen von Atahualpa zu nähern, eine Dreistigkeit, über die der gefangengesetzte Großinka in furchtbare Wut geriet. Nach dem peruanischen Gesetz der Inka hätte ein solches Verbrechen nicht allein durch den Tod des Übeltäters, sondern nur durch den seiner ganzen Familie und Verwandtschaft gesühnt werden können.

Aber es war der Großinka Atahualpa, der erwürgt wurde.

Jetzt, in den Wintermonaten des Jahres 1536, war die Reihe an Felipillo. Er war mit Almagro auf die Reise gesandt worden, da weder der Inka Paullu noch die anderen Spanisch verstanden. Die Stämme an der Küste, die nicht Ketschua sprachen, mußten sich an einen wenden, der sowohl ihre Sprache als auch die der Inka verstand. Seine Worte wurden dann zum Abschluß der dreifachen Kaskade in Spanisch an Almagro weitergegeben.

Eine Drehung an der Daumenschraube brachte alles heraus, was Almagro wissen wollte. Nach einer kurzen Verhandlung wurde Felipillo kurzerhand aufgehängt und begraben.

Nach dieser Unterbrechung durch Verrat und Tod teilte Almagro sein Heer in drei Gruppen. Die eine unter Gomez de Alvarado stieß im Juli 1536 südwärts durch ein dicht bewaldetes und schwach besiedeltes Gebiet fast ohne auf Widerstand zu treffen vor, bis sie den Maulé-Fluß erreichte, wo eine wenig genaue Ablesung des Astrolabiums ergab, daß sie bei 35 Grad südlicher Breite waren.

Hier gab es eine Garnison der Inka. Als die Spanier noch weiter vorrücken wollten, stießen sie auf die kämpferischen Araukaner. Der Widerstand der Araukaner, das Wetter – es regnete und war kalt – und der Mangel an geeigneter Beute veranlaßten Alvarado, endgültig haltzumachen. «Obwohl», wie Pater Cristóbal de Molina schrieb, «deutliche Anzeichen für Bodenschätze vorhanden waren, blieb er nicht. Da das Land nicht von Gold strotzte, war es für ihn wertlos.»

Almagro selbst hatte inzwischen seine Gruppe durch das fruchtbare Land von Aconcagua geführt. Die Spanier durchkämmten das Land wie ein Zug von Wanderameisen, fanden aber keine eindrucksvollen Gebäude und keine Anzeichen für Reichtum, obgleich es Minen gab, in denen gearbeitet wurde, wie der Geschichtsschreiber Oviedo sagte, «ebenso wie wenn die Spanier beteiligt gewesen wären, aber der beste Goldwaschtrog erbrachte kümmerliche zwölf Goldkörner».

Die Enttäuschung war vollkommen. Das Chile der Phantasie war zum Chile der Tatsachen geworden. Almagro hatte ein zweites Peru gesucht, und doch gab es nur eines. Er erkannte nun, daß das Gold, das sie unterwegs in Charcas in Bolivien erhalten hatten, so eindrucksvoll und gleißend es war, nur ein Köder war, um ihn und seine Männer nach Chile und in die Vernichtung zu verleiten. Zuerst glaubte Diego de Almagro, daß diese Täuschung von Francisco Pizarro bewußt angestiftet worden wäre. Der Verdacht war richtig, aber die verdächtigte Person nicht: es war Manco Capac gewesen.

Seine Männer, die ihm, ohne zu klagen, gefolgt waren, verlangten wütend, nach Peru zurückgeführt zu werden, nach Cuzco, von dem sie, ebenso wie Almagro, glaubten, daß es zu seiner Provinz gehörte. «Denn wenn Ihr hier bleibt und sterbt», ermahnten sie Almagro, «dann werdet Ihr Eurem Sohn nichts hinterlassen können als den Namen Don Diego.»

Übersinnliche Wahrnehmung oder auch nur die Fähigkeit des Vorherwissens ist menschlichen Wesen nicht oft verliehen und ganz sicher nicht so diesseitigen Typen wie Diego de Almagro. Denn wenn Peru für ihn nicht eine so überwältigend fixe Idee gewesen wäre, so wären ihm Potosí, die größte Silbermine der Welt, die Zinnminen von Bolivien, die einzigen in der Neuen Welt, die Kupferadern von Chile, die größte Reserve des Kontinents, die Salpeterfelder von Atacama und einige der gesündesten Gegenden auf dem amerikanischen Kontinent zugefallen; außerdem hätte ihm das sein Leben, das seines Sohnes und vieler Anhänger gerettet, aber statt dessen . . .

Statt dessen fiel das Land fünf Jahre später – wenigstens der chilenische Teil – in Pedro de Valdivias Hände. Er wurde, wie man annimmt, 1502 sehr wahrscheinlich im Distrikt La Serena – in der Provinz Estremadura in Südwestspanien – geboren, obwohl vierzehn Dörfer sich um diese Ehre streiten. Sein Vater war ein Hidalgo, seine Mutter jedoch «von sehr edler Herkunft», er nahm also ihren Namen an. In seinen *probanzas de servicios* – Dienstnachweisen –, die er verfaßt hatte, um Belohnungen zu bekommen, behauptete er: «Seit meinem neunzehnten Lebensjahr habe ich in Nacheiferung meiner Vorfahren, die in derselben Waffenlaufbahn beschäftigt waren und es noch sind, als Soldat gedient. Ich diente Seiner Majestät in Italien in der Zeit von Prospero Colonna, war bei der Einnahme von

Mailand beteiligt, diente in Flandern und war mit Seiner Majestät in Valencia, als der König von Frankreich dorthin vorrückte. Ich kam 1535 nach den Indien.»

Er kämpfte 1538 in der Schlacht von Las Salinas, wo die meisten «Männer von Chile», wie man sie nun nannte, getötet wurden und Diego de Almagro in Gefangenschaft geriet. Valdivia beglaubigte das Testament von Almagro. Für seine den Pizarros geleisteten Dienste wurde ihm der große Besitz La Canela gegeben, der Almagros Lehen gewesen wäre, einschließlich einer Silbermine in Porco, deren Adern ihn mit siebenunddreißig Jahren zum reichsten Mann nach den Pizarros in Peru machten.

In seinem Briefwechsel mit seinen Freunden bezweifelte er selbst seinen Verstand, als er sich Hernando Pizarros Erlaubnis, nach Chile zu gehen und das Land zu besiedeln, erbat und erhielt. Es gab noch viele Veteranen von Diego de Almagros Zug, deren von eiternden Wunden verstümmelte Leiber handgreiflich von den Gefahren zeugten. Aber er ging trotzdem.

Fünf Jahre später, im Jahre 1545, richtete er einen langen Brief an «Seine Exzellenz Hernando Pizarro», in dem er aus erster Hand über die ganze Reise und die Besiedelung von Chile berichtete. Da er nie Nachrichten aus Peru erhalten hatte, wußte er nicht, daß «Seine Exzellenz» im September 1545 im Gefängnis La Mota in Medina del Campo saß und den Ausdruck des Unwillens seines Königs erwartete – er kam erst 22 Jahre später wieder heraus.

Valdivia berichtete, daß er Pferde und Waffen im Wert von 15 000 Peso beschafft habe und im Januar 1540 auf den Spuren von Almagros Zug aufgebrochen sei, «ausgerüstet nicht so sehr mit notwendigem Material, als vielmehr mit dem Willen, alle Hindernisse zu überwinden».

Er brauchte elf Monate bis Aconcagua, das Almagro das Tal von Chile genannt hatte, und dort bemühte er sich, den Indianern klarzumachen, daß er gekommen sei, um sich in dem Land niederzulassen und es zu kolonisieren, und daß die Indianer den Christen genauso dienen müßten, wie es die Inka und Kaziken in Cuzco taten. Valdivia ließ Mais, Weizen und Gemüse anpflanzen, und «am 20. Februar 1541 gründete ich eine Stadt, die ich Santiago nannte».

Trotz der Zerschlagung des Inkareiches, des Todes seiner führenden Männer, des Zusammenbruchs seiner Organisation, konnte dennoch Manco Inka, der das neoinkaische Reich in Vilcabamba, hundertfünfzig Kilometer nordöstlich von Machu Picchu in der Montaña, errichtet hatte, Botschaften in das ganze Land, einschließlich Chile, senden. Er befahl den Indianern, Valdivias Niederlassung in Santiago zu zerstören. Das taten sie. «Und sie führten», schrieb Valdivia, «Manco Inkas Anordnungen so getreu aus, daß sie sogar unsere Schafe töteten und die Wolle verbrannten.» Santiago wurde dem Erdboden gleichgemacht. Jedoch mit Hilfe der Yanacona – die die Partei der Spanier ergriffen hatten – bauten sie die erst vor kurzem entstandene Siedlung wieder auf.

«Es war etwas Mais übriggeblieben, den wir glücklicherweise fanden, und diesen säten wir aus. Wir retteten zwei kleine Ferkel und ein Schwein, eine Henne und ein Küken, das war alles. Im ersten Jahr konnten wir zwölf Fanega [ein Fanega = 55 Liter] Weizen ernten.»

Dann brach eine Meuterei aus. Infolge einer Überschneidung von Bewilligungen und Vereinbarungen, Kapitulationen und Verträgen, Privilegien und Rechten, hatten die Krone und der Indienrat Pedro Sancho de la Hoz einen ähnlichen Vertrag über die Besiedelung von Chile gegeben. Zwar war der Vertrag nicht genau umschrieben, aber in so mehrdeutigen Worten abgefaßt, daß Valdivia, da Pedro de la Hoz sich durch seine Heirat sehr gut mit dem Hof stand, es für unklug hielt, sich ihm zu widersetzen.

Aber damit sind wir der Zeit weit vorausgeeilt. Im Oktober 1536 wußte Almagro natürlich nichts von alldem. Er hatte beschlossen, mit seiner Truppe nach Peru zurückzukehren. Aber wie, auf welchem Weg? Niemand von ihnen hatte den Wunsch, über die eisigen, schwindelerregenden Pässe der Anden zurückzumarschieren, und als Alternative lag die Trostlosigkeit der Atacamawüste vor ihnen. Grob gerechnet waren es 2200 Kilometer zurück nach Arequipa, ihrem ersten Bestimmungsort in Peru.

Über Copiapó hinaus wußte niemand Genaues darüber, ob und wo es Wasser gab. Almagro bewies wie gewöhnlich seine Fähigkeiten als Führer. Ruy Diaz, der in den folgenden Monaten bald eine ungemütliche Zeit als Gefangener und Geisel von Manco Inka in Vilcabamba verbringen mußte, erhielt den Befehl über das Schiff *Santiago*. Es beförderte Wasser und Lebensmittel und achtzig Passagiere, obwohl es noch nicht einmal fünfzehn Meter lang war. Seine Aufgabe war, mit dem Landheer Schritt zu halten und außerdem vorauszufahren, um dafür zu sorgen, daß Brunnen in Abständen von einer Tagesreise, also 20 Kilometer, gegraben wurden.

Die Männer wurden zu je sechs in Abständen auf den Weg geschickt. So genügte jedes Wasserloch für die kleine Gruppe, die Pferde und Indianer und füllte sich von selbst wieder, bis die nächste Gruppe eintraf.

So rückten sie vor. Vorbei an der Landspitze der Flamingos, wo in den Salzsümpfen Hunderte von Vögeln nisteten, dann nach Cachinal, wo ein Wasserloch angelegt wurde, über die rötlichen Felszakken von Llano Colorado, dann nach El Pozo, wo ebenfalls ein Wasserloch angelegt wurde.

In Copiapó, dem Tal, in das sie gekommen waren, als sie die Anden überschritten hatten, trafen sie eine weitere Abteilung, die ihnen nachgefolgt war. Juan de Herrada hatte mit seinen achtzig berittenen Männern gerade den Übergang über die Anden hinter sich, wobei sie ebensoviel zu leiden hatten wie Almagro vorher, außer daß sie den Vorteil hatten, das Fleisch der toten Pferde essen zu können, die von der ersten Abteilung zurückgelassen worden waren.

Juan de Herrada hatte offizielle Dokumente aus Spanien bei sich, aus denen hervorging, daß Almagro zwar in der Statthalterschaft über Chile bestätigt wurde, daß aber der verschlagene Hernando Pizarro den Indienrat dazu überredet hatte, das Gebiet von Francisco Pizarro nach Süden um über 340 Kilometer zu erweitern. Dadurch ergab sich endgültig, daß Cuzco in seinem Herrschaftsbereich lag.

Aber alles war davon überschattet, daß ganz Peru sich im Aufstand befand; unter der Führung des jungen Manco Inka wurde Cuzco belagert. Auf nach Peru! Aber auf welchem Weg – durch die Wüste oder über die Kordillere? In einem Gebäude, das sie als Kirche erbaut hatten, wurde die Messe gelesen. Es war das erste Mal, daß Cristóbal de Molina die Gelegenheit hatte, sein göttliches Amt zur Geltung zu bringen – er bat um Gottes Beistand und Führung. Durch Handaufheben nach dem Gottesdienst wurde einstimmig der Weg durch die Wüste gewählt.

An einem Ort namens Botija am fünfundzwanzigsten Breitengrad beschlossen sie, sich landeinwärts zu wenden. Das kalte, windgepeitschte Meer mit donnerndem Wellenschlag war belebt von vielen Vögeln und hallte Tag und Nacht wider vom Gebell der Seelöwen, die hier lebten. Die Indianer der Küste jagten sie wegen ihres Felles und nähten aus diesen große Pontons, die sie aufbliesen und in der Art eines Floßes aneinander befestigten, darüber eine leichte Plattform, auf der einer oder meistens zwei Indianer aufs Meer hinausfuhren, um mit der Harpune, dem Netz oder dem Angelhaken zu fischen.

Bei Botija gruppierten sich Almagros Streitkräfte um und bereiteten sich auf den Angriff auf eine andere Naturgegebenheit vor. Der Felsgrat der Anden lag wie eine ununterbrochene Mauer von 600 Meter Höhe vor ihnen. Um ihn an diesem Ort zu erreichen, mußten sie dreihundert Kilometer einer absoluten Ödnis, in der nur ein einziges Wasserloch (Aguas Blancas) zwischen ihnen und der nächsten Wasserquelle in einer höher gelegenen Gegend vorhanden war, durchqueren.

Hier machte Almagro jene Geste, die ihm seine Anhänger verpflichtete. Er rief sie zusammen und zerriß vor ihnen alle ihre Schuldscheine für die Zurverfügungstellung von Ausrüstung. Über diese Einzelheiten haben manche Begleiter von Almagro berichtet, wenn nämlich diese Veteranen ihre sogenannten Dienstnachweise an die Krone aufsetzten. Einer von ihnen, Diego de Pantoja, erklärte, «ich kehrte mit Almagro durch die Küstenwüste nach Peru zurück», wobei sie viele Länder und Provinzen zwischen Atacama und Arequipa eroberten und befriedeten und an vielen Wüsteneien vorbeikamen.

Die «Männer von Chile» waren über die Treue von Inka Paullu höchst überrascht. Er litt wie alle anderen, ja noch mehr, denn er war in den Anden geboren und aufgewachsen. Allein schon seine Anwesenheit war ihnen eine unschätzbare Hilfe, denn nun lieferten ihnen die lokalen Stämme alles, was sie an Wasser, Nahrungsmitteln und sonstiger Hilfe brauchten. Auf ihrem schrecklichen Zug durch die Atacamawüste waren es die Männer des Inka Paullu, die die Expedition führten, Brunnen gruben und reinigten, bevor das nächste Kontingent eintraf. Ohne diese Hilfe hätte Almagro niemals diese achtzehn Monate überlebt. Ein Konquistador schrieb 1540, daß Inka Paullu «ihnen, wenn er es gewollt hätte, schweren Schaden hätte zufügen können, denn er kennt sich im Waffenhandwerk gut aus, und sehr viele Männer hörten auf seinen Befehl».

Schließlich erreichte die Expedition die ungefähr hundert Kilometer lange Salar de Atacama, eine hochgelegene Wüste mit einem großen Salzsee. Um den See herum lagen in einer Höhe von 2300 Meter kleine, eng gebaute Dörfer von Indianern, die die Spanier ganz allgemein Atacameño nannten. Sie sprachen eine Kunsa genannte Sprache, die sehr verschieden sowohl vom Aimara von Bolivien wie auch vom Ketschua von Peru war. Sie hatten Lama- und Alpakaherden, von denen sie realistische Felszeichnungen hinterlassen haben, und bebauten den Boden, indem sie Ausflüsse der Gletscher hoch droben im Gebirge einfaßten, um Wasser zur Bewässerung zu erhalten und dadurch die Anbauflächen zu vergrößern. Sie hatten auch Verbindung zum Meer, an das sie gelangten, wenn sie dem vom Loa-Fluß geschaffenen Tal – das bei Calamar eine Oase in der Wüste bildete – hinunter nach Cobija folgten, wo die Küstenindianer Flotten von Booten aus aufgeblasenen Seehundsfellen hatten.

Die Atacameño waren die Mittelsleute der ganzen Region, indem sie Waren aus den Bergen – Kupfer- und Bronzewerkzeuge, Alpakawolle, gegerbtes Lamaleder und verschiedene andine Lebensmittel – gegen Fisch, Schalentiere, Seetang, Seehundleder, Walfischbein und anderes aus dem unerschöpflichen Meer einhandelten. Sowohl die Küsten- wie auch die Bergbewohner erhielten, was sie brauchten, und die Atacameño hatten ihren Gewinn an dem Geschäft.

Die Spanier fanden nichts, was sie plündern konnten: wenig Gold, etwas Kupfer, gewöhnliche Töpferware, große Mengen kunstvoll geschnitzter Holzgegenstände, aber nichts, was ihre Raffgier hätte erregen können. Die Lebensweise der Atacameño illustrierte eine

Überlebensformel: Wenn man schutzlos ist, ist es am besten, arm zu sein.

Die Atacameño waren erst vor kurzem – etwa 1460 – unter das Joch der Inka gekommen, das nicht schwer auf ihnen lastete. Die Straßen, die sie für die Inka bauten, sind noch zu sehen: drei Meter breit, ungepflastert, mit den üblichen Rastplätzen. Am Nordende des brackigen Sees traf eine durch die hohen bolivianischen Gebirge führende Straße auf die genau nach Norden durch die Wüste verlaufende Straße. Auf Anraten von Paullu beschloß Almagro, auf der Wüstenstraße weiterzumarschieren, weil man ihm gesagt hatte, das sei der schnellste Weg nach Cuzco. Auf dieser Straße kam das Heer an dem hohen, aktiven Vulkan von Atacama vorbei, machte eine Ruhepause an dem Süßwassersee von Chiu-chiu und rückte dann 340 Kilometer weit über die hohe, unbewohnte Öde nach Tarapacá vor. Hundert Kilometer vom Meer und nicht ganz 600 Meter über dem Meeresspiegel liegt das Tal von Tarapacá, wasserarm und extremen Temperaturen unterworfen. Der Boden macht hier einen absolut unfruchtbaren Eindruck, aber dort, wo er bewässert ist und mit Guano – den stickstoffreichen Exkrementen der Meeresvögel – gedüngt wird, gedeiht der Ackerbau. «Dieser Guano», schrieb Pedro de Cieza, «wird auf den vor der Küste liegenden Vogelinseln gesammelt. Die Eingeborenen fahren auf ihren Flößen aus aufgeblasenen Seehundsfellen hinüber und bringen den Guano, der den Boden bedeutend verbessert und den Ertrag vermehrt, auch wenn der Boden vorher kahl und öde war.»

Hundertfünfzig Kilometer eines Geländes von ungefähr derselben Beschaffenheit trennten Almagros Heer von Tacna, und wenn auch in den Briefen der «Männer von Chile» immer wieder die Klage über die Wasserarmut laut wurde, kam doch schließlich das Gebiet der *puquio* in Sicht. *Puquio* waren gewaltige künstliche unterirdische Wasserreservoire – ähnlich den römischen Zisternen. Sie lagen an Wasserläufen, und das Wasser wurde aus den seltenen Regenfällen oder tröpfelnden Rinnsalen gesammelt und zurückgehalten. Tacna war eine Oase, wenige Kilometer vom Meer entfernt, und hatte «eine große Bevölkerung von Indios, und über das Gelände waren große Gräber für die Toten verstreut», für die sich die «Männer von Chile» in diesem Augenblick freilich nicht interessierten. Da sie jetzt auf einer gutorganisierten Inkastraße marschierten, die siebeneinhalb Meter breit und oft von Steinmauern gesäumt war, gab es «in diesen Tälern Tambo-Wohnungen und Lagerhäuser wie in anderen Ebenen und Sandwüsten». Die Inkastraße ging nach Norden zum Moquegua-Fluß, und das Heer kam auf allmählich ansteigendem Gelände in Sicht des hohen Tales der Vulkane. Einer von diesen, der schneebedeckte El Misti, stieß gerade Rauch und Asche aus.

Viele Flüsse mußten überquert werden. Kurz bevor sie Arequipa, ihr so lange verfolgtes Ziel erreichten, verlor Almagro seinen ersten Soldaten: der Tod durch Ertrinken ereilte den siebenundzwanzigjährigen Francisco de Valdés, den Sohn von Gonzalo Fernández de Oviedo y Valdés, des königlichen Historiographen der Indien.

Oviedo, wie er in Bibliographien meistens genannt wird, erscheint immer wieder in der bunten Geschichte der Königsstraße. Von edlem Geschlecht, wie der Name vermuten läßt, wurde Oviedo 1478 in Madrid geboren, diente, wie es üblich war, in Spanien und Neapel und ging 1513 nach Amerika, wo er in Panama ein öffentliches Amt bekleidete. Danach kam er nach Santo Domingo, der Insel, die das Nervenzentrum Amerikas war. Hier legten alle Schiffe aus Spanien zuerst an; hier bekamen alle Schiffe auf dem Heimweg nach Spanien die Ausfahrterlaubnis. Oviedo wurde zum königlichen Historiographen bestellt und verbrachte daraufhin vierunddreißig seiner langen 79 Lebensjahre in Amerika. Jeder Soldat, Hauptmann oder Gouverneur wurde von ihm ausgefragt, und so erhielt er aus erster Hand Informationen über alle Entdeckungen. Francisco Pizarro schilderte ihm 1527 auf seinem Heimweg nach Spanien nach dem ersten Kontakt mit Peru seine Eindrücke; Hernando Pizarro schrieb und erzählte ihm sechs Jahre später von der Eroberung Perus. Seine *‹Historia de los Indias›* ist der bedeutendste zeitgenössische Bericht über die Öffnung oder den Epilog – je nach dem ethnischen Standpunkt – Amerikas. Weil ihm so viel daran lag, einen Bericht aus erster Hand über die neuen Länder von Chile zu erhalten, empfahl er seinem Sohn Francisco, Almagro zu begleiten.

«Er war», schrieb William Prescott, «zugleich ein Mann der Wissenschaft und ein Weltmann. Seine Wißbegierde war unermüdlich und erstreckte sich auf alle Gebiete. Er war zugleich Amerikas Plinius und Tacitus. Seine Werke sind voll von Charakterbildern, skizziert mit leichter Feder und lebensvoll, seine Reflexionen sind reizvoll und haben mitunter eine philosophische Note. Sie sind belebt von einer Vielzahl persönlicher Anekdoten, die treffende Einsichten in die Charaktere der verschiedenen Parteien vermitteln.» Oviedo ist der hauptsächlichste Historiker der großen Expedition von Almagro nach Chile, aber als er vom Tod seines Sohnes bei der Flußüberschreitung in der Nähe von Arequipa berichtet, läßt er plötzlich eine persönliche Note einfließen. «Auf ihrem Weg überschritten sie einen so tiefen und wilden Fluß, daß es ein Wunder war, daß ihn die Männer nicht zum Opfer fielen. Aber hier ertrank der unglückliche Francisco de Valdés.

Er war der Sohn von Kapitän Gonzalo Fernández de Oviedo y Valdés, des Chronisten dieser Geschichte. Sein Tod bedeutet, daß ich nun inniger mit anderen – den ‹Männern von Chile› – fühlen und trauern und noch enger an diesen Abenteuern teilnehmen kann.» Kaum hatte er von dem Tod seines Sohnes erfahren, als die Nachricht vom Tod seines fünf Jahre alten Enkels eintraf. «Ich bin zwar ein Mann der Vernunft, aber mein Verlust macht mich wirklich traurig.»

In Arequipa, das im Jahr vorher von Francisco Pizarro gegründet worden war, wurden sie von der Handvoll Spanier willkommen geheißen, die in dieser wundervoll gelegenen Stadt bereits Wurzel geschlagen hatten. Wenig über 2000 Meter hoch, nur 80 Kilometer vom Meer und einem guten Hafen – Mollendo – entfernt, warm am Tag, kühl, ja kalt in der Nacht, war die Stadt von den Inka gut organisiert worden. Großzügig bebaut und vom Wasser der Gebirgsbäche bewässert, war bis zu Almagros Ankunft das einzige Problem die vulkanische Tätigkeit von El Misti, der sich, dem Fujiyama ähnlich, als vollkommener Kegel bis zu einer Höhe von 5800 Meter erhob. Sein Gipfel war immer von Schnee bedeckt, auch wenn er Flammen, Rauch und Asche ausspie.

Diego de Almagro wollte nicht ausruhen. Die ganze 5000 Kilometer lange schreckliche Reise durch die Anden und die Wüste hatte offenbar seinen jetzt über sechzig Jahre alten Körper in keiner Weise physisch beeinträchtigt. Aber die Zeit drängte, so daß Almagro die kürzeste Route nach Cuzco einschlagen mußte. Es war auch die gefürchtetste. Von dem Augenblick an, wo die Vorhut von Almagros Heer Arequipa verließ, begann die Inkastraße anzusteigen.

In gerader Fluglinie ist es über dreihundert Kilometer weit bis zur ersten Station Quiquijahna auf der Königsstraße, aber eine Straße, die Berggipfel ersteigt, muß sich anpassen, und Anpassung vermehrt Stunden und Entfernungen einer Reise. Die Straße verlief nie unterhalb von 4200 Meter Höhe. Hier herrschen Dauerfrost, Schnee, Wind und eine Kälte, die Pelze, Kleider, Felle bis ins Mark der Knochen hinein durchdringt. In Hatuncana, auf halbem Wege ungefähr zehn Reisetage entfernt, gibt es Überreste von Tampu und von Apacheta, jenen Steinhaufen, auf die reisende Indianer einen Sühnestein warfen, der die Last leichter machen oder den Reisenden beschützen sollte. Der Apurimac-Fluß hat hier seinen Ursprung.

Der «Reiseführer» – *Ordenanzas* – für die Inkastraßen und Tampu mit einer Liste der Spanier, die sie 1543 als Lehen besaßen, nennt die Straße «die Straße, die zur Stadt Arequipa führt. Man geht von Quiquijahna – an der Königsstraße – nach Pomacancha, das an einem See liegt, dann zum Tampu von Yanaoca, dessen Indianer Juan Figueroa gehören, und dann nach Cora, das ihm auch gehört.»

Danach schließt sich wieder Wüste an, bis die Straße Hatuncana und schließlich Arequipa erreicht. Der «Reiseführer» warnt, daß das Land «sehr kalt und sehr arm» ist, es besteht großer Mangel an Nahrung, und es gibt kein Holz. Das ist die Inkastraße, die Querstraße, die Almagro einschlug und ebenso ein paar Jahre später ein anderer scheinbar nicht alternder *picaro*, nämlich Francisco de Carbajal, der am 22. Januar 1547 an seinen Lehnsherrn Gonzalo Pizarro schrieb: «Ich habe die Absicht, direkt nach Yanaoca, Quiquijahna und Urcos auf dem Weg nach Cuzco aufzubrechen.»

Diego de Almagro verschwand also in die Öde von Hatuncana. Und nach einem weiteren Jahr in die Vergessenheit. Am 25. April 1538 starben, wie Cieza de León in seiner ‹*Schlacht von Las Salinas*› berichtete, viele der «Männer von Chile». Diego de Almagro, müde vom Alter, wurde von Hernando Pizarro «als Unruhestifter in diesem Reich» rechtsgültig dazu verurteilt, zuerst mit dem Halseisen erdrosselt und dann «zum Galgen gebracht zu werden, wo ihm der Kopf abgehauen und dann sein Leichnam in das Haus von Ponce de León gebracht wurde, in dem er in ein Leichentuch gelegt wurde».

KAPITEL

XIV

Auf den Küstenstraßen, der Route des Seetangs

Wenn der Reisende auf der inkaischen Küstenstraße auf seinem Weg nach Nordwesten Arequipa verläßt, stellt er eine jähe Veränderung der Landschaft fest: lebhaft grüne Felder weichen verbrannter, unbewohnbarer Wüste. Daran erkennt er, daß er nun Conti-suyu, die Westprovinz des Inkareiches betritt.

Dieses Gebiet umfaßt, sagt ein Chronist, «die Gegenden und Provinzen am südlichen Meer [dem Pazifik] und viele der des Hochlandes». Die Küstenregionen – ungefähr entsprechend der Küste des heutigen Peru – sind Wüste, die ungefähr alle fünfzig Kilometer von fruchtbaren Flußtälern unterbrochen ist. Nur eine kleine Strecke landeinwärts erhebt sich das Land jäh zu den Anden, und der größte Teil des Hochlandes zwischen der Küste und Cuzco kam unter die Jurisdiktion von Conti-suyu, wenn auch die Grenzen dieser Provinz ungewiß sind. Sicher ist jedoch, daß dieses gebirgige Gebiet dünn besiedelt und hauptsächlich von den kriegerischen Stämmen der Sora und Rucana bewohnt war.

Die Lebensweise der andinen Völker war natürlich völlig verschieden von der der Stammesleute an der Küste. Aber seit den frühesten Zeiten trieben die beiden Gruppen Handel miteinander und befriedigten gegenseitig ihre Bedürfnisse. Die Küstenvölker benötigten eine ständige Zulieferung von Lamazuchttieren, denn das Lama hatte sich zwar mit Erfolg an das Klima der Küste gewöhnt, war aber in der Wüste schlecht zu züchten. Alpakawolle, die hauptsächlich für Webereien verwendet wurde, brauchte man für Decken, um die nächtliche Kälte abzuhalten, und da das Alpaka nur in den höchsten Höhen zu Hause ist und sich nicht an das Klima der Küste gewöhnen kann, mußte seine Wolle importiert werden. Das gleiche galt für die Vicuñawolle, die besonders hochgeschätzt wurde, und für Kupfer, Gold und Silber, da Metallvorkommen an der Küste selten waren. Im Austausch versorgten die Küstenstämme die Bergstämme mit Mais, Kartoffeln, Jucca, Pfeffer, Erdnüssen, Süßkartoffeln und den Früchten anderer Pflanzen, die nur in einem warmen Klima gediehen. Salz, das auch an der Küste gewonnen wurde, war für die andinen Stämme lebenswichtig, da ihre Kost auf Getreide beruhte, und Getreideesser Salz brauchen. Außerdem handelten die Küstenvölker mit der *potuto* – der großen Schale der Seeschneckenmuschel *Spondylus princeps*, die, wenn sie mit einem Loch durchbohrt und darauf geblasen wurde, einen starken, eindrucksvollen Klang erzeugte, den die Indianer benutzten, «um die Götter des Himmels herunterzurufen».

Bevor das ganze Gebiet unter die Herrschaft der Inka geriet, kam es gelegentlich zu territorialen Auseinandersetzungen unter den Küsten- und Gebirgsvölkern, aber die klimatischen Unterschiede waren für beide zu groß, um das Gebiet des anderen für längere Zeit zu besetzen. Erst mit der Ankunft der Inka versuchte ein Bergvolk, eine vollständige Besetzung der Küste durchzuführen.

Nach Garcilaso de la Vega, der die Information aus mündlich überlieferten Erinnerungen seiner inkaischen Vorfahren bezog, war es der vierte Inka, Mayta Capac, der sich zuerst für den Erwerb der vielen reichen Länder interessierte, die westlich von Cuzco in der Provinz Conti-suyu lagen. Da Mayta Capac ungefähr um das Jahr 1300 auf der Höhe seiner Macht stand, würde das den Beginn der Eroberung um etwa anderthalb Jahrhunderte gegenüber der bisherigen Annahme vorverlegen. Garcilaso betont auch, daß der Inka, um das Volk von Conti-suyu zu erreichen, gezwungen war, den Oberlauf des Apurimac-Flusses auf einer Brücke zu überqueren, «die die erste ihrer Art in der Geschichte der Inka war». Diese Brücke, deren Fundamente noch zu sehen sind, müßte die bei Accha sein und wäre dann fünfzig Jahre vor der Huaca-chaca erbaut worden, wenn man dieser Chronologie glauben darf.

Die Gebirgsregionen, auf die der Inka zuerst seine Aufmerksamkeit richtete, waren von den Sora und Rucana, kleinen, aber robust

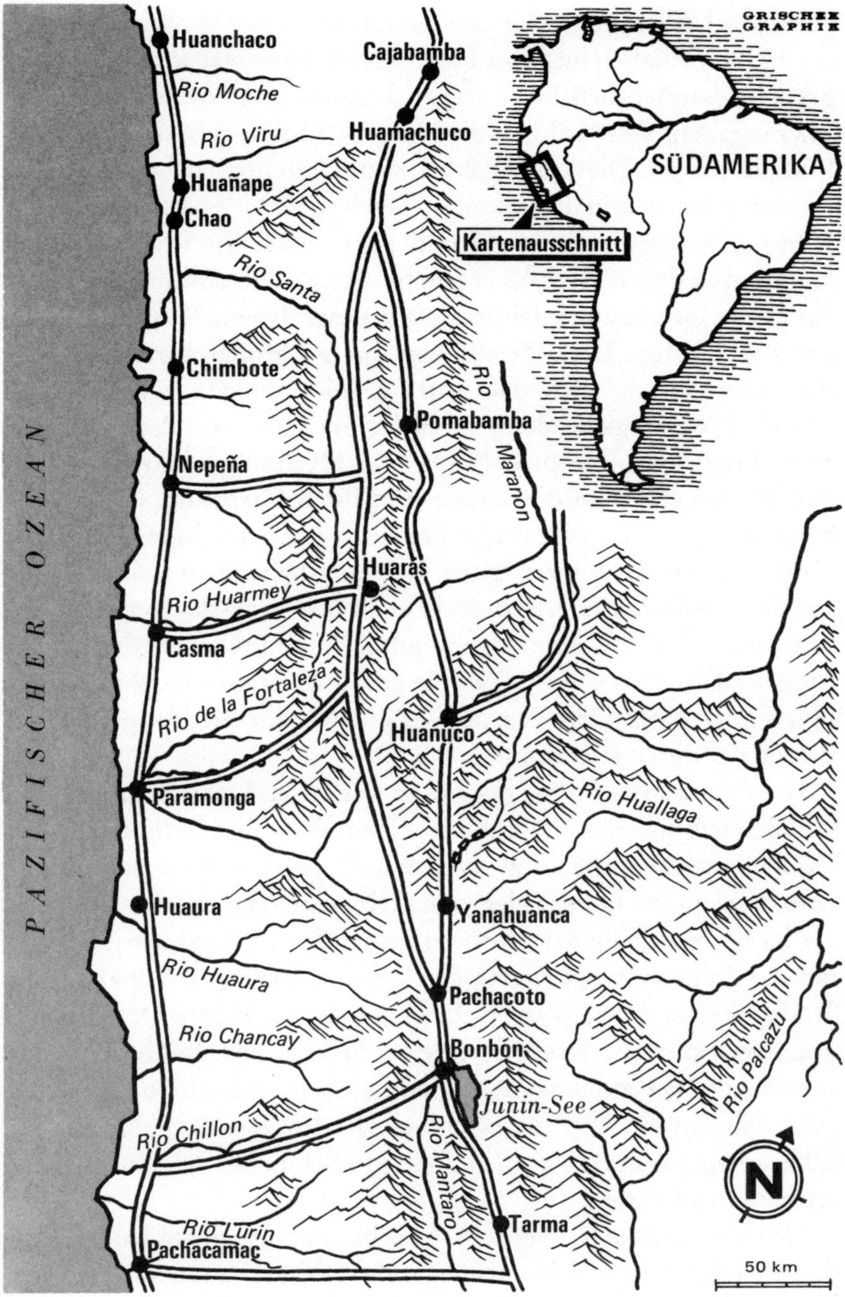

Die Conti-suyu-Straßen von Pachacamac nach Huanchaco.

gebauten Leuten, bewohnt, die die Unbilden der Witterung in großer Höhe aushalten und eine Last, die so schwer war wie ihr Körpergewicht, beträchtlich lange tragen konnten. Als sie sich 1400 den Inka ergaben, wurde ihnen die Aufgabe übertragen, die Sänfte des Inka zu tragen. Diese blaugekleideten Sänftenträger behielten ihre Funktion bis weit in die koloniale Zeit hinein.

In der Zeit zwischen 1438 und 1471 wurde die Eroberung von Conti-suyu durch die Inka abgeschlossen und das Straßennetz über das ganze Gebiet ausgedehnt. 1463 war der direkte Weg von Cuzco zur Küste offen. Diese Straße kam nie zu großer wirtschaftlicher Bedeutung – wie auch das ganze Gebiet; sie war vielmehr von religiöser Wichtigkeit, denn an ihr lag die Stätte von Pacarictambo, dem «Ursprungs-Tampu». Nach ihrer Mythologie hatten die Inka hier im Anschluß an die Große Flut ihren Ursprung. Conti-suyu hatte auch einige strategische Bedeutung, da der Inka Pachacutic Hilfe von den Bewohnern dieses Gebiets erhalten hatte, als er Cuzco vor den Chanca rettete. Man weiß nicht sicher, wo das Verwaltungszentrum von Conti-suyu lag, wenn auch die Inka nach der Eroberung der Küste im Cañete-Tal eine gewaltige Stadt – so groß, daß sie «Neu-Cuzco» genannt wurde – gründeten, die die Hauptstadt der Provinz gewesen sein kann.

Die Conti-suyu-Straße begann in Cuzco und ging zunächst zum Chunchul-Fluß, den sie auf der Chaquil-chaca überquerte – der «Seetangbrücke», die so genannt wurde, weil über sie der Seetang vom Meer in die höher gelegenen Gebiete transportiert wurde, und verlief dann entlang der Nordflanke des Berges Anahuarque. Etwa um das Jahr 1300 erweiterte der fünfte Inka Capac Yupanqui die Straße über die erste Wasserscheide hinaus, vorbei am Dorf Yuarisque. Dort stieg die Straße in eine Schlucht hinab, überbrückte den schmalen Cusibambamayu und kam nach Pacarictambo und damit ganz nahe an die Apurimac-Schlucht heran. 1350 beherrschten die Inka einen genügend großen Teil der Schlucht, um eine Brücke errichten zu können.

Nachdem sie die Barriere des Apurimac überwunden hatten, stießen die Inka, wie ein Chronist sagt, «in die Conti-suyu-Provinz vor, wo es einen Ort namens Pomatambo gibt – auf halbem Weg zwischen Cuzco und dem Meer. Dort schlugen sie eine Reihe von Schlachten mit den kriegerischen Stämmen der Sora und Rucana, aus denen die Inka siegreich hervorgingen.» 1450 oder etwas davor waren die Heere der Inka bis zu dem großen, flachen See von Parinacochas vorgedrungen, der in einer Höhe von 3700 Meter liegt und gleich weit – 180 Kilometer – von Cuzco wie von der Küste entfernt ist. Der See ist von Ruinen umgeben, von denen Incahuasi, das an den Erfolg der inkaischen Eroberung erinnert, die bedeutendste ist. Um 1450 hatten die Inka die Herrschaft über alles Land zwischen Cuzco und Chala, dem an der Küste gelegenen Endpunkt der Conti-suyu-Straße, gewonnen, und von hier dehnten sie die Kontrolle über die ganze Wüstenprovinz aus.

Westlich von Arequipa und 300 Kilometer östlich von Chala liegen die Pampas von Vitor, ein trockenes, ödes Gebiet in einer Höhe von 1500 Meter und spärlich bedeckt mit robusten xerophytischen Pflanzen. Der Boden ist hier hart und steinig und bot ein natürliches Bett für die Küstenstraße der Inka, die sich durch die Gegend zog. Das erste Tampu außerhalb von Arequipa war das von Vitor, das am oberen Sihuas-Fluß 80 Kilometer von der Küste und zwanzig Kilometer vom nächsten Tampu Sihuas erbaut war. Diese beiden Tampu waren Miguel Cornejo als *encomienda* zugeteilt worden, der einen Anteil an Atahualpas Lösegeld bekommen und sich nach seiner Ankunft in Peru mit Francisco de Carbajal angefreundet hatte. Trotz des im allgemeinen unwirtlichen Geländes wurde in manchen Gegenden Wein auf den umfangreichen Ablagerungen von vulkanischer Asche angebaut.

Von Sihuas aus verlief die Straße auf ihrem Weg zum Meer im Tal des Flusses desselben Namens. Zwar ist der Abhang zum Meer hier nur sanft geneigt, aber als Ganzes hat das Gebiet einen überaus unruhigen Charakter. Die nahegelegenen Vulkane, von denen noch manche aktiv waren, haben gewaltige Risse verursacht und die Pampa in tiefe, querverlaufende Täler aufgerissen. Der fruchtbare Boden beschränkt sich auf schmale Streifen entlang der Flüsse, zwischen denen Ausfläufer des zerfurchten Landes in das Meer hineinragen. In jedem Tal wohnte ein von den anderen verschiedener Stamm, der zwar mit seinen Nachbarn durch eine gleichartige Landwirtschaft verbunden, aber von ihnen durch den Raum und oft auch durch Verschiedenheiten der Sprache getrennt war. Die Königsstraße vereinigte alle diese Täler.

Auf ihrem Weg zum Meer kreuzte die Straße das Tal des Majes-Flusses, der von den Gletschern des Nudo de Coropuna gespeist wird und dessen Oberlauf als Colca bekannt ist. Dort fanden Robert Shippee und sein Fotograf Leutnant Johnson zwischen drei- und sechstausend Meter hohen vulkanischen Gipfeln ein «vergessenes Tal von Peru».

Pater Antonio Vásquez de Espinosa, der im frühen siebzehnten Jahrhundert in Peru weit herumreiste und Gefahren trotzte, die andere Spanier möglichst mieden, berichtete, daß das Tal zur Provinz Collaguas – bewohnt von den Colca – gehörte und «dicht besiedelt mit vielen Dörfern war und eine gute Verwaltung hatte». Aber niemand folgte diesem Hinweis, bis 1931 die Shippee-Johnson-Expedition das Tal aus der Luft filmte und feststellte, daß es ausgiebig bebaut war und weite, flache Landstriche, ein Straßennetz und die ausgedehntesten Anbauterrassen in den ganzen Anden hatte. Viele Straßen und Terrassen waren mit unglaublichem technischen Geschick an den Flanken überaus steiler Klippen erbaut worden, und manche Terrassen waren bis zu den Kraterrändern jetzt erloschener Vulkane hinauf vorgeschoben worden.

Philip Ainsworth Means, einer der hervorragendsten Archäologiehistoriker, nahm das zum Anlaß, eine gründliche Erforschung der Colca durchzuführen. Er stellte fest, daß sie mit den Sora und Rucana verwandt waren und glaubten, daß sie von den Vulkanen abstammten, die so oft ihre Existenz vernichteten. Aus diesem Glauben heraus war es bei ihnen Brauch, die Köpfe ihrer Kinder so einzubinden, daß sie kegelförmig wie ein Vulkan aussahen. Ihr Gebiet war reich und enthielt Silberminen, Salzablagerungen und viele heiße Quellen. Da der Colca-Fluß zu tief lag, um für die Bewässerung angezapft werden zu können, legten sie Rohrleitungen, um das Schmelzwasser von den Gletschern zu sammeln. Sie tauschten ihr Salz über Mittelsmänner in Cuzco gegen Kokablätter und getrocknetes Lamafleisch ein.

Nach dem Eintritt in das Majes-Tal ging die Königsstraße nach

Camaná, einem der fruchtbarsten Orte an der Küste, weiter. Dort ergießt sich der Majes in das Meer – nicht ohne Schwierigkeiten, denn eine hohe Brandung behindert seinen Ausfluß, und das umliegende Land ist niedrig und sumpfig. Das Tampu von Camaná war ursprünglich direkt am Meer erbaut worden, aber nach einem Erdbeben im Jahr 1599 wurde es weiter landeinwärts neu errichtet. Camaná ist seit langer Zeit berühmt für seine Süßwassergarnelen, die so groß wie kleine Hummer sind. Die Häuser des Gebiets sind insofern ungewöhnlich, als sie aus Flechtwerk aus Schilfrohr erbaut sind, das ganz mit grauem Lehm verputzt ist.

Das nächste Tampu an der Küste war Uncona, das gleichfalls in einem grünen Flußtal lag. In den Zeiten der Inka waren die dortigen Bewohner für die Erhaltung des Tampu, für die Versorgung der dort stationierten Truppen und für die Beförderung von Menschen über den Fluß, wenn man die Furt nicht benutzen konnte, verantwortlich. Der Name Uncona erinnerte die Spanier an Ocaña, eine Stadt in Toledo, und wurde entsprechend abgeändert.

Wegen der tiefen Schlucht, die sich der Ocaña-Fluß in das Land gegraben hat, näherte sich die Inkastraße dem Flußübergang in einer langen Reihe von Serpentinen. Die Steinstufen und Stützmauern dieses Straßenabschnitts sind noch zu sehen. Vásquez de Espinosa kam 1617 in diese Gegend und bemerkte, «daß man hier Mais, Aji-Pfeffer, *sapalla* [ähnlich dem Kürbis] und *calabasa*, eine Rebe, die Früchte mit einer harten Rinde hervorbringt, aus denen man Gefäße herstellen kann, anbaut. Man überquert den Fluß auf Flößen aus aufgeblasenen Seehundsfellen. Man jagt auch kleine schwarze Walfische und fischt nach den berühmten Garnelen und Muscheln.»

In ihrem weiteren Verlauf kam die Straße durch die Quebrada de Venados, die so genannt wurde, weil Wild – *venados* – in die Schlucht herunterkam, um die wilden Früchte, die dort wachsen, zu fressen. Die Straße ist noch genau zu sehen, gut sechs Meter breit und von niedrigen Steinmauern gesäumt. An manchen Stellen dieses Küstenstreifens steigt die Straße, indem sie den Konturen der Berge folgt, bis auf 600 Meter über dem Meeresspiegel hinauf, und man überblickt von hier den aufgewühlten Ozean und die moderne panamerikanische Straße, die sich dicht an die Küstenlinie hält.

Die Küste ist an diesem Punkt von zahlreichen Vogelarten belebt – Tölpel, inkaische Seeschwalben, Pelikane, Seeraben und insbesondere *guanay*, von dessen Name das Wort Guano abgeleitet ist. Diese Vögel sind so zahlreich, daß sie im Flug den Himmel verdunkeln. Da es nie regnet und es infolgedessen keine Vegetation gibt, die als Baumaterial dienen könnte, bauen diese Vögel ihre Nester aus ihren Exkrementen und Federn. Futter gibt es für sie aber in großer Menge, denn der kalte Humboldtstrom ist reich an Plankton, von dem sich Schwärme von Fischen ernähren, die ihrerseits wieder den Vögeln als Nahrung dienen.

Die meteorologischen Bedingungen sind hier ähnlich denen in der Atacamawüste: ein bedeckter Himmel am Tag steht in offenbarem Widerspruch zu den strahlenden Sonnenuntergängen; immer sieht es nach Regen aus, der aber niemals fällt. «Es ist merkwürdig», kommentiert Pedro de Cieza, «daß trotz des so wolkenverhangenen Himmels an diesen Küsten lediglich ein feiner Nebel fällt; tagelang ist der Himmel von diesen dichten Wolken verhüllt.»

Die Gründe dafür sind vielfältiger Natur: die Winde, Strömungen des Ozeans, Geographie und Luft, Land- und Meerestemperaturen – alle spielen eine Rolle. Aber es ist eine Tatsache, daß die feuchtigkeittragenden Winde, die durch dieses Gebiet wehen, eher dazu neigen, noch mehr Feuchtigkeit aufzunehmen, anstatt sie abzugeben, und das hat einen großen Teil der Küste in eine wasserlose Wüste verwandelt, aus der die Berge wie tote Knochen emporragen. Pedro de Cieza beschrieb die Gegend als «einen Ort, wo es kein Wasser, keine Bäume, kein Gras noch irgendein geschaffenes Wesen außer Vögeln gibt, die auf ihren Flügeln hinwandern können, wohin sie wollen».

Diese Beschreibung paßt besonders gut auf das Land zwischen Uncona-Ocaña und Atico – dem nächsten größeren Haltepunkt – einen Streifen des «reinen Nichts, ausgenommen den schrillen Schrei der Möwen und anderer Meeresvögel und das hysterische Gebell der Seelöwen». An dem Ort, der heute La Punta heißt, wo sich eine kleine Station zum Einsammeln von Guano befindet, mußte die Straße eine Anzahl von Klippen überwinden, deren eine Seite steil zum Meer abfällt; und bei Punta de Puyenca mußte sie aus dem Kliff herausgehauen und es mußten Stufen angelegt werden, um sie über die höher gelegenen Stellen hinüberzuführen. So kam sie unter Schwierigkeiten nach Atico, einem Fischerdorf, das Pater Vásquez de Espinosa «der Ohnmacht nahe und fast verdurstet» erreichte.

«Arm an Wasser», ja, für die Spanier vielleicht, aber für die Inka eine der wichtigsten Gegenden der ganzen Küste südlich von Nazca, ein gewaltiger Komplex der größten und besterhaltenen Tampu an der Küste, von Fischerdörfern und den größten Lagerzonen Perus, von gut erhaltenen Straßen, Brücken, Chasqui-Stationen und vor allem mit der direkten Straße nach Cuzco, auf der die Inka frischen Fisch durch Läuferstaffetten erhielten. Das Gebiet um Chala war der Endpunkt der Conti-suyu-Straße.

Chala liegt an einer halbmondförmigen Bucht. Auf den Höhen am Nordende der Bucht ist das Tampu von Chala. Es ist gut erhalten, aus mit Lehm zementiertem Stein erbaut und mißt gut hundert Meter in der Länge und sechsunddreißig in der Breite. Es ist in 28 Zimmer aufgeteilt, und rundherum sind Hunderte von flaschenförmigen unterirdischen Lagergewölben.

Bis heute ist nichts über seine Geschichte bekannt. Pater Vásquez erwähnt es nur insofern, als er sagt, es gäbe dort wenig Wasser. Cieza sagt nichts darüber, und die Listen geben an, daß das Gebiet, seine Indianer, Tampu und alles andere unter der Herrschaft keines Geringeren als Juan López de Recalde stand, der als Schatzmeister der Casa de Contratación in Sevilla, dem Zentrum aller Macht, aufgeführt wird.

Es war eine der Aufgaben der Von-Hagen-Expedition und ihrer Archäologen, eine detaillierte Untersuchung der Funktion von zwei Inka-Tampu an der Küste im größeren Zusammenhang mit der Erforschung der Inkastraßen durchzuführen.

Aus der Luft und von unten kann man die Straße gut sehen; sie ist sieben Meter breit, deutlich bezeichnet, hat schön verlegte Steinstufen, wo sie an den Flanken eines Tales hinabsteigt, und ist mit großen Steinen aufgefüllt, damit sie ganz eben ist. Ein paar hundert Meter nördlich des üblichen Tampu war das gleichfalls übliche Lagergelände – ein umschlossenes Gelände mit Lagerplätzen mit hohen Mauern und Steindächern, einem gewaltigen Trockenhof und auf beiden

Seiten des wie üblich einzigen Eingangs zwei Gebäude, die offensichtlich Wachhäuser waren.

Die Fischerdörfer drängten sich dicht an den schmalen Meeresarmen und leicht zugänglichen Buchten. In nordöstlicher Richtung entlang des nur zeitweise wasserführenden Chala-Flusses folgte die Inkastraße dem steilen Anstieg der Anden. Nach fünfzig Kilometern war eine Höhe von 2000 Meter erreicht und nach hundert Kilometern kam der große Parinacochas – Flamingosee –, wo sich große von den Inka erbaute Bauwerke befinden, die man heute unter dem Namen Incahuasi kennt. Von dort verlief die Straße über eine über 4000 Meter hohe Schneeregion. Nach Erreichung des oberen Apurimac-Flusses überquerte die Conti-suyu-Straße die Accha-Brücke. Man kann sie stellenweise noch sehen, wo sie an Pacarictambo, Tantar und Yuarique vorbeikommt und dann den kleinen, eingedämmten Fluß auf einer steinernen Brücke, der Chaquill-chaca – Seetangbrücke – überschreitet. An der ganzen Küste, aber ganz besonders in den kleinen Buchten und Meeresarmen von Chala, wuchs der riesige Kelp *Macrocystis* zu wundervollen Unterwasserwäldern riesiger Algen. Wenn das Wasser zurückging, sahen die Algen wie flatternde Fahnen aus, wo Seetangstreifen mit ihren bänderähnlichen Zweigen bis zu zwanzig Meter lang wurden. Wie heute noch bei den Chinesen und Japanern war der Seetang auch bei den Andenbewohnern ein wichtiger Bestandteil der im übrigen hauptsächlich stärkehaltigen Kost. Der Kelp wurde herausgezogen, getrocknet, verpackt und auf Lamas oder auch Männerrücken befördert. Fünf Männer konnten in fünf Tagen fünf Tonnen Kelp ernten, der in getrocknetem Zustand nur noch ein Fünftel seines ursprünglichen Gewichtes wiegt.

Nur wenige Kilometer außerhalb von Chala, auf der nordwestlich verlaufenden Küstenstraße, macht sich der Einfluß der Berge von Atiquipa bemerkbar. Die Wüste ist hier bis ans Meer hinunter terrassiert – an dieser einzigen Stelle der 4200 Kilometer langen Küstenlinie. Die Zeit hat die gekrümmten Terrassenmauern gnädig behandelt; man könnte sie heute noch mit Erde auffüllen und landwirtschaftlich nutzen.

Bei Atiquipa ragt ein Berg plötzlich bis zu einer Höhe von 1500

Meter auf, und ebenso plötzlich wendet sich die Straße landeinwärts und empor. Obwohl kein Fluß durch das Tal fließt, dem die Straße folgt, ist es doch grün und fruchtbar und hat viele Bäume. Dieses kleine Gebiet ist die einzige Ausnahme von der Regel, daß es nie an der Küste regnet, und der Grund dafür ist, daß das Hochland, wo Regen fällt, sich hier bis ganz an die Küste erstreckt. Über die ursprünglichen Bewohner der Gegend weiß man wenig, obwohl ihre Anzahl beträchtlich gewesen sein muß. Die Inka nutzten die günstigen Bedingungen nach Kräften aus und machten Atiquipa zu einem Zentrum der Landwirtschaft.

Von Atiquipa stieg die Straße nach Cahua-marca – Stadt der Aussicht – dem Verwaltungszentrum des Gebiets hinauf. Das ist eine große Siedlung aus soliden, wenn auch anspruchslosen Gebäuden mit Steindächern und liegt in einer Höhe von 1200 Meter. Hinter Atiquipa liegt ein Wüstengebiet, das unter dem Namen Arenal de Tanaca bekannt ist. Hier halten die unaufhörlichen Südostwinde die gewaltigen Sanddünen in ständiger Bewegung. Die moderne panamerikanische Straße führt durch dieses Gebiet, aber sie kann nur durch den ständigen Einsatz einer Straßenwachtmannschaft für den Verkehr freigehalten werden.

Der inkaische Anteil an Cahua-marca ist erkennbar an den Ruinen eines im spätinkaischen Küstenstil erbauten Sonnentempels, zahlreichen Colca, unterirdischen Zisternen – *puquio* – und *chullpa* – Grabtürmen. Cahua-marca diente als Erholungszentrum für Lamas und wurde wahrscheinlich auch zu ihrer Aufzucht benutzt, da sie sich, wie schon erwähnt, in den niedriger gelegenen Wüstengebieten nicht fortpflanzten. Cahua-marcas Höhe und die Nähe zur Küste müssen es zu einem idealen Zuchtgebiet gemacht haben.

Nachdem die Straße eine Zeitlang weiter durch die Berge gegangen war, stieg sie entlang des Rands der Sanddünen zum Tal des Yauca-Flusses hinab, auf dessen beiden Seiten das große Tampu von Jaqui lag. Vom Erdboden aus scheinen die Überreste dieses Tampu amorph zu sein, aber die Luftaufnahme enthüllt einen deutlichen Plan von Wohnungen, einen großen Platz und kreisförmige Verteidigungsmauern. In der Nähe gibt es kochendheiße Quellen, und man kann auf dem Boden verstreute Bruchstücke von Töpferware finden. Aus all dem kann man schließen, daß Jaqui ein Zentrum für Pilgerfahrten war.

Fünfundzwanzig Kilometer weiter – einen guten Tagesritt entfernt – lag Acari. Die höhergelegte Straße durch ein Land, das bei Nacht eisig kalt, am Tage aber glühend heiß ist, verläuft so gradlinig, wie das Terrain es erlaubt. Aber stellenweise ist ihr Verlauf durch Sanddünen verborgen, die der vom Arenal de Tanaca herunterwehende Wind auftürmt.

Acari, das auf einem schroffen Felsen über dem Fluß desselben Namens liegt, erreicht man auf einer absteigenden Treppe aus Steinstufen; es erregte das Interesse von Vásquez de Espinosa: «Drei Kilometer vom Meer entfernt gibt es in dem Tal ein Gehölz von Bäumen und viele bemerkenswerte Gebäude des alten Volkes, die bis auf die heutige Zeit [1617] erhalten geblieben sind und auch für immer stehenbleiben werden, weil es nicht regnet.»

Acari war wahrscheinlich ursprünglich eine Siedlung der Nazca, aber nachdem die Inka die Herrschaft über das Gebiet gewonnen hatten – etwas nach 1350 –, wurde es als bedeutendes und wohlhabendes Verwaltungszentrum neu gegründet. Wo immer es möglich war, paßten die Inka ältere Bauwerke ihren Erfordernissen an und errichteten neue Bauten nur, wo es nötig war. Das in der Gegend verfügbare Baumaterial wurde verwendet: große Kiesel aus dem Fluß wurden mit Lehm zusammengefügt; die Dachbalken waren aus Holz, flach und mit Schilf gedeckt. Ein großer ummauerter, rechtekkiger Platz – fünfzig auf dreißig Meter – wurde angelegt.

An diesem Punkt mündete eine Zubringerstraße, die zum See Parinacochas führte, in die Hauptstraße an der Küste. Diese Straße verlief genau nordöstlich und erreichte in Puquio eine Höhe von 3600 Meter; Hernando Pizarro marschierte 1538 auf dem Weg zum Kampf mit Diego de Almagro auf ihr.

KAPITEL XV

Der weinende Gott der Nazca

Von Acari aus verlief die inkaische Küstenstraße – die noch deutlich erkennbar ist – zunächst entlang des Acari-Flusses und dann in nördlicher Richtung an den Cerros de Chocavento vorbei. Das erste Tampu war bei Apoloma-Poroma, nach dem die Straße dann nach Nazca weiterging, das in den Zeiten der Inka ein großes Verwaltungszentrum war.

«Im Haupttal [also im Tal des Rio Blanco, wo heute die moderne Stadt Nazca liegt] befinden sich die großen Gebäude von Caxamalca», schrieb Pedro de Cieza, «und auch viele Lagerhäuser, die auf Befehl der Inka erbaut worden waren.» In der Nähe bewachte die Festung von Paredones die Querstraße, die die Küstenstraße mit der Straße durch die Anden verband. Diese Querstraße, von der noch Teile zu sehen sind, überstieg die Kordillere und hielt sich dann am Nordufer des Pachachaca-Flusses bis zum Tampu von Cocha-cajas, wo sie in die Andenstraße mündete.

Es gab fünf Nazca-Täler: Santa Cruz, Palpa, Ingenio, Nazca und Apoloma. Verbunden durch ein ineinander verschlungenes Netz von teils ständigen, teils nur jahreszeitlich bedingten Flüssen, erscheinen sie auf der Landkarte wie die gespreizten Finger einer Hand.

Diese grünen Täler waren der Schauplatz der berühmten Nazca-Kultur, die wegen ihrer Töpferware bekannt ist, die mit hochstilisierten Darstellungen von Vögeln, Mäusen, Lamas, Fledermäusen und den Gestalten eines regelrechten Pantheons anthropomorpher Ungeheuer (von denen der Katzengott das beherrschende ist) bemalt ist. Diese Art von Töpferware stammt aus der Zeit von etwa 500

n. Chr. Nach 1000 n. Chr. kam Nazca in den Einflußbereich der Tiahuanacu-Kultur, deren Zentrum die geheimnisvolle Stadt beim Titicacasee war. Von da an wurde das Motiv des weinenden Gottes ein allgemeines Kennzeichen der Nazca-Töpferware und -Weberei. Unser hauptsächlichstes Anschauungsmaterial der Nazca-Kultur stammt von Ausgrabungen der Gräber in diesem Gebiet, denn es gibt wenig an der Oberfläche Erhaltenes und kaum Hinweise auf Gebäude oder Siedlungen. Den Nazca werden jedoch die sogenannten «Scharrbilder» zugeschrieben – ein Labyrinth von Linien, Rechtecken, Kreisen und Darstellungen von Tieren wie Walfischen, Fischen, Vögeln und Spinnen –, die im Nazca-Gebiet in den Wüstenboden eingeritzt sind. Man nimmt allgemein an, daß sie zur Zeitangabe oder zu astronomischen Zwecken dienten, aber da es keine geschriebenen Berichte – ja, nicht einmal brauchbare Volkserinnerungen an diese weit zurückliegenden Tage – gibt, weiß man nichts Sicheres.

Von Nazca ging die Inkastraße – die mitten durch die geheimnisvollen «Scharrbilder» verlief – nach El Ingenio, dem nächsten Tampu, weiter. «El Ingenio», der Name, der schon früh den ursprünglichen indianischen Namen dieses Ortes verdrängte, ist das spanische Wort für «Zuckermühle», denn eine solche war hier laut Vásquez de Espinosa in der Frühzeit der Konquista erbaut worden. Das Tampu hier war groß und aus Lehm erbaut, aber es waren in Nachahmung bester inkaischer Steinarbeit trapezförmige Fenster und Nischen angebracht worden. Es hatte den üblichen weiträumigen Hauptplatz mit einem erhöhten Podium, von wo aus Truppenparaden abgenommen und Ansprachen an das Volk gerichtet werden konnten.

Nördlich von El Ingenio ist das Land ein Gewirr von kahlen Berghängen und öden Schluchten, und in einer von diesen – der engen Quebrada de Santa Cruz – befindet sich eine weitläufige Ruine, die sich von einem Ende der Schlucht bis zum anderen erstreckt und wo zahlreiche Häuser auf den verschiedenen Böschungen stehen. Von oben erscheinen die Umrisse der Überreste ganz deutlich, aber am Boden ist alles formlos. Die Königsstraße kommt hier vorbei und erreicht schließlich die Pampa von Huayuri.

Huayuri ist eine fruchtbare Oase. Obwohl man keine Wasserver-

Die imperialistische Politik der Inka und ihre wachsende Macht zwang die Techniker in ganz Peru dazu, immer größere, bessere Festungsanlagen zu bauen. So versuchten die Chimú im Norden, die Inka durch eine Art Maginot-Linie aufzuhalten. Diese Mauer errichteten sie an ihrer Grenze zum Inka-Imperium über eine Distanz von fast 200 Kilometer.

Die Überreste einiger Zitadellen, die zusätzlich zu einer Mauer die Chimú vor den Inka schützen sollten, beweisen, daß diese Anlagen große Ähnlichkeit mit späteren europäischen Festungen hatten.

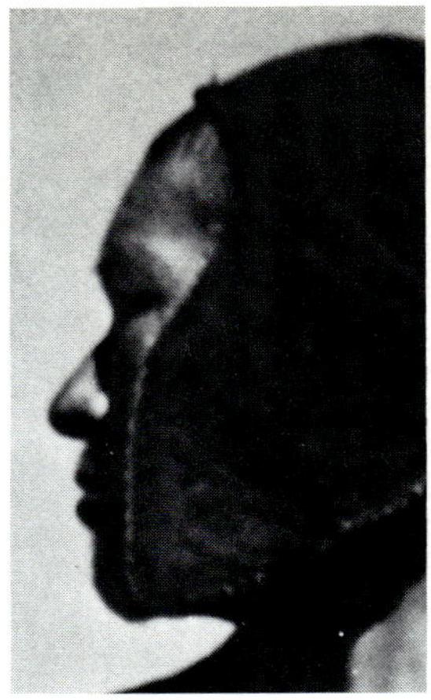

Als die Inka ihren folgenreichen Zug durch die Anden begannen, hatte Peru schon eine lange kulturelle Entwicklung hinter sich. Ganz links und ganz rechts: Formen und Figuren der Mochica-Keramik. Oben links: Profil eines peruanischen Indianers, der mit Sicherheit von einem der vor-inkaischen Kulturvölker abstammt und im Vergleich dazu die Ähnlichkeit mit einem Mochica-Keramikporträt. Mitte links: Bemalter Kopf aus Silber, der in der Mochica-Sonnenpyramide gefunden wurde. Links unten: Inkagefäß mit Ohrspulen und Kopfbedeckung. Oben Mitte: Mochica-Keramikgefäß in Form eines Porträts, das gewöhnlich als Grabbeilage diente. Oben rechts: Mochica-Krieger mit Keule und Schild. Mitte rechts: Nazca-Becher.

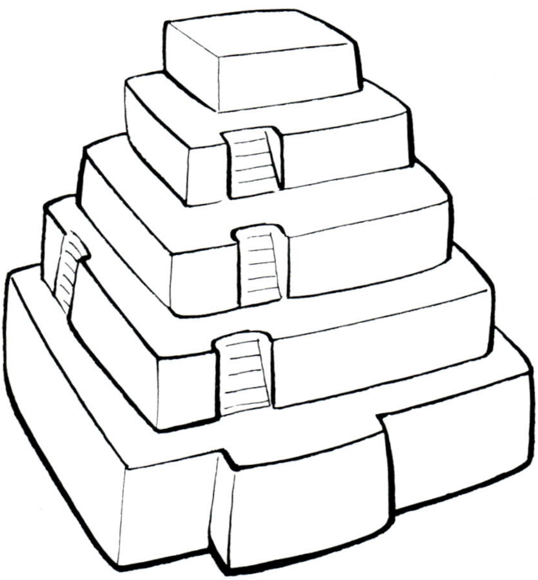

Oben: Überreste der Mochica-Sonnenpyramide. Unten links: Rekonstruktion einer Mochica-Kultpyramide, die aus Lehmziegeln erbaut wurde und eine Höhe von 23 Meter erreichte. Unten rechts: Beispiel einer polychromen Mauerverzierung der Mochica.

Oben: Barockfassade des 18. Jahrhunderts, von indianischen Künstlern nach deren Motiven skulptiert. Unten: Detail der Inka-Ruinen in Tambo Colorado, Peru, an denen der Einfluß der traditionellen Architektur der Küstenregionen auf die Bauweise der Inka ersichtlich wird.

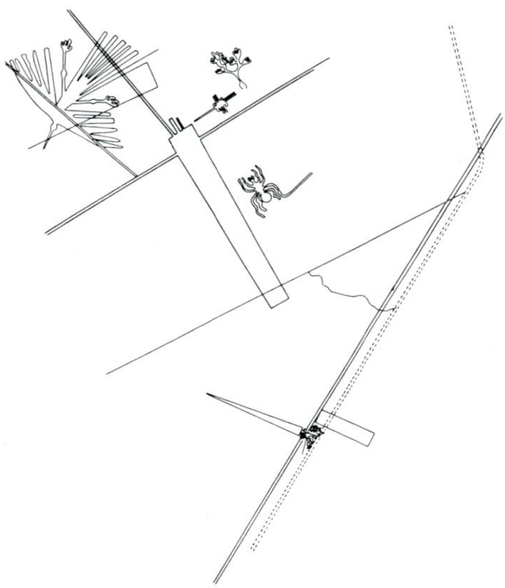

Nur aus der Luft vermag man die seltsamen Muster zu erkennen, die etwa 800 n. Chr. von den Nazca-Indianern hoch über ihren Siedlungen angelegt wurden. Da einige Linien der «Figuren» sich fraglos auf die Winter- und Sommersonnenwende beziehen, nehmen die Wissenschaftler an, daß diese Muster einen riesigen astronomischen Kalender darstellen. Oben und Mitte: Geometrische Muster und Figuren der Nazca, die bis zu 180 Meter hoch sind, in der Wüste nördlich von Nazca.

Mitte: Die älteste europäische Abbildung eines Poncho. Die Abbildung zeigt einen Indianer vom Stamm der Araukaner im südlichen Chile. Oben und unten: Wollene Ponchos des zwölften und dreizehnten Jahrhunderts aus Gräbern in Chancay.

Die Paramonga-Zitadelle beherbergte einst eine große Anzahl von Chimúkriegern, die ihr Volk vor der Eroberungslust der Inka schützen sollten. Die Festung fiel jedoch unter dem Ansturm der Inka, obwohl sie auf einem strategisch günstigen Hügel stand. Paramongas Mauern und Gebäude waren aus lehmgetrockneten Ziegeln errichtet, dem gebräuchlichsten Baumaterial in den Küstenregionen.

sorgung feststellen kann, war es zweifellos ein Platz von einiger Bedeutung, da Huamán Poma es als «Huayuri, Stadt und königliches Tampu» bezeichnet. Man sieht noch die Überreste dieses Tampu, das aus einem Pferch – wahrscheinlich für Lamas –, zwei großen Plätzen und vielleicht einem Sonnentempel bestand, wenn auch das fragliche Gebäude durch den Wind schwer in Mitleidenschaft gezogen wurde.

Alle Wanderer, die hier vorbeikamen und Berichte über ihre Reise hinterlassen haben, stimmen darin überein, daß die Reise von den Flußoasen – 70 Kilometer nordwestlich – hierher höllisch war. *«Muchissima arena»* – «überwältigender Sand» – schrieb Vásquez; «man muß nachts reisen, weil die Hitze des Tages so groß ist, daß sie die Tiere tötet. Es gibt so viele Sanddünen, und der Wind ist so stark, daß ich im Jahr 1617 beinahe mein Leben verlor, weil meine Führer mich verließen.» Nur die hohen Holzstangen, die die Indianer als Merkzeichen an der Straße aufgestellt hatten, retteten ihn.

Nach Ocucaje, das wenig Wasser hat, obwohl es am Ica-Fluß liegt, «gab es», wie Cieza sagt, «große Bestände von Johannisbrotbäumen». Vásquez de Espinosa fügt hinzu, daß «diese so ausgedehnt sind, daß sie stellenweise undurchdringlich sind. An der Straße von Nazca nach Ica sind diese Wälder fünfundzwanzig Kilometer lang und so dicht, daß die Königsstraße der einzige Weg ist, um hindurchzugelangen, und man sieht dabei nichts als Bäume und Himmel.»

Der fragliche Baum ist aber in Wirklichkeit nicht der Johannisbrotbaum, sondern eine verwandte Art, die die Küstenindianer «Huarango» nannten. Wälder aus diesen Bäumen, die oft knorrig und krumm werden und auf einem wuchtigen Wurzelwerk stehen, das in große Tiefen hinabreicht, um Feuchtigkeit zu finden, waren einst an der heißen, sandigen Küste häufig. Die Leute von der Küste verwendeten das Holz der Bäume zum Feuermachen, um Gräber zuzudecken, Balken für die Häuser zu gewinnen und kunstvolle zeremoniale Grabstöcke zu schnitzen. Ihre hauptsächlichen Götzenbilder schnitzten sie daraus.

Eines der Hauptmerkmale des «kühlen Tales von Ica», wie Cieza es nennt, war der Chirana, ein großer Kanal, der, wie Garcilaso de la

Vega berichtet, «sehr kunstreich Wasser sammelte und nach Ica ableitete, so daß sich die Anbaufläche beträchtlich vergrößerte». Garcilaso behauptet, daß der Kanal «von den Inkaherren» erbaut wurde, aber da die Stämme der Küste Meister der Bewässerung waren, kann er sehr wohl vorinkaisch gewesen sein. Zur Zeit von Cieza war er schon zerstört.

Ica liegt knapp siebzig Kilometer von der Küste entfernt und war zwischen 400 und 1000 n. Chr. das Zentrum eines Stammesverbandes der Ica und Nazca. Seine Kultur war durchaus charakteristisch, wie seine Töpferware und die kunstvoll aus Huarangoholz geschnitzten Grabstöcke beweisen, und sie bewahrte sich auch ihre besonderen Merkmale, als die Kultur von Tiahuanacu in das Gebiet eindrang. Es ist indessen sicher, daß die Bewohner von Ica Kontakt mit dem geheimnisvollen Volk der Paraca hatte, von dem wenig mehr bekannt ist, als was man aus seinen Kunstschöpfungen schließen kann, und daß sie von diesem beeinflußt wurden.

Die ursprüngliche Stadt – von der ausgedehnte Reste vorhanden sind – lag in der jetzt verlassenen Pampa de Tate. Als die Inka 1470 hierher kamen, errichteten sie ihr eigenes Verwaltungszentrum und «ordneten den Bau von Palästen und Lagerhäusern an». Der Häuptling der Ica zu dieser Zeit hieß Aranbilca. Die Berichte sagen auch, daß Ica einer der ersten Orte war, die die Spanier nach dem Tod von Atahualpa in Besitz nahmen. Juan de Barrios erhielt 1534 das ganze Ica-Gebiet als Lehen, was ihm 1544 durch die *Ordenanzas de Tambos* bestätigt wurde: «Xapana, der Häuptling der *yunga* in dem Land namens Ica übergab dem neuen spanischen Herrn 1300 inkaische Vasallen.» Das Gebiet war dicht besiedelt, wurde aber, was Pedro de Cieza mit Recht beklagte, bald «durch die Grausamkeit der Bürgerkriege entvölkert, die über diese armen Indianer hereinbrachen, denen als Folge des Streits zwischen Pizarro und Almagro großes Leid zugefügt wurde».

Ica war auch ein wichtiger Straßenknotenpunkt. Eine Straße führte meerwärts nach Huaca China. Eine zweite Straße, die man jetzt nur noch von der Luft aus sehen kann, führte nach Paracas, das auf einer Halbinsel liegt, von der aus man die Bucht von Pisco von Süden her überblickt. Eine dritte Straße führte nach Humanío am Oberlauf des Ica-Flusses und stieg von dort fünfundsechzig Kilometer nach Huaytara an, wo sie sich mit der wichtigen Querstraße nach Vilcas-huamán – siehe Kapitel VI – vereinigte.

Nach Ica durchquerte die Küstenhauptstraße siebenunddreißig Kilometer Wüste, in der es nur eine Quelle für Wasser, nämlich den Villacuri, gab, bevor sie «das berühmte Tal von Pisco und seinen Fluß» erreichte. Der Fluß führt ständig Wasser, da er in den hohen Bergen von Cholochaca entspringt, und durch sein Tal verläuft die Querstraße nach Vilcas-huamán. Diese Route wurde seit den ältesten Zeiten benutzt, und man nimmt an, daß das auch die von Tiahuanacu beeinflußte Kolonie Viñaque-Huari tat, als sie eine frühe präinkaische Invasion der Küste durchführte.

Das Tampu des Pisco-Tals lag bei Umay. Noch bis 1931 waren sein Grundriß und derjenige der in der Nähe gelegenen Terrassierungsreste – die die Bewässerungsmethoden der Eingeborenen deutlich zeigen – klar zu sehen. Über dem Tampu sieht man die von Mauern gesäumte Straße auf ihrem Weg über die unteren Steilabfälle der Anden zum nächsten Tal.

Ein paar Kilometer im Pisco-Tal hinauf liegt die Stätte der Inkafestung, des Kontrollpunktes und Verwaltungszentrums Tambo Colorado. Obwohl es zweifellos einst Bedeutung hatte, wird es von keinem Chronisten erwähnt. Erforschungen aus der Luft und am Boden zeigen, daß es eine Gruppe von Gebäuden war, die um einen trapezförmigen Platz angelegt waren. Diese sind zwar aus Lehm errichtet, aber ihr Stil ist der der klassischen inkaischen Steinbauweise und erinnert in mancher Hinsicht an Bauwerke des Gebiets um Cuzco. Die Mauern waren gelb und rot bemalt – daher der Name «Colorado» –, und am oberen Rand einiger Gebäude befinden sich interessante Zierfriese.

Da es eine grundlegende charakteristische Gewohnheit der Inka war, keine Häuser, Gebäude oder Straßen auf landwirtschaftlich nutzbarem Boden zu errichten, verlief die Straße über die steilen Abhänge der ins Land hereinragenden Hügelzüge. Sie folgt kompromißlos ihrer Richtung durch jedes Gelände und über alle Hindernisse. Sie verläuft mitten durch die präinkaischen Gräber des Berges Sierpe. Diese kreisförmigen, mit Stein eingefaßten, aber nie benutzten Gräber liegen in Reihen zu sieben bis neun und steigen den fünfzig Grad steilen Abhang zum Berg Sierpe hinauf, der seinen Namen «Schlangenberg» nach der gewundenen Reihe der Gräber hat. Es gibt über fünftausend solche Gräber; sie sind leer und nur insoweit Gräber, als sie rund und von Steinen eingefaßt und gleich konstruiert sind wie die Gräber, in denen man Mumien, Webereien und Töpferwaren gefunden hat. Jahrelang, seit sie 1931 auf den Luftbildern der Shippee-Johnson-Expedition aufgetaucht waren, nannte man sie die «merkwürdigen und geheimnisvollen Pockennarben», 1953 wurden sie von der Von-Hagen-Expedition erforscht und als unbenutzte Gräber erkannt. Die Ingenieure der Inka müssen das Phänomen ebenfalls bemerkt haben, aber wie im Fall der ebenso geheimnisvollen «Scharrbilder» füllten sie die Gräber, die ihrem Straßenbau im Wege waren, auf und legten die Trasse über sie hinweg.

Die Querstraße zu den Anden steigt an. Der erste, der sie untersuchte, war Dr. Max Uhle, der 1901 über sie marschierte und ritt. Die Straße war, wie er in einem Brief berichtete, oft nicht mehr als eineinhalb Meter breit, wo die Felshänge nicht beseitigt werden konnten, aber wo es möglich war, erweiterte sie sich auf knapp fünf Meter, was «breit genug ist für Lamas und Indianer zu Fuß und auch breit genug für Sänftenträger. Einen Indianer mag es wohl weniger davor gegraust haben, auf diese Weise steile Abhänge zu traversieren.» Das ganze Tal zeugt von der Herrschaft der Inka. In Huaytara, achtzig Kilometer vom Tambo Colorado, in beherrschender Lage über dem Tal und den zwei Seitenstraßen – die andere von Ica herauf –, war die 4000 Meter hoch gelegene Festung von Huaytara. «Huaytara», sagt Max Uhle, «enthält schöne Überreste aus der inkaischen Periode von Peru . . . Bäder (die ich gesäubert habe) und eine alte Steinmauer, die nun zum größten Teil in die christliche Kirche eingebaut ist und zehn hohe Nischen aus wunderbar bearbeitetem Stein hat, die ebenso wunderbar erhalten sind.»

Max Uhles Briefe aus dieser Zeit waren an Frau Phoebe Hearst, die Mutter des Zeitungsmagnaten William Randolph Hearst, gerichtet, die als eine ihrer vielen Förderungen archäologischer Unternehmungen einen Teil von Dr. Uhles peruanischen Forschungen finanzierte. Dr. Uhle wurde 1856 in Dresden geboren und begann sich 1888 nach der damals üblichen humanistischen Ausbildung und der Erlangung des Doktorgrades für die Archäologie zu interessieren. Den Rest seines Lebens verbrachte er in Amerika, besonders im Land der Inka, und so kennt man ihn allgemein als «den Vater der peruanischen Archäologie». «Uhle», sagt sein Biograph, «leistete mehr Feldarbeit im westlichen Südamerika als alle, die später lebten.» Er schrieb auch sehr ausgiebig und sandte an die Universität von Kalifornien eine so große Menge von Töpferwaren und anderem Studienmaterial, daß sich vier Generationen von Archäologen damit beschäftigen konnten. 1936, an seinem 80. Geburtstag, ehrten ihn zahlreiche Regierungen mit Orden und erklärten ihn zum «bene merito». Als der Zweite Weltkrieg begann, war Dr. Uhle 83 Jahre alt. «Er wurde», schrieb sein Biograph, «in dieser Krise unter den Schutz der peruanischen Regierung gestellt.»

Ohne Pension oder Rente kaufte und unterhielt er in Lima ein kleines Haus, in dem Archäologen wohnten. Im Januar 1942 wurde er auf Anordnung des FBI verhaftet. Nun gab es da einen inzwischen verstorbenen Dr. Harry Tschopik, der über die Archäologie der Chullpa am Titicacasee arbeitete. Isoliert in der Kälte und Monotonie, kam Tschopik oft nach dem tiefer gelegenen Arequipa herunter, wo er zwischen den Jahren 1936 und 1941 bei den zahlreichen deutschen Einwohnern Gast war. Es wurde Bier getrunken, und da Deutschland im Brennpunkt stand, wurden die Deutschen redselig. Als die amerikanischen Einberufungsgesetze in Kraft traten, hatte Harry Tschopik vom Peabody Museum in Harvard die Wahl, entweder einzurücken oder als Spitzel für den FBI zu arbeiten. Tschopik fertigte die Listen an, der Vertrag von Rio de Janeiro aus dem Jahr 1941 tat das übrige. Dr. Uhle, 88 Jahre alt, vergeßlich, altersschwach, stand weit oben auf der Liste. Er und alle in Peru lebenden Deutschen, von denen einige dort geboren waren, andere schon sehr lange dort lebten, wurden auf Anordnung des FBI von der peruanischen Polizei verhaftet. Es gab keinen Haftbefehl, keine Verhöre, keine Prozesse, keine Beweise. Aber es gab eine Wahl: mitten im Krieg nach Deutschland zurückzukehren oder in ein Konzentrationslager nach Nordamerika zu gehen. Wer sich für Amerika entschied, blieb dort sechs Jahre lang und verlor sein ganzes Vermögen. Die anderen, wie Dr. Uhle, wählten Deutschland. Es muß berichtet werden, daß Dr. Gordon Willey von der Universität Harvard als einziger dagegen protestierte, daß «Dr. Uhle so behandelt wurde». Uhle starb fünf Monate später. Dr. Hermann Beyer, schon seit über einem halben Jahrhundert in Amerika und Yucatan ansässig und eine der ersten Autoritäten auf dem Gebiet der Entzifferung der Glyphen der Maya, wurde gleichfalls im Alter von 70 Jahren von seinem archäologischen Kollegen verraten und auf dieselbe Art und unter demselben Vorwand verhaftet. Er starb in einem Konzentrationslager in Texas. Und um auch noch ein Beispiel in der ersten Person Singularis zu bringen: der Autor dieses Buches, Amerikaner in der dritten Generation und geboren 1908 in St. Louis, Missouri, der im Abwehrdienst der amerikanischen Kriegsmarine tätig war und 1936 zuerst die Namen der hohen Funktionäre, die einen Aufstand gegen Hitler planten, enthüllte, wurde auf dieselbe Weise in der Nacht des Bombenangriffs auf Pearl Harbour durch den FBI als «gefährlicher deutscher Ausländer» verhaftet und auch in ein Konzentrationslager gebracht – kein Haftbefehl, kein Prozeß, keine Erklärung, keine Entschuldigung. Er wurde freigelassen, um sich seinem Regiment anzuschließen. Es gibt Tausende solcher Inselchen in Amerikas eigenem Archipel Gulag.

Paracas auf der Halbinsel im Süden der Bucht ist eine große Nekropole, die berühmt ist wegen der besonders fein gewobenen und mit Stickerei verzierten Stoffe, die man dort gefunden hat. Die Gräber datieren von 200 n. Chr. an; in ihnen waren Mumien begraben, die in Tücher aus Vicuñawolle, Alpakawolle oder gesponnener Baumwolle eingehüllt und mit Schärpen und Kopfputz versehen waren. Der Sand und der heiße, trockene Südwestwind haben all das bemerkenswert gut konserviert, aber sie haben damit das Geheimnis, wer das Volk von Paracas war, eher noch verdunkelt, da es in dieser windverwehten, unbewohnbaren Gegend keine Spuren von Siedlungen gibt. Eine Straße führte von hier nach Ica, und die frühe Töpferware von Ica verrät Paracas-Einfluß, aber das sind nur unentzifferbare Spuren.

In der Nähe ist Tres Cruces, ein weiteres geheimnisvolles Überbleibsel aus der Vergangenheit. In einen hohen Sandsteinfelsen über dem Meer eingemeißelt, ist es eine riesige 195 Meter lange Darstellung. Die Von-Hagen-Expedition hat sie 1953 genau untersucht und festgestellt, daß sie mindestens einen Meter tief in einem Winkel von fünfzig Grad in den Fels eingemeißelt wurde. Vom Meer aus ist sie deutlich zu sehen.

Was bedeutete sie? Sicher stammt sie aus der Zeit vor den Inka. Kein Spanier erwähnt sie, obwohl Francisco Pizarro 1534 plante, seine Hauptstadt eher in Pisco als in Lima zu errichten. Wurden die Leichen der in Paracas Begrabenen auf dem Meer hierhergebracht und dabei von den Tres Cruces geleitet? Aber das scheidet aus, weil Balsaflöße unterhalb einer südlichen Breite von fünf Grad nicht im Gebrauch sind und Tortoraflöße nur zwei Menschen tragen können. Was auch immer Tres Cruces sein mag, es ist ein ausgesprochen amerikanisches Symbol, ein Lebensbaum. Es erinnert an das «Blattkreuz» der Mayakultur.

Hinter Umay passierte die Küstenstraße einen Felsenengpaß und ging dann weiter über die niedrigen Ausläufer der Anden im Nordosten des Tales von Chincha. Eine Seitenstraße zweigte von der Hauptstraße ab und ging durch die Vorberge direkt nach Chincha. Und dort war nun 1546 wieder Pedro de Cieza zur Hand und hinterließ uns seine wertvollen Informationen.

«Das große, schöne Tal von Chincha ist in ganz Peru berühmt wegen seiner Krieger, die von allen übrigen Bewohnern gefürchtet werden.» Es muß tatsächlich so gewesen sein. Schon früh bei der Konquista war der Name Chincha bekannt, und er erscheint in dem Vertrag über Francisco Pizarros Eroberung. Während seines Marsches auf der Suche nach den Inka im September 1532 sagte man ihm, daß die Küstenstraße der Inka «durch alle Täler von Chincha führt» und daß sie «von Chincha aus nach Cuzco weitergeht», was genau stimmt, denn sie liegt auf demselben Breitengrad.

Chincha ist ein enges, rechteckiges Tal und eines der fruchtbarsten und wohlhabendsten an der ganzen Küste. Das Zentrum heißt Tambo de Mora, offensichtlich eine Stufenpyramide, um die herum ein Hof gebaut war. Sie war das Heiligtum des von den Inka-Eroberern Chinchay-camac genannten Gottes, und diese ließen es ungehindert weiterbestehen, wenn auch ihrem eigenen Sonnenkult untergeordnet. Die frühen Spanier erfuhren, daß der Herr der Chincha Huabarucana genannt wurde, «dessen Haus [1558] noch steht».

Die Hinzufügung des Titels Rucana ist eine Bestätigung der mündlichen Überlieferung der Chincha, die berichtet, daß sie in großer Zahl ins Hochland vorstießen und viel Beute heimbrachten. Cieza sagt auch das gleiche, daß nämlich die Chincha «den Sora und Rucana großen Schaden zufügten und mit viel Beute in ihr Tal zurückkehrten».

Als der Topa Inka 1450 mit seinen bewaffneten Scharen auftauchte, erkannten sie, daß schon allein die Zahl der gegnerischen Truppen überwältigend war, und so einigten sie sich gütlich mit dem Volk der Sonne. Die Häuptlinge, die sich der Politik der Inka anpaßten, behielten ihren Rang; nur gab es einen Aufseher der Inka, einen *mitakoma*, einen ketschuasprechenden Mann, der ihre rasche Absorption in das Reich fördern sollte, wobei festgelegt wurde, daß die Herren der Chincha bestimmte Zeiten in Cuzco verbringen mußten. Cieza kannte einen solchen Häuptling noch 1547, «der noch am Leben und ein Mann von großer Intelligenz und gutem Verstand war».

Es gab mehr als 25 000 Indianer in dem Tal, als die Spanier kamen, aber in den folgenden zehn Jahren wurde ihre Zahl infolge der Bürgerkriege erheblich dezimiert. Ein paar kurze Monate lang wurde Chincha «Almagro» genannt. Als die «Männer von Chile» diesen Teil der Küste in dem Glauben übernahmen, daß er in Almagros Reich Neu-Toledo lag, machte ihr Anführer die Stadt Chincha zu seiner Hauptstadt und benannte sie nach sich selbst um. Aber bald nahm die Stadt wieder ihren alten Namen an und wurde – so groß war ihre Bedeutung – keinem Geringeren als dem König von Spanien als *encomienda* gegeben.

KAPITEL

XVI

Von Cañete nach Paramonga

Auf ihrem Weg von Chincha nach Norden durchquerte die Königsstraße einen 50 Kilometer breiten Streifen aus Wüste, um in das Tal von Huarco oder Cañete, wie die Spanier es nach dem Vizekönig dieses Namens umbenannten, zu gelangen. Zwischen den zwei Tälern gab es nur ein Tampu, das von Topará, das von einem flachen und nicht ständig fließenden Fluß bewässert wurde.

Nachdem es ihm so leicht gelungen war, die kämpferischen Chincha zu unterwerfen, nahm Topa Inka an, daß Huarco nichts unternehmen würde, um seinen Siegeszug aufzuhalten: «Der Inka rückte mit seinen Truppen in guter Ordnung durch die heiße Wüste vor, sandte Botschafter an Chuquimancu [den Häuptling der Huarco], teils mit Geschenken, teils mit Drohungen.»

Der Häuptling von Huarco schickte jedoch die Frauen, die sehr alten und sehr jungen Leute fort und bereitete sich auf die Schlacht vor. Das hatte Topa Inka nicht erwartet, und da der Sommer nahte und die Eindringlinge nicht daran gewöhnt waren, in der großen Hitze des Sommers an der Küste zu kämpfen, kehrte er mit seinem Heer nach Cuzco zurück und plante ungefähr um 1460, Huarco aus einer anderen Richtung anzugreifen. Das führte zu einer der erstaunlichsten Leistungen des Straßenbaus aller Zeiten, nämlich dem Bau der Straße aus der Gegend von Huancayo, einem großen Marktflekken in den Anden, zur Küste in Huarco. Die Straße begann mit breiten Steinstufen – die noch in gutem Zustand sind –, zweigte von der Königsstraße durch die Anden in Chango Bajo ab und führte dann über Huamachuco, Cupapata und Hatunhuasi – «Großes Haus», was auf die ungewöhnliche Größe des dort aus Stein erbauten Tampu schließen läßt – nach Haqui, wo sie den Oberlauf des Cañete-Flusses erreichte. Dieser Fluß hatte eine tiefe Schlucht aus den Anden ausgewaschen, und die Straße nach Huarco ging durch diese hindurch. Sie war mit Stützmauern, die sechs bis zehn Meter tief hinunterreichten, um eine feste Basis zu finden, in die steile Felswand hineingebaut und hielt sich sieben bis zehn Meter über dem Fluß. Unter der Straße verlief ein großer, mit Stein eingefaßter Bewässerungsgraben, den die Küstenbewohner erbaut hatten und der später von den Inka verbreitert und verbessert wurde; dieser bewässerte das Tal von Huarco.

Chuquimancu, der Herr der drei Täler – Chilca, Coayllo und Runahuanca, die alle benachbart waren –, «wurde wie ein König geehrt und forderte Huldigung auch von den Stämmen, die nicht seine Vasallen waren», aber auch er konnte – obwohl er es versucht haben mußte – den Bau der Straße nicht verhindern. Jeden Tag rückte sie ein wenig das Tal hinunter vor. Als Handelsweg war sie überflüssig, da es ein paar Kilometer weiter nördlich eine Parallelstraße gab, die Pachacamac – bei Lima – mit Jauja verband; die neue Straße war in erster Linie eine strategische Straße, um die Eroberung zu ermöglichen. Die ungeheure Arbeitskraft, die für ihren Bau aufgewendet wurde – denn sie war über 200 Kilometer lang und führte zum größten Teil über ein Gebiet von einer Höhe von 4000 Meter und mehr –, läßt erkennen, wie wichtig sie den Inka war.

Wo das Tal ebener wird, stießen die Inka auf den ersten ernsthaften Widerstand. Ciezas Gewährsleute – diejenigen Inkabeamten, deren Aufgabe es war, die Ereignisse im Gedächtnis zu behalten – sagten, daß der Kampf vier Jahre gedauert hätte – «obwohl der Großinka im Sommer wegen der Hitze nach Cuzco zurückkehrte, während seine Truppen [vielleicht Hilfstruppen von der heißen Wüstenküste] den Kampf fortsetzten». Schließlich beschloß Topa Inka, ein Ende zu machen. Er kam mit einem Gefolge von Adligen ins Cañete-Tal herab und ließ eine neue Stadt gründen, die den Namen «Neu-Cuzco» erhielt – das man aber nicht mit Manco Capacs «Neu-Cuzco» in Vilcabamba verwechseln darf.

Diese Stadt, die jetzt Incahuasi heißt, liegt fünfundzwanzig Kilometer von der Küste und einen halben Kilometer vom Cañete-Fluß entfernt in einem breiten, trockenen Tal. Sie ist die größte Inkastätte an der Küste und bedeckt mit den sie umgebenden Gebäuden mindestens fünf Quadratmeilen. Die Häuser der «auserwählten Frauen» – *ñustas* – standen wie in Ollantaytambo hoch auf einem Hügel über der eigentlichen Stadt, die nach dem üblichen streng geordneten inkaischen Bauplan angelegt war. In ihrem Zentrum befindet sich ein keilsteinartiger, 180 Meter langer Platz, auf dem ein erhöhter Altar mit Treppen auf beiden Seiten und ein kaiserliches Podium stehen. Die Dächer wurden von großen runden, aus keilförmigen und mit Lehm zementierten Steinen errichteten Säulen getragen – ein architektonisches Merkmal, das sonst nur beim Tempel von Viracocha in den Anden zu finden ist. Das auffälligste Merkmal sind indessen die Lagerräume, 248 Zellen, die mit der Präzision von Bienenwaben um eine große Zahl von Trockenböden herum angelegt sind.

Da die Stätte von den Archäologen vollständig übergangen worden ist, weiß man nicht, wie lange sie bewohnt war – ob sie vor oder nach der spanischen Eroberung verlassen wurde. Ganz sicher ist man lediglich darüber, daß die Herrschaft der Inka über das Cañete-Tal durch die Erbauung der Stadt gesichert wurde. Chuquimancu zog sich in eine Festung auf einem alleinstehenden Berg im Zentrum des Tales zurück, um dort den letzten Widerstand zu leisten. Aber die Inka stürmten die Festung nicht, da sie das Gebiet schon ausreichend unter Kontrolle hatten. Bald darauf rückten sie auf den Straßen, die Chuquimancu selbst erbaut hatte, nordwärts nach Pachacamac vor.

An der Küste unmittelbar nördlich des Cañete-Tales wechseln sich Sümpfe mit bebauten Feldern ab; die Königsstraße hielt sich deshalb auf dem Wüstenstreifen zwischen diesem Gebiet und dem Hochland und verlief 20 Kilometer hinter der Küstenlinie. Der nächste Haltepunkt an der Straße war Uquira, das am Coayllo-Fluß und in dem gleichnamigen Tal 48 Kilometer von Cañete entfernt lag. Es besteht noch als besonders schönes Beispiel eines kleinen, dichtgedrängten Inka-Verwaltungszentrums und Tampu.

Nachdem die Straße zwanzig Kilometer weiter Mala erreicht hatte – ein kleines Tampu –, führte sie durch die grünen Hügel von Chilca, über die Pedro de Cieza bemerkte: «Sehr seltsam – kein Regen fällt in

Chilca, es gibt keinen Fluß und keinen Bach, und doch ist das Tal von Chilca bedeckt mit Maisfeldern und Kürbis- und Obstplantagen, die nur durch den Tau und die Feuchtigkeit bewässert werden. Sie legen das Samenkorn in tiefe Löcher und zu jedem den Kopf einer kleinen Sardine. So geht das Korn auf und gedeiht im Überfluß. Das ist wirklich bemerkenswert. In diesem Teil des Meeres fangen sie so viele Fische, daß sie diese Indianer mit Nahrung und allem, was sie aus ihren Gärten haben, versorgen. Es gab hier Lagerhäuser und Wohnungen für die Inka, wo sie bleiben konnten, wenn sie die Provinzen ihres Reiches besuchten.»

Das kleine flußlose Tal wurde Pedro Alchonel zugewiesen, der wegen seiner Trompete berühmt war. Auf dem Vormarsch auf Cuzco passierte die spanische Vorhut unter Hernando de Soto die berühmte Hängebrücke über den Apurimac-Fluß und kam zum Vilcacongapaß. Dort gerieten sie in einen Hinterhalt. Es war Nacht, ihre Verluste waren bitter, und Müdigkeit und Wunden drückten sie nieder. Da ertönte aus dem Dunkel der Nacht ein Trompetenstoß, der das Nahen der Hauptmacht des Heeres ankündigte. Der Trompeter war der einfache, aber tapfere Bursche Pedro Alchonel, der mit Lungen wie Orgelpfeifen gesegnet war. Nach seinen eigenen Angaben wurde er 1499 in der Stadt Bejar geboren, reiste 1532 mit Pizarro nach Peru, bekam einen Anteil an Atahualpas Lösegeld und blies dann bei dem Zwischenfall von Vilcaconga «seine Trompete viele Male». Er blies sie 1562 noch für seine Enkel.

Vor Chilca lag die große Stadt Pachacamac, wo das größte Orakel an der peruanischen Küste seinen Sitz hatte. In einem hohen, trockenen, gebirgigen, sandigen Gebiet gegen das Meer zu gelegen, war Pachacamac, dem der Fluß und das fruchtbare Tal von Lurin Wasser und Anbaufläche boten, der Endpunkt der wichtigen Querstraße von Jauja. Die meisten der Konquistadoren, die diese Straße kannten, haßten sie; die Reise auf ihr vergaßen sie nie.

Wie die Straße von Huarco im Cañete-Tal war auch diese hoch in die Felswände über der Schlucht gebaut und führte durch Städte, Dörfer und Siedlungen, die jetzt alle vollständig zerfallen sind, denn Gebäude aus Lehm verlieren jedes Merkmal, wenn sie amorph werden. Das Tal ist nur wenig erforscht worden, die Ruinen auf beiden

Seiten sind zahlreich, aber ungewöhnlich hinsichtlich der dekorativen Elemente in und auf den Mauern. Die Spanier nannten die Stämme nicht, deren materielle Kultur die gleiche war wie die aller anderen. Sie sind geschichtslos und werden es bleiben, bis ein Archäologe die Ablagerungen der Geschichte ausgräbt.

Die Querstraße Pachacamac–Huarochiri–Jauja war die hauptsächlichste Verbindungslinie mit Jauja, dem strategisch wichtigen Garnisonszentrum in den Anden. Hinter dem niedrig gelegenen Lurin-Tal ging sie auf dem linken, dem nördlichen Ufer des Flusses Tambo Inga weiter, überschritt den Fluß auf das linke Ufer hinüber, um die feste Felswand auszunützen, ging dann durch Chantay, Sisicaya und folgte dem Fluß, bis sie sich etwas südwestlich nach Huarochiri, dem Haltepunkt auf halbem Wege, wandte.

«Wer mein Buch liest», schrieb Cieza, «und wer je in Peru war, möge sich an die Straße erinnern, die von Pachacamac nach Jauja über die schroffen Gebirge von Huarochiri und die schneebedeckten Gipfel von Pariacá führt, und möge dann sagen, ob das, was sie von den Inkastraßen sahen, nicht noch großartiger ist, als ich beschreiben kann. Die schneebedeckte Sierra von Pariacá ist eine Augenweide; wie schön ist die Straße erbaut mit ihren steinernen Treppen, so daß es noch heute [1547] möglich ist, durch diese Schneegebiete zu reisen.»

Gonzalo Pizarro benutzte Huarochiri 1545 als Heeresdepot, als er nach Huaro kam, «wo eine Schlacht mit den Indianern stattfand ... in den höheren Gegenden der Berge, wo sie ihre Wohnstätten haben».

Der zweite Teil der Reise in die höheren Regionen bewegt sich immer über 4500 Meter – wobei die Schneegrenze in diesen Breiten bei 4500 Meter liegt. Die Inkastraße verlief durch dieses lautlose, eisige Land, das bedeckt ist mit kleinen Seen, gefrorenen Teichen und von den Konquistadoren immer als «die Schneeberge von Pariacá» bezeichnet wird. Diese Schneewüsten überquerte José de Acosta, der 1568 nach Peru kam, um dort eine Niederlassung des Jesuitenordens zu gründen. «Ich blieb auf den hohen Bergen hängen, die sie Pariacá nennen, und die Bergkrankheit packte mich. Ein plötzlicher, tödlicher und seltsamer Schmerz überfiel mich. Ich erbrach Schleim und Galle, gelb und grün, und schließlich Blut. Ich sah einen Mann, der sich auf die Erde warf und schrie vor Raserei und Schmerz, die dieser Marsch durch Pariacá mit sich gebracht hatte.»

Alle Straßen führten nach Pachacamac. Aus dem Norden aus Ecuador, aus dem Süden aus Chile, aus den Anden über die schneebedeckten Höhen von Pariacá kamen die Menschen auf ihren Pilgerfahrten zum größten Orakel von Peru.

Eine hohe, starke Mauer beschützte Pachacamac. Die Stätte ist so ausgedehnt mit ihren Stufentempeln des Mondes und der Sonne, dem Tempel, der das Orakel von Pachacamac beherbergte, den Häusern, Straßen, dem von den Inka erstellten Tempel der auserwählten Frauen mit seiner Basis aus herrlichem spätinkaischem Mauerwerk und dem eindrucksvoll großen Platz der «Pilger», die alle größtenteils unter dem Sand verborgen sind, so daß schon allein ihre Größe eine vollkommene Erforschung bisher unmöglich gemacht hat. Immer noch bleibt die erste, von Dr. Max Uhle geleistete Arbeit die Grundlage unseres Wissens.

Ihr Ruhm kam den Pizarros zu Ohren, als sie ihre erste Landung machten. Hernando Pizarro war, wie in Kapitel IV berichtet, mit seiner Handvoll Männer und Staffetten von Indianern der erste, der auf der Königsstraße die ganze Strecke von Cajamarca an die Küste ritt und darüber berichtete. «Am Sonntag, dem 30. Januar 1533, kam Hernando Pizarro nach Pachacamac, wo die Moschee steht.» Ein anderer, der den Ort sah, schrieb: «Er ist größer als Rom», was sehr wohl stimmen kann, denn Rom hatte 1532 weniger als 30000 Einwohner. Die Häuptlinge empfingen Pizarro und brachten ihn in einem der vielen flach gedeckten Zimmer unter, wo er bekanntgab, was sie schon wußten, daß er gekommen wäre, um «das Gold der Moschee als Lösegeld für Atahualpa» mitzunehmen. Er verlangte, das Götzenbild zu sehen, und wurde zu ihm geführt. «Es war in einem gutgebauten und bemalten Haus», ein sehr dunkler Raum, befleckt und übelriechend. Hier war «ein sehr schmutziges hölzernes Götzenbild» – der Schmutz war dunkles, geronnenes Blut von Opfern –, «und sie sagen, das sei ihr Gott, der sie erschaffen habe und sie am Leben erhalte und ihnen Nahrung schenke».

«In allen Straßen dieser Stadt und ihren Haupttoren gibt es viele hölzerne Götzenbilder. Viele Kaziken kommen jedes Jahr sogar von so weit her wie Atacames, das in Ecuador liegt, um in dieser Moschee zu beten und Tribute zu bringen. Anschließend an die Moschee – den Tempel von Pachacamac, des Schöpfergottes – ist ein Haus der Sonne, das schön erbaut ist und mit fünf Umfassungsmauern auf einem Hügel liegt. Es gibt Häuser mit Terrassendächern wie in Spanien. Die Stadt ist anscheinend sehr alt, wenn man nach den verfallenen Häuser urteilt, und der größere Teil der Mauer ist eingestürzt.»

Unser Freund Pedro de Cieza, der die Stadt 1546, dreizehn Jahre später, sah, hielt Pachacamac «für einen der prächtigsten Tempel im ganzen Reich. Er ist aus geformten Ziegelsteinen erbaut . . . auf seiner Spitze der Tempel mit vielen Toren, die wie die Mauern mit Figuren wilder Tiere geschmückt sind.» Neben dem Tempel gab es geräumige Wohnungen für die Menschen, die als Pilger hierher kamen.

«Als die Inka Herren dieser Reiche wurden und die Pracht dieses Tempels sahen, wie alt er war und welche Macht er über die Menschen hatte, bestimmten sie, daß Pachacamac die Autorität des Kultes, die es besaß, behalten sollte, vorausgesetzt, daß sie auch einen Sonnentempel bauten.» Das wird alles durch die Ruinen bestätigt.

Armatambo, das am Fuß von Molar Solar, eines isolierten Bergmassivs – in Las Palmas, einer Vorstadt des modernen Lima –, liegt, war nahe bei Pachacamac die offizielle Haltestation im Rimac-Tal. Es war eine gewaltige Stätte von Häusern, Komplexen und rechtekkigen Plätzen oberhalb der durch das Tal führenden Königsstraße. Ein kleiner Bach namens Surco war vom Fluß abgeleitet und an die Haltestation herangeführt worden. «Arma» bedeutet auf Ketschua «Bad», das war also das Tampu der Reinigung, wo die Pilger badeten und sich vor dem Weitergehen reinigten.

Wie im Süden wurden auch im Norden die Täler von einem Fürsten beherrscht. Pachacamac stand vielleicht auf neutralem Boden, denn es war ihr Mekka. Aber die breiten und fruchtbaren Täler des Rimac, von denen man annimmt, daß sie von den Huancho bewohnt waren, waren dicht bevölkert, wie aus den Bewässerungssystemen und den umfangreichen Ruinen hervorgeht.

Die Inka teilten das Tal in drei Verwaltungszentren auf: Carahuayllo im Norden, Maranga im Zentrum und Surco im Süden. Jedes Verwaltungszentrum hatte 10000 Familien, wie Pater Bernabé Cobo schreibt, der 1599 in jungen Jahren nach Lima kam, wo er zum Jesuiten erzogen wurde. «Dieses Tal von Lima war einst dicht besiedelt, wie man aus den Ruinen ihrer Städte ersehen kann. Zahllose kleine Gemeinden, die in ihrem Herrschaftsbereich liegen, gehorchen ihnen.» So zum Beispiel das kleine Zentrum Puruchuco, elf Kilometer vom heutigen Lima entfernt, das liebevoll restauriert wurde und einen Widerschein davon vermittelt, wie es einstmals dort ausgesehen haben muß: «Man kann», schrieb Bernabé Cobo 1600, «die Häuser ihrer Kaziken und die mit allerlei Figuren bemalten Mauern noch sehen.»

Als Lima am Rimac-Fluß zur spanischen Kolonialhauptstadt bestimmt wurde, waren vorher drei Spanier ausgesandt worden, um die Eignung dieses Ortes für den vorgesehenen Zweck zu erforschen. Sie berichteten, daß «die Gegend sehr günstig ist, sie hat gutes Wasser, Brennholz und Land für den Ackerbau».

Da die Küstenindianer und ihre späteren Inkaherren kein Interesse für das Meer, außer als Lieferant für Fisch, Weichtiere und Seetang, hatten, waren ihnen Seehäfen nicht wichtig. Anders für die Spanier. Sie fanden einen solchen Hafen in Callao, 25 Kilometer von Lima entfernt. An dieser ausgewählten Stätte wurde Lima am 6. Januar 1535 gegründet; die Straßen wurden schachbrettartig angelegt, an den vier Ecken des Hauptplatzes waren die Kirche, das Rathaus, der Gouverneurspalast und ein Gebäude, das später die Münzanstalt wurde.

Nach zehn Jahren fand Pedro de Cieza, daß das Tal «dicht bevölkert war, bis den Indianern das Land weggenommen wurde. Es gibt hier gut gebaute und auch sehr schöne Häuser mit Türmchen und Terrassen.» In Lima lebten zu dieser Zeit über 380 Spanier, aber nur vierzehn spanische Frauen. Juana Hernández war die erste; sie kam mit der Expedition des Jahres 1532. Doña Iñes Muñoz kann von sich sagen, daß sie die erste weiße Frau in Peru war, die dort heiratete.

In einem dieser «schönen Häuser» wurde Francisco Pizarro in der Nacht des 26. Juli 1541 mit einigen Anhängern von den desparaten «Männern von Chile» ermordet, die den Kampf fortsetzten, der Gonzalo Pizarro zur direkten Konfrontation mit seinem König und Herrn gebracht hatte.

Als er über diese Dinge berichtete, sagte Pedro de Cieza: «Ich wäre sehr froh, wenn ich nicht über diese traurigen Ereignisse berichten müßte, aber damit die kommenden Generationen das wahnsinnige Vorgehen all dieser Leute verstehen können, verspreche ich, obwohl sich mein Geist dabei verhärtet, meine Feder gut zu spitzen, um alles zu erzählen.»

Die Königsstraße nach Norden überschritt den Rimac mit Hilfe einer Furt – es gab auch eine Brücke –, und die ersten Spanier marschierten 1533 «auf der Straße, die auf beiden Seiten eine hohe Mauer hatte». Bald nachdem die Straße die Umgebung von Rimac-Lima verlassen und den kleinen Fluß Chillon überquert hatte, wandte sie sich wieder landeinwärts und bergan, um die Wüste bei Ancon – berühmt wegen der Gräber, in denen man so viele vorinkaische Mumienbündel fand – zu umgehen. Sie stieg bis auf 800 Meter hinter dem Cerro Pasamayo hinauf, um die Durchquerung eines Flugsandgebiets, das sich bis zum Meer hinzog, zu vermeiden. Die heutige panamerikanische Straße, die sich kein Beispiel an der Trassenführung der Inka nahm, führt durch die mächtigen Sandablagerungen von Pasamayo und erfordert eine ständige Überwachung, damit sie offengehalten werden kann.

Die Inkastraße dagegen stieg nach Pasamayo hinauf, das ungefähr 900 Meter über dem Meeresspiegel liegt. Dort wohnte eine kleine Gruppe von Aucayma-Indianern, die 1690 noch 370 Personen zählte, während es im Jahre 1810 nur noch 170 waren. Heute gibt es dort keine Indianer mehr. Etwas weiter, direkt über dem Chancay-Tal, kam das erste große Tampu nach Rimac.

Dieses Tampu war unter einer Vielzahl von Namen bekannt. Hernando Pizarro bezeichnete es als Suculacumbi – vielleicht war das der Name des Häuptlings – und notierte, daß der «Herr des Dorfes und seine Indianer freundlich waren»; andere Quellen nennen es das Tambo Pintado – bemaltes Tampu –, wahrscheinlich, weil es bunt bemalt war; und heute ist es wegen der natürlichen Schwefelbäder der Gegend als Baños de Boza bekannt. Diese wurden von den Küstenindianern viel besucht, die wegen der Feuchtigkeit an Rheuma litten, da die Küste fünf Monate im Jahr nebelverhangen ist.

Obwohl dieser Ort einst stark bevölkert war – wie die ausgedehnten Ruinen bezeugen –, wurden viele seiner Einwohner in den Bürgerkriegen getötet. 1617 gab es nur noch «22 tributpflichtige Indianer, 10 Alte, 18 Kinder und 31 Frauen». Die hier gefundenen Gräber erbrachten ungewöhnliche gewobene und bemalte Stoffe und eine merkwürdige Töpferware, die, wenn auch primitiv modelliert und bemalt, recht eindrucksvoll ist. Das Merkwürdigste dabei ist, daß diese Töpferware aus einer Zeit stammt, da alle anderen Orte an der Küste eine vollendetere Ware herstellten. Ein Archäologe schrieb: «Wenn die Primitivität in Wirklichkeit ein künstlerischer Manierismus zur Erzielung des Anscheins von kühner Originalität ist, dann hat sie ohne Zweifel ihren Zweck erreicht.»

Fünfzig Kilometer weiter kam das Dorf Llachu – Huacho –, das Fernando Pizarro in Tambo de los Perdizes umbenannte, das heißt «Ort der Rebhühner, da die Indianer so viele in Käfigen halten». Dieses wiederum war nur eine kurze Strecke von Huara entfernt, einer Stadt mit «großen Wohnhäusern entlang einer glatt gewalzten Straße». Hier wandten sich Hernando Pizarro und seine Männer auf ihrem Rückweg von Pachacamac von der Küstenstraße ab und folgten der Querstraße durch die Oyon-Schlucht nach Jauja – siehe Kapitel IV.

Huara spielt auch eine Rolle in der Geschichte des Krieges zwischen Gonzalo Pizarro und dem Bischof Pedro de La Gasca, der nach Peru gekommen war, um die «Neuen Gesetze», die von Pizarro und seinen Anhängern mißachtet wurden, durchzusetzen. Auf Grund seiner Politik der verbrannten Erde, zu der er seine Anhänger anhielt, befahl Pizarro, daß die Häuptlinge des Huaragebiets anderswohin verschickt wurden. Anton Sánchez, der am 7. April 1547 aus Huara schrieb, bat Pizarro, diesen Befehl rückgängig zu machen, «denn wenn sie gehen, wird kein Indianer mehr hier bleiben, und dieses Huara ist doch der Schlüssel zum Land und zum Meer».

1819 stellte William Stevenson, Sekretär des britischen Admirals Lord Cochrane und ein Reisender mit scharfer Beobachtungsgabe, fest, «daß Huara eine lange Straße, 2000 Einwohner, eine Zuckermühle, die als erste im Land mit Wasserkraft betrieben wurde, eine von den Jesuiten erbaute Kirche und eine schöne Steinbrücke mit einem Bogen – natürlich nicht inkaisch –, die den Huara-Fluß überspannte, hatte».

Dreißig Kilometer weiter führte die Straße nach ihrem Weg durch die Pampas von Tutumo zum Supe-Fluß, dessen Bett oft trocken und daher kein Hindernis für den Reisenden ist. Kurz danach erreichte sie den schwierigen Huamánmayu. Hernando Pizarro wurde in einem für diesen Zweck mitgeführten Tortora-Balsa-Boot hinübergestakt, während die Pferde schwammen. «Sie haben», berichtete der Schreiber, «keine Brücken über die Küstenflüsse, weil diese sehr breit werden, wenn sie angeschwollen sind. Der Herr von Huamánmayu [jetzt La Barranca] ließ seine Indianer unser Gepäck hinüberbefördern.»

Der nächste Fluß, der Patavilca, wurde an einem Ort namens Cochas überschritten. William Stevenson berichtete, daß dreißig Kilometer zurück auf der Hauptstraße bei Cochas eine Hängebrükke aus Seiltrossen gewesen sei. Sie war 35 Meter lang und eineinhalb Meter breit. Auf der einen Seite des Flusses liegt an diesem Ort die Hazienda von Huayto; auf der anderen Seite Vinto. Auf einem trockenen Hügel hatte Huayna Capac hier in fast zweihundert Meter Höhe über dem Meeresspiegel einen riesigen Getreidespeicher bauen lassen. Stevenson fand hier Mais und Bohnen, die trotz ihres Alters von über 450 Jahren noch eßbar waren und sich, nachdem man sie gepflanzt hatte, als keimfähig erwiesen.

Den nächsten Orientierungspunkt darf man nicht mißverstehen – die «Festung», wofür sie Cieza und viele andere hielten, von Paramonga. Das fragliche Gebäude war in Wirklichkeit ein Tempel, in der Struktur ähnlich dem großen Tempel von Pachacamac und auf dem höchsten Berg der Gegend nahe dem schmalen, aber reißenden Fluß Fortaleza gelegen. Es wurde beschrieben als «ein mächtiges Gebäude mit sieben Umwallungen, die innen und außen mit vielen Figuren bemalt waren», und war ein aus Lagen von Ziegeln aufgeschichtetes Bauwerk, das oben eine Anzahl kleiner Räume hatte. Robert Proctor, ein englischer Reisender, der Paramonga 1820 besuchte, sprach von den «bemalten Räumen mit unbeholfenen Zeichnungen von Vögeln und Tieren», wie es auch Cieza fast dreihundert Jahre vorher getan hatte. Auf den umliegenden Hügeln befinden sich Reste von zahlreichen anderen Gebäuden, und durch das obere Fortaleza-Tal verläuft die Querstraße, der Hernando Pizarro auf seinem Weg von Cajamarca gefolgt war.

Die graubraunen, vegetationslosen Berge von Paramonga markierten den Beginn des Gebietes der Chimú, das sich in der Zeit seiner größten Ausdehnung von hier bis zum Ende von Peru, «wo die Bäume anfangen», erstreckte. Die Anfänge des Reiches von Chimú reichen weiter zurück als die seines inkaischen Gegenstükkes, von dem es schließlich absorbiert wurde; und dank der Bündnisse mit verschiedenen Gruppen andiner Stämme reichte sein Einfluß weit über die trockene Küstenregion hinaus, das seine Basis war. Topa Inka soll seine Invasion des Reiches der Chimú «ganz planmäßig» durchgeführt haben, aber trotzdem zog sich diese Eroberung lange hin, von etwa 1460 bis 1480.

KAPITEL

XVII

Die Entdeckung der «großen Mauer von Peru»

Das Land der Chimú war ein eindrucksvolles Reich von über 1000 Kilometer Länge, in dem es über achtzehn Taloasen gab. Seine Bewohner waren keineswegs Wilde, bis die Inka den Schauplatz betraten, sondern in mancher Hinsicht so weit fortgeschritten, wenn nicht sogar noch weiter, wie die Invasoren. Das bewahrte sie jedoch nicht davor, unter das Joch der Inka zu geraten. Eine der Hauptschwächen des Chimú-Reiches war die Vereinzelung der verschiedenen Oasen, aus denen es bestand.

Das wird einem ganz deutlich, wenn man dem Lauf der Inkastraße von Paramonga nach Norden folgt. Von hier bis Huarmey im nächsten Flußtal sind es fünfundsiebzig Kilometer, und es geht die ganze Strecke durch heiße Sandwüste. Die Straße ist nicht mehr der unbeirrbar gerade Strich wie weiter südlich, sondern sie windet sich durch vegetationslose Hügel aus rosafarbenen, grünblauen Felsen und durch windverwehte Sanddünen, die wurden einst durch die jetzt verwitterten Mauern der Straße abgehalten.

Aber auch in dem Gebiet, das heute völlig verödet ist und wo kein Anzeichen für Oberflächenwasser – außer dem Meer – zu entdecken ist, gibt es Hinweise darauf, daß es einstmals bewohnt wurde. In Pampa Bermejo sind Ruinen eines massiven Inkabauwerks zu sehen; und in Las Zorras – «Die Füchse» – gibt es Reste alter Gebäude, Bewässerungsgräben und Friedhöfe. «Was mich am meisten überraschte, als ich [1547] durch dieses Tal kam», sagte Cieza, «war die große Anzahl der Gräber, alle bedeckt mit den Gebeinen der Toten.» Das ganze Gebiet ist in der Tat ein riesiges Gräberfeld, über das die von den *huaqueros* – Grabräubern – weggeworfenen Knochen verstreut sind.

Huarmey selbst war, wie Stevenson schrieb, «nur ein kleines Dorf, das wegen seiner starken Chicha, eines gegorenen Maisgetränks, bekannt war». Robert Proctor beschrieb das Dorf als eine lange, breite Straße und fand den Weg dorthin auf einem Maultier lang und mühsam.

Der Huarmey-Fluß und die Flüsse, die vier andere Täler dieser Gegend bewässern, haben alle ihre Quelle in dem gewaltigen Gebirgsstock der Cordillera Negra. Diese Quelle gibt aber nicht immer Wasser, und infolgedessen leiden die fünf Täler jedes Jahr unter Wassermangel. Das Huarmey-Tal ist eng, und man könnte meinen, es sei zu klein, um bemerkenswerte archäologische Schätze erbracht zu haben. Und doch sind hier eine mit Hunderten von Goldmünzen bedeckte Brustplatte, goldene Spangen und hölzerne Speerschleudern mit Goldverkleidung entdeckt worden.

Das Tal wurde Don Martín, «El Indio», in *encomienda* gegeben, einem der beiden Indianer aus Tumbes, die Pizarro 1527 mit nach Spanien genommen hatte und die später als Dolmetscher dienten. Martíns Name taucht in den hauptsächlichsten frühen Berichten über die Eroberung nicht auf; es ist also nicht sicher, welche Rolle er in dieser Zeit spielte.

Martín war der einzige Indianer, der Spanisch wirklich fließend in Wort und Schrift beherrschte, und auch der einzige – außer Paullu Inka –, dem Pizarro Land und Indianer zuteilte. Wie sehr Pizarro ihn mochte, geht daraus hervor, daß er ihm den Namen Martín gab und ihm ein Pferd schenkte. Es wird berichtet, daß der Indianer als Kavallerist kämpfte. Später erhielt er die Ritterwürde und ein Wappen. Er wurde Christ, trug spanische Kleidung und wurde der erste Indianer, der eine spanische Frau, Luisa de Medina, heiratete.

Als treuer Anhänger der Pizarros bewies Martín seine Loyalität für sie auf verschiedene Weise. Bei einem Aufenthalt in Spanien wurde ihm durch ein königliches Dekret untersagt, Sevilla zu verlassen; aber er entging irgendwie der Wachsamkeit der Hafenbehörden und kehrte nach Peru zurück, zu «meinem Tampu», nämlich Huarmey. Nachdem sich im weiteren Verlauf Gonzalos Flotte Präsident

La Gasca ergeben hatte und viele Anhänger von Pizarro im Norden auf die royalistische Seite übergelaufen waren, blieb Martín treu. Am 28. April 1547 schrieb er an Pizarro und bat um Instruktionen, wobei er mitteilte, daß er an der ganzen Küstenstraße indianische Späher aufgestellt habe. Im Juni näherte sich die königliche Armada seinem Tal, aber anstatt überzulaufen, schloß er sich Pizarros treuem Anhänger José de Acosta an. Bei der Neuverteilung der *encomiendas* nach der Niederlage und Hinrichtung von Gonzalo Pizarro wurde Martín das Tampu Huarmey genommen, aber es wurde ihm gestattet, nach Spanien zu gehen und Einspruch zu erheben. Kurze Zeit darauf starb er.

Weitere sechzig Kilometer Wüste trennen Huarmey vom Tal des Casma-Flusses. Auf halbem Weg dieser Strecke kommt der nicht ständig Wasser führende Culebras-Fluß, wo der Reisende seinen brennenden Durst stillen kann, wenn er Glück hat und sich Wasser im Flußbett befindet. Ein paar Tampu, die von Leuten unterhalten wurden, die von den Inka zwangsweise hier angesiedelt wurden und keine andere Funktion hatten, als Reisenden Beistand zu gewähren, waren an dieser Straße eingerichtet worden.

Sobald man sich Casma nähert, kann man eine große Zahl von Zeugen der Vergangenheit der Chimú beobachten. Eine Anzahl von Bergen sind von Festungen gekrönt, von denen die bedeutendsten auf dem Gipfel des Chancaillo liegen. Diese beschrieb E. G. Squier als «bestehend aus einem unregelmäßigen Oval mit einem Umfang von eineinhalb Kilometer, das den Gipfel eines steilen Felshügels einnimmt, drei Mauern, von denen die äußere sieben Meter dick und fast genauso hoch ist». Nach einer Biegung landeinwärts, weg von der sandigen Küste, verlief die sieben Meter breite und von niedrigen Steinmauern gesäumte Inkastraße direkt unter der Festung vorbei, überschritt, nachdem sie ein großes Tampu passiert hatte, auf einer Furt den Moxeke-Fluß und ging weiter zu dem großen Stadtzentrum der Chimú, das heute als El Purgatorio bekannt ist. Von hier setzte sie sich über einen mit aus Lehmziegeln erbauten Chimú-Tempeln übersäten Landstrich hinweg zum Casma-Fluß fort, den sie gleich nach seiner Einmündung in den Moxeke überschritt. Dort war wieder ein Tampu.

In der eigenen Geschichtsüberlieferung der Inka, die sich große Mühe gaben, das Stammesgedächtnis anderer Kulturen auszulöschen, gibt es keine Erwähnung des Casma-Tales. In Casma finden sich jedoch die Überreste einer der ältesten der vielen und vielfältigen Küstenkulturen. Diese, die Sechín-Kultur, ist wegen eines Zeremonialzentrums aus verzierten Steinpfeilern und -blöcken bemerkenswert, von denen manche skulptierte Gesichter aufweisen, die eindeutig humoristisch sind. Die Sechín-Kultur ist entfernt verwandt mit der andinen Kultur, die man Chavín-Kultur nennt und die zwischen 1200 und 400 v. Chr. zu datieren ist.

Von Casma verlief die Straße in gerader Richtung zum Tampu von Huambacho, von dem Pedro de Cieza berichtet, daß «alles, was man darüber sagen kann, ist, daß es gleich ist wie diejenigen, die wir gesehen haben, und Wohnungen für den Großinka hat und daß von dem Fluß [Nepeña], der hindurchfließt, Wasser in Gräben abgeleitet wird, mit dem die angepflanzten Felder bewässert werden». Aber Huambacho hat viel mehr aufzuweisen als dies, denn hier trifft man die ersten Anzeichen der Mochica-Kultur, die der Chimú-Kultur voraufging. Man trifft häufig auf Reste von hohen Lehmziegelpfeilern, die einst leichte Schilfdächer trugen, und diese weisen überaus phantasievolle Figuren auf – unter anderem Stufenmuster und Darstellungen von Vögeln und Göttern.

Quer durch das Tal des oberen Nepeña bauten die vorinkaischen Ingenieure einen Steindamm von 1200 Meter Länge und entsprechend breit und hoch. Das ist eines der wenigen Bauwerke dieser Art, die man kennt, und ein großartiges Beispiel wasserbaulicher Konstruktion. Das Wasser, das hinter dem Damm gestaut wurde, wurde durch Rohrleitungen verteilt und zur Bewässerung des Landes verwendet. Weiter das Tal hinauf, in Moros, finden sich eine Anzahl weiterer bemerkenswerter, pyramidenförmiger Gebäude. Das größte ist Pañamarca, dessen Mauern einen polychromen neun Meter langen Fries aufweisen, auf dem Diener dargestellt sind, die kunstvoll gekleideten und bemalten Kriegsherren aufwarten.

Von der Spitze von Pañamarca aus kann man die gerade Linie der Inkastraße von Casma her sehen und direkt hinter Huambacho die tiefe, ovale Bucht von Samancó, das einen der wenigen wirklich geschützten Häfen an der peruanischen Küste hat. Von dort aus fuhren die Indianer in ihren Tortora-Balsa-Booten, «den kleinen Pferden des Meeres», wie die Spanier sie nannten, auf das Meer hinaus, um zu fischen, Seehunde zu jagen und auf den Inseln in der Nähe Guano zu sammeln.

Nach der spanischen Eroberung entwickelte sich Huambacho vom Tampu zum Dorf. Da es die Bucht von Samancó beherrschte, wurde es 1685 das Ziel eines Angriffes des englischen Piraten Edward Davis; wegen seines heldenhaften Widerstandes wurde es vom König von Spanien zur Stadt erhoben. Als jedoch Stevenson 1820 auf seinem Weg nach Norden durch den Ort kam, fand er «nur einen kleinen Weiler mit dreißig schlecht gebauten Häusern, aber der älteste Teil nahe am Meer war viel größer». Die Tage des Ruhms waren dahin.

Nördlich von Huambacho schlängelte sich die Königsstraße durch die Felsmassive, die aus dem Sand hervorwuchsen, und erreichte die erste Verteidigungsmauer der Chimú, einen Teil der äußeren Verteidigungsanlagen der großen Mauer von Peru. Die Ingenieure der Inka zerstörten einen Abschnitt der Mauer, um für die Straße, die dann weiter nach Chimbote ging, Platz zu schaffen. Der Weg dorthin war jedoch nicht leicht; sobald die Straße an den Felsmassiven und dem Schutz, den sie boten, vorbei war, kam sie in überwältigenden Sand, der durch die starken Südostwinde ständig in Bewegung ist. Diese bauen gewaltige halbmondförmige und oft wunderschön symmetrische Sanddünen – *médanos* – auf und tragen sie wieder ab. Die Straße ist hier jetzt meistens nicht sichtbar; manchmal legt der Wind einen Abschnitt der Mauer frei und bedeckt ihn dann wieder.

Auf halber Höhe eines exponierten Felsabhangs und in der Nähe der Stelle, wo die Straße den Sand hinter sich läßt, sind die Reste des Tambo Real – «königliches Tampu» –, das direkt über einer Sickerstelle brackigen Wassers liegt. Von hier kann man die Straße verfolgen, wie sie Höhe gewinnt und in Richtung auf den Santa-Fluß und sein Tal weitergeht. Bei Cambio puente – «Wechselbrücke» – kann man die Straße – wie es ein wissenschaftlicher Reisender 1890 getan hat – «neben der Eisenbahnlinie sehen; links ist die Inkastraße, eingesäumt von hohen Lehmziegelmauern».

Der Santa ist der größte Fluß an der peruanischen Küste; an seiner Mündung ist er etwas über eineinhalb Kilometer breit. Wenn im Gebirge Regenzeit ist, hat die Strömung dieses Flusses eine Geschwindigkeit von über acht Kilometer in der Stunde. Aber da die Küstenregion hier nicht sehr groß ist, kann nur ein kleiner Teil des Wassers, das die Andenschlucht Callejón de Huaylas passiert, nutzbar gemacht werden. Trotzdem zogen die Küstenstämme den bestmöglichen Nutzen aus dem Fluß, indem sie Wasser ableiteten, um die Anbauterrassen, die sie an den Talflanken anlegten, zu bewässern.

«In vergangenen Tagen», sagte Pedro de Cieza, «war das Tal von Santa [der ursprüngliche Name ist offenbar untergegangen] stark bevölkert. Es gab große Krieger und einheimische Herren [Chimú]. Sie wagten es, ihre Kräfte mit den Inka zu messen. Die Inka veranlaßten den Bau von großen Wohnungen [in Tambo Real] und vielen Lagerhäusern [in Cantagallo], denn dieses Tal ist eines der größten. Es gibt hier einen breiten und reißenden Fluß, den die Indianer auf Balsa-Flößen überqueren. Hier lebten viele Tausende von Indianern, aber jetzt [1547] sind nur noch 400 übriggeblieben, ein trauriger Gedanke. Sie pflegten große Bewässerungsgräben für Wasser aus dem Fluß zu bauen, mit dem sie den größten Teil des Tales bewässerten. Die Eingeborenen sind in Decken und eine Art von Hemd gekleidet; die Frauen desgleichen. Auf dem Kopf tragen sie ein Band oder Insignien. Die Schiffe, die die Küste entlangfahren, nehmen hier immer aus dem Fluß Wasser auf.»

Auf dem Nordufer des Santa lag das Tampu von Gallinazo, wie es heute heißt. Es ist gut erhalten und, wie üblich, aus getrockneten Lehmziegeln erbaut; auch die Straße ist noch in gutem Zustand.

Gallinazo diente als Verwaltungszentrum für die Salzgewinnung, denn in dem flußlosen Tal direkt dahinter gibt es Salzwasserquellen. Schon sehr früh profitierten die Küstenvölker von dieser Gabe der Natur und bauten rechteckige, mit Stein eingefaßte Becken, in die das Salzwasser geleitet wurde, wo es dann verdunstete. Dank der erbarmungslos heißen Sonne und dem Mangel an Regen ging das sehr schnell, und es blieb eine Salzablagerung zurück. Das Salz wurde dann zu hohen weißen Pyramiden aufgeschichtet – die immer noch ein Merkmal der Landschaft sind, da die Salzpfannen noch in Gebrauch sind –, bevor es zur Weiterverteilung verladen wurde.

Nach Salinas – wie dieser Ort zutreffend heißt – wandte sich die Königsstraße zur Küste bei Chao. Da es hier keine geographischen Hindernisse gab, verlief sie gradlinig durch die Pampa.

Dann kam die Mauer! Niemand hat sie vier Jahrhunderte lang erwähnt oder auch nur ihre Existenz geahnt, und erst an einem Augusttag 1931, als Robert Shippee und Leutnant Johnson sie aus der Luft sahen, trat sie wieder in die Blätter der Geschichte ein. «Während wir von der Basis [in Trujillo] aus operierten, machten wir einen Flug, folgten dem Tal des Santa-Flusses zur Küste, und da bemerkten wir etwas, was wie eine Mauer aussah, die die Bergketten hinauf und hinunter verlief. Wir machten uns eine Zeitlang Gedanken über den Zweck eines solchen Bauwerks, entschieden, daß es bemerkenswert sei und machten eine Anzahl von Aufnahmen.» Ein paar Tage danach kehrten sie wieder zurück: «Wir wandten uns landeinwärts und stießen auf die Mauer; wir folgten ihr mindestens siebzig Kilometer weit.» Auf ihrem nächsten Flug bemerkten und filmten sie «in unregelmäßigen Abständen auf beiden Seiten der Mauer teils kreisförmige, teils rechteckige Festungen. Schließlich verloren wir sie bei Corongo aus den Augen.» Corongo! Das ist im Gebirge, 150 Kilometer vom Meer entfernt! Shippee und Johnson hatten die «große Mauer von Peru» entdeckt und ihren Verlauf vom einen Ende bis zum anderen verfolgt.

Was war sie, wer hat sie erbaut und zu welchem Zweck? Zweifellos war die Mauer eine Verteidigungsanlage; aber wer die ursprünglichen Verteidiger waren und wer die Feinde, ist eine Frage, die man auf Grund des bisherigen Beweismaterials nicht beantworten kann. Das einzige, was man mit Gewißheit sagen kann, ist, daß die Mauer aus der Zeit vor den Chimú stammt – die aufgefundene Töpferware erlaubt eine ungefähre Datierung –, wenn auch die Chimú sie weiterbenutzten und verbesserten und wohl die aus Lehmziegeln bestehenden Partien erbauten.

Der größere Teil der Mauer ist aus unregelmäßig geschichteten

Steinen – *pirca* – erbaut und über drei Meter hoch. Sie schlängelt sich vom Meer über die niedrigen Vorberge parallel zum Santa hinauf ins Gebirge. In den höher gelegenen Gegenden, wo Regen gelegentlich fällt, wurden in die fast senkrechten Bergflanken Terrassen gebaut und Erde und Dünger aus beträchtlichen Entfernungen herangebracht. Diese Terrassen wurden dann als immer bereitstehende Quelle von Proviant für die Verteidiger der Mauer benutzt, die die vielen Ausguckposten und strategisch angelegten Festungen bemannten, die aus sorgfältig ohne Mörtel aneinandergefügten Steinblöcken erbaut waren.

Etwa von 1460 ab empfing der Herr von Chimú Gesandte des Inka, der nach den erfolgreichen Invasionen der Südküste nunmehr seine Aufmerksamkeit auf das Reich der Chimú richtete. Der Herr der Chimú sagte den Gesandten, daß sein Volk den Schöpfergott Pachacamac und die Ozeanmutter Mamacocha, die es mit ihren Fischen ernährte, anbete und nicht den Wunsch hätte, die Sonne anzubeten, die ihm nur erbarmungslose, übermäßige Hitze spende. «Der große Chimú», sagte Garcilaso de la Vega, «antwortete, daß er sein Reich verteidigen werde, er wünsche weder neue Gesetze noch neue Götter.»

Daraufhin «kämpften die Bewohner von Santa [nämlich die Verteidiger der großen Mauer und der Festungen] mit solchem Mut, daß der große Chimú hoffte, die Inka würden es müde werden» – statt dessen kam der endgültige Zusammenstoß auf eine Weise, die keines der beiden Reiche vorhergesehen hatte.

1461 führte der Inkageneral Capac Yupanqui ein großes Stoßtruppunternehmen, um die Verteidigungskraft der nördlichen Stämme zu erproben. Er hatte vom Inka den Befehl, zum Yanamayu – Schwarzer Fluß – zurückzukehren, der damals außerhalb des Herrschaftsbereichs der Inka lag; aber als er dort ankam, erlebte er eine Massendesertion der erst kürzlich besiegten Chanca. Um sich vor Inka Pachacutic zu rechtfertigen, stieß der General auf Cajamarca vor, das damals ein unabhängiges Stammeszentrum war und ein Verteidigungsbündnis mit den Chimú hatte, deren Wasserquellen es kontrollierte.

Der Kampf war schwer, aber obwohl die Chimú zu Hilfe kamen,

wurden die Bewohner von Cajamarca besiegt. Capac Yupanqui richtete eine Inkagarnison ein und bereitete sich auf eine Rückkehr vor, von der er hoffte, daß sie ein Triumphzug würde. Chasqui in Stafetten brachten die Nachricht nach Cuzco, aber als Pachacutic sie hörte, war er wütend über den Ungehorsam seines Halbbruders – insbesondere, da er erkannte, daß es eines Blitzkrieges bedurfte, um das ganze Land zwischen den letzten Vorposten der Inka und Cajamarca zu unterwerfen – und befahl, daß der General getötet würde. Schon nach einem Jahr brach indessen Topa Inka – Pachacutics Erbe – mit einer großen Streitmacht auf und besiegte die vielen Stämme zwischen Cuzco und Cajamarca.

Als Folge von Topa Inkas Eroberung wurde die Königsstraße erweitert und eine direkte Verbindung zwischen Cajamarca und Cuzco hergestellt. Die Inka hatten die Verteidigungsanlagen der Chimú umgangen und sahen nun von den Bergen auf sie hinunter. Sie kontrollierten auch die Wasserquellen der Chimú.

Auf diese Weise sicherten sich die Inka den Sieg über das Reich der Chimú, das ungefähr ums Jahr 1000 entstanden war, etwa zur selben Zeit wie das der Inka. Man kann aber die Chimú in mancher Hinsicht als die natürlichen Nachfolger der Mochica-Kultur ansehen, die von etwa 400 n. Chr. ab an der Küste blühte.

Die Mochica waren, wie alle anderen Stammesgruppen, Ackerbauer. Sie waren auch Meister der Bewässerung, wie wir schon gesehen haben. Die angebauten Nahrungsmittel waren so ziemlich dieselben wie überall sonst in Peru – Mais als Grundnahrungsmittel und zahlreiche Gemüse und Früchte als Ergänzung. Außerdem lieferte das Meer Fisch, Schalentiere und Seetang, und Gras wurde auf den Inseln vor der Küste gesammelt. Die Mochica-Gesellschaft war sozial geschichtet wie die der Inka. Jedes Dorf hatte seinen Herrn, der seinerseits wieder einem höheren Herrn verantwortlich war. Das Alltagsgewand «bestand aus einem hemdähnlichen Poncho und einer Decke. Sie trugen auch eine runde Kopfbedeckung aus Wolle, die manchmal mit Gold- und Silberperlen, die *chaquira* hießen, bestickt war. Beide Geschlechter trugen eine Art von Schurz, der ihre Scham bedeckte.»

Da es selten regnete und an der Küste ständig Saatwetter

herrschte, hatten die Mochica reichlich Zeit, um sich mit nichtlandwirtschaftlichen Dingen zu beschäftigen. Sie waren hervorragende Metallarbeiter, gute Weber – von Federn ebenso wie von Baumwolle und Wolle –, und ihre Töpferware ist in Amerika unübertroffen. Bei ihrer Vorliebe für realistische Darstellungen hinterließen ihre Töpfer lebensnahe Porträts von Kriegern, Priestern, Besitzenden und Besitzlosen, Lahmen und Blinden, wie auch von fast klinisch getreu wiedergegebenen kranken Menschen – fast jede Krankheit, die sie kannten, ist vertreten. Außerdem wurden alle ihre Lebensmittel, seien sie angebaut oder gesammelt, realistisch abgebildet, ebenso die dürre Landschaft, die für ihr Gebiet charakteristisch ist. In diesen sehr schön ins einzelne gehenden Miniaturen sieht man die Sonne, wie sie auf die Wüste niederbrennt, verschiedene Typen von Wüstenpflanzen, die grünen Anbauflächen der Flußtäler und Maisfelder, die in der Brise von der Küste her wogen. Ein weiterer charakteristischer Zug der Mochica-Keramik ist die realistische und sympathisch freimütige Darstellung verschiedener erotischer Positionen – einschließlich sodomitischer Beziehungen. Diese fanden die puritanischen Inka so anstößig, daß sie die vollständige Vernichtung von Stämmen befahlen, die Sodomie und Fellatio betrieben. Für die Auffassung der Inka waren solche Praktiken eine Vergeudung von menschlichem Samen und enthielten dem Reich Arbeitsbesteuerung vor. Auch Homosexuelle und Junggesellen waren verpönt.

Der Reichtum an Töpferware wurde aus tiefen Gräbern geborgen, wo der Sand die Formen und Farben konserviert hat, und ist so realistisch und bildhaft gestaltet, daß sie fast die geschriebene Sprache ersetzt. Wie alle anderen Stämme dieses Gebietes hatten auch die Mochica keine Schrift. Ihre Geschichte mußte im Gedächtnis aufbewahrt werden.

Etwas nach 1000 begann bei den Mochica, die nur über vier der nördlichen Küstentäler herrschten, der Niedergang. Alles archäologische Beweismaterial deutet darauf hin, daß ihr Untergang gewaltsam und plötzlich war. Als sie nach 1000 wieder auftauchten, war es als das Reich Chimor mit der Hauptstadt Chan Chan.

Die Chimú entfalteten wie die Inka kräftige imperialistische Züge. Sie entwickelten sich vom Stadium des Tempelstadtstaates zum Stadium des Eroberers und schließlich, wie die Inka, zum Tributstaat, in dem sie sich «von einer statistischen Summe von Personen zu einer organischen Einheit wandelten, deren Glieder einander ergänzende Funktionen ausüben» – kurz, in ein stark zentralisiertes Reich mit einem geregelten Kastensystem. Bis 1400 hatten die Chimú alle Täler vom Santa bis Tumbes erobert. Wie die Inka waren die Chimú Organisatoren: Wasserleitungen, Bodenvermehrung, Mehrer der Bevölkerung auch unter Wüstenbedingungen. Sie erweiterten den Bodenbesitz, terrassierten kahle Berghänge, brachten Guano-Dünger und Ackerboden. Vieles geschah in großem Maßstab. Webereien waren Massenprodukte, desgleichen die Töpferware. Metallarbeiter waren Kunsthandwerker; sie arbeiteten in Kupfer, Bronze, Gold und Silber. Der Abfall ihrer Erzeugnisse findet sich noch zu Hügeln aufgehäuft rund um ihre Wohnviertel in Chan Chan.

Die Gesellschaft war hierarchisch gegliedert. Es gab gewöhnliches Volk, Handwerker, Priester und die regierende Klasse. «Die Herren dieser Täler hießen Cie», erklärte Pedro de Cieza. Bevor die Chimú von den Inka besiegt wurden, «waren diese Herren sehr gefürchtet, und man gehorchte ihnen und diente ihnen mit großem Pomp; sie umgaben sich mit Narren und Tänzern, die sie unterhielten. Jeder Herr hatte in seinem Tal große Wohnhäuser aus Lehmziegelpfeilern, mit großen Terrassen und Toren.»

Chan Chan war für sie, was Cuzco für die Inka war. Das politische und wirtschaftliche Zentrum des Königreiches Chimor ist großstädtisch konzipiert. Es war in dem unfruchtbaren Nordwestteil des Moche-Tals erbaut, ein zehn Kilometer im Quadrat großer Komplex aus Mauern, Gebäuden, Häusern und Wasserbehältern. Er erstreckte sich bis zum Ufer des Meeres. Alles war groß angelegt; gewaltige, zwölf Meter hohe Mauern aus einer Mischung von kleinen Steinen und Lehmziegeln, die zu Formen gepreßt waren – *tapia*; die Mauern trennten jeden Clan vom anderen. Jede Einheit war ein vollständiges Ganzes: sie hatte regelmäßig angelegte Straßen, Häuser, Zellen, Gärten, die von besonderen, spiralförmigen Kanälen bewässert wurden. Das Wasser wurde auf Aquädukten von Quellen hoch oben vom Moche-Fluß nach Chan Chan herangeführt.

Diese lebenswichtige Wasserquelle «umzuleiten», war das Ziel des

Inkaheeres unter ihren Topa Inka. Der Angriff der Inka hatte drei Richtungen, eine davon von Norden her zur Küste, wo die Chimú keine großen Mauern oder Befestigungslinien hatten. Ein Volk kann kämpfen, auch ohne Hoffnung; aber ohne Wasser dauert kein Widerstand sehr lange. Der oberste Herr der Chimú, Minchancaman kapitulierte und wurde in ehrenvollem Exil in Cuzco gehalten. Einer seiner Söhne wurde als Marionette der Inka zum Herrscher von Chimor ernannt.

Die Straßenbauer der Inka und die Beamten, die ganze Völkerstämme verpflanzten, die oft erwähnten *mitakona*, kamen bald nach den militärischen Operationen. Nördlich des Santa-Flusses führte die Straße nach Chao an der Küste, in das Viru-Tal und vorbei an der riesigen Moche-Pyramide, die El Castillo genannt wurde; dann ging sie direkt auf das Hochplateau, von dem aus man das nahegelegene Meer sehen konnte. Sie verlief parallel zur Meeresküste; alle fünf Kilometer finden sich Reste von kreisförmigen Häusern. Sie geht weiter zu einem Hafen, «wo man», sagte Pedro de Cieza, «zum Guañape-Tal kommt».

Das Tampu von Guañape liegt beim Cerro Prieto de Guañape 228 Meter über dem Meeresspiegel. Ein leidlich geschützter Hafen ist in der Nähe, und zehn Kilometer entfernt liegen im Meer eine Anzahl guanoreicher Inselchen. Guañapes Bedeutung als Hafen erwies sich 1546 bis 1548, als La Gasca hier seine Flotte zu einer Invasion des von Gonzalo Pizarro gehaltenen Teils von Peru versammelte. Einer von La Gascas Leuten schrieb diesem aus Guañape, daß er «diesen befestigten Hafen erreicht, dort haltgemacht habe, um Holz und Wasser aufzunehmen, und daß er nun zu See weiter vorrücke».

Die Straßenplaner der Inka benutzten die Mochica-Chimú-Straßen, wo immer es möglich war, und trieben die Küstenstraße von Guañape zum Moche-Tal vor. Auf dem Weg dorthin kam sie an den gewaltigen Pyramiden der Sonne und des Mondes vorbei und erreichte, nachdem sie den Moche-Fluß überschritten hatte, ein königliches Tampu, wo, wie Cieza sagte, «die Inka große Lagerhallen und Häuser erbaut hatten, die Straße führte mit ihren Mauern hindurch».

1535 wurde dieses Tampu von Francisco Pizarro als eine spanische Stadt neu gegründet; er nannte es nach seinem Geburtsort in Spanien

Der Verfasser vor einer polychromen Wandverzierung an einem Mochica-Gebäude bei Casa Garanda an der pazifischen Küstenstraße (Conti-suyu).

Ruinen des ritualistischen Bads der Inka bei Tampuma.

Die kreisförmigen Anbauterrassen in Moray bei Cuzco, die die Inka zum Schutz vor Witterungseinflüssen tief in die Erde eingruben.

Oben: Die Königsstraße auf der Hochebene von Bolivien auf ihrem Weg nach Chile und zum «Ende der Erde». Unten: «Das Inka-Reich ist ohne diese Straßen nicht denkbar, wie diese Straßen nicht denkbar sind, ohne die Organisation des Inka-Reiches», schrieb ein deutscher Archäologe während seiner Reisen 1938 in Peru und Bolivien. Damals war das Straßensystem, wie hier eine der Hauptstraßen am Titicacasee, noch weitgehend unerforscht.

Trujillo. Das Tal, in dem die neue Stadt lag, war so groß und fruchtbar und so dicht besiedelt, daß es zusammen mit dem benachbarten Flußtal von Chicama auf sechs Konquistadoren aufgeteilt wurde, von denen der bedeutendste Diego de Mora war.

Als Cieza 1547 auf dem Höhepunkt des Bürgerkriegs durch den Ort kam, stellte er fest, daß die spanischen Einwohner die indianische Technik der Bewässerung der Blumen- und Gemüsegärten, die immer grün und blühend waren, übernommen hatten. «Der Ort ist gesund und auf allen Seiten von Bauernhöfen umgeben, angepflanzt mit Granatäpfeln, Feigen und anderen Früchten aus Spanien, Weizen und Orangen, ein herrlicher Anblick. Überall sind viele Weinreben angepflanzt.» Diego de Mora schrieb an Pizarro über «die prachtvollen Mengen von Weintrauben in Mabina».

Diego de Mora war der erste, der Zuckerrohr in diesem Gebiet anbaute – das mit der Zeit zum Zuckerzentrum von ganz Peru wurde – und auch die erste *trapiche* errichtete, eine von einem Joch Ochsen gedrehte Mühle, die das Zuckerrohr zerkleinerte, damit der Saft, aus dem Zucker und Rum bereitet werden, herausgepreßt wurde. Mora hatte einen praktischen Sinn und verstand es, immer wieder auf die Füße zu kommen. Obwohl er ursprünglich ein Anhänger von Almagro war, verschaffte er sich schließlich doch den größeren Anteil an dem Tampu, das zu Trujillo, jetzt einer der größten Städte von Peru, wurde.

1545 bis 1547 war Trujillo allerdings ein etwas unruhiges Paradies. La Gasca war auf dem Marsch nach Süden, und Gonzalo Pizarros Männer wußten nicht, für wen sie sich entscheiden sollten. Mora prüfte die Stärke des politischen Windes und entschied, daß die Zeit gekommen sei, wieder einmal die Seite zu wechseln. Am 15. April 1547 wurde Gonzalo Pizarro von seinen Männern in Trujillo darüber informiert, daß Diego de Mora sie aufgefordert habe, sich ihm anzuschließen und der Fahne des Königs zu folgen. Er, Diego de Mora, habe sich gegen Pizarro gewandt. Er nehme sechzig Männer und das Gold des Königs mit.

Es gibt sechs verschiedene Straßen in dem Tal zwischen Huanchaco (Tampu und Hafen von Trujillo) und Chicama. Eine, die sechsundzwanzig Meter breit und von hohen Mauern gesäumt ist, ist ohne Zweifel eine Zeremonialstraße der Chimú; sie führt repräsentativ nach Chan Chan hinein. Die Küstenstraße der Inka dagegen, die über den jetzigen Flugplatz von Huanchaco verläuft, diente ausgesprochen praktischen Zwecken, und ein großer Teil von ihr ist infolge von Sandverwehungen verschwunden.

Auf ihrem Weg über eine Pampa aus groben Kieseln, Bimsstein und Sand kam die Inkastraße durch Chiquitoy – wo sie noch deutlich neben einer guterhaltenen, abgestumpften Pyramide zu sehen ist – und ging weiter in das Tal von Chicama, wo Diego de Mora seine Zuckermühle hatte. Diese wurde gespeist mit Wasser aus dem großen Kanal der Chimú, der Chicama über eine Entfernung von siebzig Kilometer mit dem Moche-Fluß verband. Nach dem Verlassen des Chicama-Tals verläuft die Inkastraße in nördlicher Richtung auf die Pampas von Paijan zu.

Bei seiner Beschreibung der Küstenstraße klagte der königliche Schatzmeister Augustín de Zárate – der 1544 nach Peru gekommen war, um die königlichen Guthaben zu inspizieren, in den Bürgerkrieg verwickelt wurde und schleunigst wieder abreiste, als Francisco de Carbajal drohte, ihn am höchsten Baum von Peru aufzuhängen, wenn er ihn dabei erwische, daß er irgend etwas schrieb –, daß «die Pflasterung infolge der Kriege zwischen den Indianern und Christen an vielen Stellen zerstört sei». Er bestätigte jedoch, daß «diese Küstenstraße der Inka [1545] noch zu sehen ist. Die kühlen Täler, durch die die Straße verläuft, haben Flüsse, und die Straße ist von Bäumen und Sträuchern gesäumt. Aber durch jedes Tal bauten sie die Straßen mit kräftigen Mauern aus Lehmziegeln von einem Ende bis zum anderen. Wo diese Straßen die Täler verlassen, gehen sie weiter über Sandwüsten. Die Mauern in den Tälern stehen größtenteils noch unversehrt als Zeugen der Größe dieser Leistung.»

Allein schon die Tatsache dieser Straße erzürnte Fernando de Armellones: «Denn wir können das große Paradox nicht verheimlichen, daß ein Wilder [Huayna Capac] eine so ausgezeichnete Ordnung aufrechterhielt, während wir heute [1550] nur zahllose verlassene Dörfer an allen Straßen des Reiches sehen.»

Größtenteils geschah das auf Befehl von Gonzalo Pizarro, der voll

Wut auf die Nachricht reagierte, daß Diego de Mora und viele andere seiner früheren Anhänger zur Fahne des Königs übergelaufen waren. Am 18. April 1547 erging eine briefliche Nachricht von Lima aus an alle Männer Pizarros, die an der Küstenstraße postiert waren: «Nehmt allen Proviant, alle Lamas, Hühner, Weizen mit. Stiftet alle Indianer an der Küste zur Rebellion an. Und die Häuptlinge nehmt mit, wenn der Feind [La Gasca] kommt. Wenn sie kommen, dürfen keine Lamas, keine Maultiere zurückgelassen werden, und die, die nicht mitgenommen werden können, müssen getötet werden.» Seine Männer gehorchten. Aus San Miguel, weit im Norden von Peru, antwortete der treue Villalobos: «Ich löste sofort Alarm aus. Ich sandte zehn Reiter nach Maycabilica [Poechas], um die Tampu und Weizenfelder zu verbrennen. Ich habe alle Kaziken von Tumbes, meistens junge Männer, zusammengetrieben. Ich ließ alle Lamas und Frauen kommen. Ich werde dieses Tampu verbrennen und es verwüstet zurücklassen. Ich habe christliche und indianische Späher entlang der ganzen Küste postiert.»

Auf der ganzen Strecke nach Cerro de Chocofán und darüber hinaus war die Straße unterbrochen und die Tampu zerstört worden. Wo die Straße jedoch die Pampa de Falco im Tal von Jequetepeque durchquerte, brauchte sie weder Pflasterung noch Stufen und konnte daher relativ unbeschädigt über die von Natur aus harte Oberfläche der Pampa weiterführen. In Pacasmayu kam sie an den wuchtigen Chimú-Bauwerken vorbei, die Pacatamú genannt wurden und die der Bürgerkrieg in Ruinen verwandelt hatte. Pedro de Cieza schrieb über dieses Tal, daß «gewobene Baumwollstoffe in großen Mengen hergestellt werden. Vieh gedeiht hier gut, und Schweine und Ziegen noch besser. Ich kam im September 1547 durch dieses Pacasmayu, um mich den anderen Soldaten anzuschließen, die des Königs Sache unterstützten. Dieses Tal erschien mir sehr angenehm mit seiner Frische und den vielen Baumbeständen und Dickichten, in denen Tausende von Vögeln nisten.»

Auf ihrem Weg nach Saña kam die Straße wieder in Wüstengebiet. Auf den ersten Blick erscheint diese Wüste völlig abweisend, äußerst öde und ganz unbewohnbar; aber beim genaueren Hinsehen bemerkt man, daß der Sand die Spuren kleiner grauer Eidechsen aufweist. Nachts kommen Füchse, die sich hier zum Teil von Pflanzen ernähren, heraus, um die Beeren der *lipe* zu fressen, die in den trockenen Tälern wächst. Auf den Dünen sind oben oft die kurzen Dornen der *yuca del monte*, einer eßbaren Knolle, und die niedrigen krummen und knorrigen Bäume, die armselige Früchte liefern. Auf der geschützten Seite der gewaltigen *médanos* gedeiht eine einfache Vegetation. Anzeichen menschlicher Technik gibt es auch: bei einem Felsmassiv namens Cerro Colorado verläuft ein einst funktionsfähiger, mit Stein eingefaßter Kanal stellenweise nahe und manchmal sogar unmittelbar neben der Königsstraße.

In Saña, wo die Straße sich merklich verbreiterte, war ein großes Tampu. Es existiert noch, und man kann sehen, daß es in zwei rechteckige Abteilungen geteilt war, jede sechzig Meter lang und entsprechend breit. In der einen Abteilung wurden Lamas gehalten; in der anderen, die eine Anzahl voneinander getrennter Zimmer enthielt, war die Herberge. Insoweit war es ein absolut normales Tampu – Cieza sagt denn auch, es «ähnele in jeder Weise den anderen» –, aber seine historische Bedeutung war so groß, daß Karl III. von Spanien 1786 eine der ersten offiziellen archäologischen Erforschungen finanzierte, um mehr darüber zu erfahren. Der Grund dafür war, daß Pizarro und seine Truppe von Konquistadoren am 10. November 1532 hier von der Küstenstraße abbogen und den langen Anstieg nach Cajamarca begannen.

Alle Einzelheiten dieser epischen Reise, die schließlich mit der Gefangennahme und dem Tod von Atahualpa endete, wurden von Pizarros Sekretär Francisco de Xeréz aufgeschrieben. Er erklärte, daß Pizarro nach Hernando de Sotos Erkundungsvorstoß nach Cajas – siehe Kapitel III –, durch den die Spanier erfuhren, daß Atahualpa sich in Cajamarca aufhielt, sich gegen einen direkten Vormarsch ins Gebirge entschied und statt dessen seine Männer eine Strecke weit auf der Küstenstraße entlang führte. Diese Straße beschrieb Xeréz als «von Mauern gesäumt und so breit, daß zwei Karren nebeneinander auf ihr fahren konnten. An manchen Stellen waren auf beiden Seiten Bäume angepflanzt worden, um Schatten zu spenden.» Nach ein paar Wochen kamen sie nach Saña, wo, wie man ihnen gesagt hatte, eine Straße von der Hauptstraße abzweigte und direkt nach Cajamarca führte. Diese beschloß Pizarro einzuschlagen, auch wenn «ein schwieriges Gebirge zu überqueren war und eine Katastrophe eintreten könnte».

Sie marschierten an den Fuß des Gebirges und überquerten den Cerro de la Viña bis zur Schlucht von Examen. Hier «ruhten sie einen Tag, um die Marschordnung für den Anstieg festzulegen, und nachdem das geschehen war, begann der Gouverneur, das heißt Pizarro, mit dem Aufstieg».

Indem sie der Stufenstraße – von der noch Teile am Cerro de Culpon zu sehen sind – über einen wenig benutzten, aber stark befestigten Paß folgten, stiegen die Spanier die Schlucht von Sintupaya hinauf, dann zu der heutigen Hacienda de San José de Nancho und schließlich fast senkrecht zum Cerro de San Gregorio und nach Paujal, wo es noch Ruinen gibt. Sie gingen weiter nach Trigal, «wo die Straße schlechter wird», passierten einen Engpaß, wo überall Ruinen sind, und kamen an einem Ort heraus, den sie San Miguel nannten. Von dort marschierten sie über die hohe Kordillere – «die Kälte ist so scharf in diesen Bergen, daß die Pferde erfroren» –, bis sie die Königsstraße über die Anden erreichten, der sie bis Cajamarca folgten.

Wenn man die Straße, auf der die Spanier zum Tampu von Saña weitergingen, in der Gegenrichtung zurückgeht, kommt man zuerst zum Fluß und dem stark landwirtschaftlich genutzten Tal desselben Namens und dann, nach der üblichen Unterbrechung durch Wüste, zum nächsten Tal und Fluß, wo drei gewaltige Aquädukte ein weites Landgebiet bewässerten. Das Tampu hier hieß Cinto – das moderne Patapo –, von dem Cieza sagt, daß es in einem schönen Tal liege. Cinto war ein großes städtisches Zentrum, wie die vielen Ruinen von Häusern und Garnisonen und die weitläufigen Mauern beweisen. Reste sowohl von inkaischer als auch von Chimú-Töpferware sind hier gefunden worden. Bevor die Chimú hierherkamen, war das Tal wahrscheinlich ein großes Zentrum der Mochica. «Es war», schrieb Xeréz, «ein dicht besiedeltes Tal, durch das ein großer und reißender Fluß [der Lambeyeque] floß.» Cinto war der Name des «Häuptlings des Dorfes und der Festung, wo Pizarro wohnte. Er stand auf der Seite von Atabilba [Atahualpa].»

Nach 33 Kilometer Wüste erreichte die Straße Jayanca. Cieza ermahnte seine Leser, «daß sie daran denken müßten, daß zwischen einem schönen Tal und dem nächsten Sandwüsten und dürre Strekken liegen. Und wenn der Reisende sich durch diese hindurchmüht und das nächste Tal erblickt, freut sich sein Herz.»

Zwischen Cinto und Jayanca verlief die Straße zunächst durch eine mit kleinen Steinen bedeckte Wüste und kam dann durch einen regelrechten Wald aus Johannisbrotbäumen. Zwischen den Bäumen stehen große Mochica-Pyramiden – die später von den Chimú benutzt wurden –, bei denen es viele Gräber gibt, die Grabräubern prächtigen Goldschmuck geliefert haben. In der Mitte des Waldes erhebt sich El Purgatorio, eine mächtige Stufenpyramide und ein riesiger Komplex von Gebäuden, die alle der Verehrung der «Götter im Himmel» dienten. Über diese ganze Strecke verlief die Königsstraße mit Chasqui-Stationen, Tampu, Tempeln und Lagerhäusern, und sie ist trotz der Zerstörung, die die Zeit und der Mensch ihr zugefügt haben, noch zu sehen.

KAPITEL

XVIII

Die goldenen Tempel von Tumbes

Das Tampu von Jayanca war an einem der großen Bewässerungsgräben erbaut worden, die die Küstenstämme angelegt hatten. Dieser Kanal verlief durch das Gebiet der heutigen La Viña Hacienda in ein Tal, das Cieza «das schöne, kühle Tal von Jayanca» nannte. «Durch dieses Tal fließt der hübsche Fluß [Leche], dem sie das Wasser für die Bewässerung entnahmen. In früherer Zeit war dieses Tal dicht besiedelt, und es gab in ihm große Wohnungen [die noch zu sehen sind] und Lagerhäuser der Herrscher.»

Jayanca und vier weitere Tampu jenseits davon wurden Francisco Lobo und Diego Gutiérrez in *encomienda* gegeben, die etwas wirklich Bedeutendes geleistet haben müssen, um alle fünf Tampu zu verdienen; aber nur Lobo taucht in den Berichten auf, und wir wissen nicht mehr von ihm, als daß er ein Anhänger von La Gasca wurde. Die Überreste der ursprünglichen Stadt Jayanca, «die Hauptstadt vieler Täler», sind ausgedehnt und zum Teil in einem Wald aus Johannisbrotbäumen verborgen. Es ist aber leicht zu verstehen, warum der Inka Huayna Capac die Tochter des Curaca des Tales zu einer seiner Frauen machte.

Das nächste Tampu war das von Motu oder Motupe, über das Cieza sagt, daß die dorthin führende Straße «breit und gut angelegt war. Das Tal ist breit und sehr fruchtbar, obwohl der ansehnliche Fluß verschwindet, bevor er das Meer erreicht. Johannisbrotbäume und andere Bäume bedecken es zu einem großen Teil.» Der Grund dafür, daß der Fluß das Meer nicht erreicht, ist, daß er in den heißen Sand der Sechura-Wüste, die an das Tal angrenzt, läuft und dort austrocknet. Das gleiche geschieht mit allen Flüssen, die vom Gebirge herunter in die Wüste fließen.

Alle Reisenden stimmen darin überein, daß der nächste Abschnitt der Reise nach Norden «lang, ermüdend und heiß» war, oder, wie Cieza kurz und bündig sagte, «alles ist Sand und beschwerlich». Schließlich erreichte die Straße aber doch das Tampu von Serran, von wo eine Straße nach Cajas im Hochland abzweigte. Das war die Querstraße, die Hernando de Soto und seine vierzig Reiter einschlugen, als sie 1532 zu Beginn der Eroberung von Pizarro ausgesandt

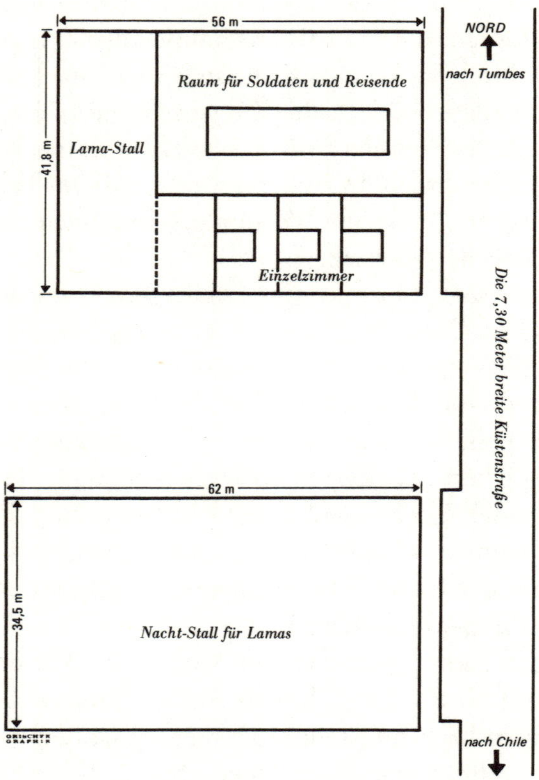

Form und Funktion der Tampu, der inkaischen Wegstationen. Grundriß des an der Küste gelegenen Tampu in Saña. (Für den Verfasser gezeichnet von Pablo Carrera.)

wurden, um den Aufenthaltsort von Atahualpa ausfindig zu machen – siehe Kapitel III.

Hinter Serran setzte sich die Straße nach Tala – Ala – und Morropón fort und betrat ein langes, gekrümmtes Tal, das vom Piura-Fluß bewässert wurde. «Hier», sagte Cieza, «pflanzen sie Mais an, der zwei Ernten im Jahr liefert, Yucca, aus der man Brot und Getränk [Chicha] macht. Sie bauen viel Süßkartoffeln an, deren Geschmack an Kastanien erinnert. Auch Kartoffeln bauen sie an und viele Sorten von Bohnen, ebenso die üblichen Früchte. Der Guajave-Baum wächst im Überfluß, auch Kassia, Avocados, Kürbis, *caimito*, Ananas und seit der Ankunft der Spanier Feigen, Weintrauben, Quitten, Zitronen, Limonen. Das alles macht die Reise durch diese Täler zu einem Vergnügen.»

Die Ureinwohner dieses Gebiets waren die Tallanen. Sie unterwarfen sich zuerst den Chimú, dann den Inka. Aber die Zeit zwischen der Eroberung durch die Inka und der durch die Spanier war so kurz, daß Cieza, als er die Gegend besuchte, feststellte, daß «die meisten die Sprache von Cuzco [das Ketschua] noch nicht erlernt hatten». Sie waren, sagte Cieza, «vergnügungssüchtiger als andere. Die Häuptlinge waren gefürchtet, und man gehorchte ihnen; Tänzer unterhielten sie mit Musik und Gesang. Sie hatten viele Frauen, die aus den schönsten ausgewählt waren. Sie hatten große Wohnungen, Terrassen, Tore, Lehmböden, die mit Matten bedeckt waren. Und wenn der Herr speiste, kamen viele zusammen, die von seinem aus Mais gebrauten Getränk tranken. Obwohl es drei oder vier verschiedene Stämme bei ihnen gab, hatten diese *yunga* [diesen Namen gaben die Inka allen Stämmen, die die *yunga*, die heißen Länder, bewohnten] alle dieselben Gebräuche. Sie boten früher den bei ihnen vorbeireisenden Spaniern Unterkunft und behandelten sie sehr freundlich – das tun sie nun nicht mehr.»

Der Grund dafür, daß die *yunga* nicht mehr bereitwillig den Gastgeber spielten, ist einfach der, daß dank der Spanier fast keine mehr von ihnen übriggeblieben waren. Obwohl die unmittelbar von der spanischen Eroberung verursachten Menschenverluste verhältnismäßig gering waren, rafften die von den Spaniern mitgebrachten Krankheiten – Pocken, Masern, Mumps – eine Vielzahl von Indianern dahin. Auch die grausame Behandlung ihrer besiegten Untertanen durch die Spanier trug dazu bei: «Diejenigen, die ausgesandt wurden, um sie zu regieren», sagte Cieza, «taten das mit so großer Schurkerei, so grausam und böse, daß ich betrübt bin über die schlimme Behandlung und den gewaltsamen Tod, den die Spanier über die Indianer gebracht haben.»

Poechos, die nächste Haltestation 30 Kilometer oberhalb am Chira-Fluß, war auf Grund von Pizarros Anordnungen so zerstört worden, daß nur drei Fragmente der Mauern übriggeblieben sind, aber als es von Pizarro und seinen Männern auf seinem Marsch zur Suche von «Alt-Cuzco» am 25. Mai 1532 zum erstenmal erblickt wurde, «schlug er sein Lager in einem großen Dorf namens Poechos auf, wohin alle Häuptlinge kamen, um Frieden zu schließen». Der Herr des Ortes hieß Maycaibilca, und dieser Name wurde oft für das Tampu selbst gebraucht. In seiner Nähe ist «in einer Entfernung eines Armbrustschusses eine von einer Mauer umgebene Festung mit vielen Räumen, wo die Spanier wohnten. Jeden Tag brachten die Indianer alle notwendigen Lebensmittel.»

Der letzte Abschnitt der Reise nach Tumbes, dem Endpunkt des Inkareichs an der Küste und dem Ausgangspunkt der spanischen Eroberung, ging durch das Gewirr der Vorberge des Cerro de Amotape. Auf dieser Straße machte Pizarros Sekretär die ersten historischen Notizen über die Inkastraßen: «Die Straße ist ganz von Menschenhand gemacht, breit und gut gebaut, und an manchen schlechten Stellen [er meinte überschwemmte] ist sie mit Stein gepflastert.» Sie ging durch einen im hohen Trockenwald begrabenen Ort namens Lacones, wo Dr. Georg Petersen, ein deutscher Ingenieur, der mehrere Jahrzehnte in diesem Gebiet arbeitete, das Tampu – Iglesia de Huacos – auf einem hohen schmalen Berggipfel fand und ein weiteres langes und schmales Tampu, über fünfundneunzig Meter lang und neun Meter breit, dessen viele Räume größtenteils noch intakt waren. Die Straße ging im Zickzack über niedrige, begrünte Hügel bis auf 800 Meter hinauf. Dort fand man ein großes Verwaltungszentrum, das Tampu und die Festung von Guineal. In kurzer Entfernung davon kam Huaquillas. Durch diesen Trockenwald marschierten die Konquistadoren «auf einer viereinhalb Meter breiten und mit übermannshohen Mauern gesäumten Straße. Der ganze Weg war sehr sauber und von Bäumen beschattet, deren Äste vielerorts schwer von Früchten herunterhingen und voll von Papageien und anderen Vögeln waren. In jedem dieser Täler hatten die Inka stattliche Wohnhäuser für sich selbst und große Lagerhäuser.»

Das ist die Straße, die Pizarro im Frühjahr 1532 einschlug. Am dritten Tag nach dem Verlassen von Tumbes, also am 16. Mai 1532, «erreichte er ein Dorf in den Bergen». Dieses Dorf heißt heute Rica Playa und wurde, wie alle übrigen hier kurz erwähnten Orte, von Dr. Georg Petersen entdeckt.

Dr. Georg Petersen übergab dem Verfasser dieses Buches die Ergebnisse einer lebenslangen Arbeit. Das war, nachdem des Verfassers Buch ‹*Highway of the Sun*› veröffentlicht worden war. Das neue Material wurde mit Karten in einer jener schwer zugänglichen Publikationen von beschränkter Verbreitung veröffentlicht, die zur Folge haben, daß Entdeckungen wie diese der Aufmerksamkeit entgehen, bis sie später einmal gefunden und ohne Quellenangabe verwertet werden. Die Von-Hagen-Expedition fand 1952 bis 1956 Fragmente der Straße, die Dr. Petersen durch seine sorgfältige Arbeit entdeckt hatte. Nun erst ist die genaue Route der Expedition Pizarros im Jahr 1532 sowie der exakte Verlauf der Küstenstraße der Inka von Pochos bis zu ihrem Ende in Tumbes bekannt. Dem Autor liegt daran, Dr. Petersens Pionierarbeit Anerkennung zu zollen und ebenso seiner Bereitwilligkeit, ihm alles Material zu überlassen, und seinem Vertrauen darauf, daß es ausgewertet und dankbar anerkannt würde, was hierdurch geschieht. Auf seiner Grundlage konnte die endgültige Landkarte des Verlaufs der Inkastraße erstellt werden.

Tumbes war das Ende oder, wenn man von dort startete, der Anfang.

Tumbes, oder vielleicht korrekter «Tumpiz», war vom Meer aus zu sehen. Es lag damals nahe an der Küste, wo der Tumbes-Fluß ins Meer mündet. Tumpiz war einst mit der Küste durch eine mit Stein gepflasterte Straße verbunden. Die Stätte ist nicht das moderne Tumbes, sondern das jetzige «San Pedro de los Incas». Die Küstenlinie hat sich verändert; es wird jetzt dort Reis angebaut, aber auch so ist noch ein Teil des Steindammes zu sehen, an dem verkümmerter Reis wächst.

William Prescott hat, weil er mit den Originaldokumenten arbeitete, die Geschichte gut erzählt: wie Pizarro und seine Männer nach fünf schlimmen Jahren der Suche – indem sie dem Küstenverkehr von Balsa-Booten, die von Tumbes nach Norden fuhren, folgten – an die Küste jener legendären Stadt gelangten. Die Spanier kamen 1527 zuerst nach Tumbes – damals nicht als Eroberer, sondern mit dem Wunsch, Beweise für den fabelhaften Reichtum Perus zu finden. Pizarro war der Kapitän des Schiffes, das sie dorthin brachte.

Alonso de Molina und ein Negermatrose namens Ginés wurden dazu bestimmt, die erste Erkundung der Stadt durchzuführen. Der Bericht von goldbedeckten Tempeln, den sie zurückbrachten, erschien so übertrieben, daß Pedro de Candia ausgesandt wurde, um ihn zu bestätigen. Obwohl Candia mehr diensteifrig als intelligent war, konnte man sich in diesen Dingen auf ihn verlassen. Er bestätigte nicht nur Molinas Beschreibung, sondern ergänzte sie noch, indem er von den Tempeln der Sonnenjungfrauen, von den bewässerten Tälern bei der Stadt und den vielen Menschen erzählte, die alle gut gekleidet waren und goldene Gegenstände in den Lippen und Ohren hängen hatten. Wie Candia die Stadt im einzelnen beschrieb, weiß man nicht, aber eine Vorstellung davon, wie sie in ihrer Blütezeit ausgesehen hat, vermittelt die Beschreibung, die Alonso Enríquez de Guzmán gegeben hat, der 1536 nach Tumbes kam. Obwohl die Stadt in der Zwischenzeit im Bürgerkrieg zwischen Huascar und Atahualpa schwer beschädigt und dann infolge der Auflösung der zentralen Verwaltung des Inkareiches vernachlässigt worden war, war sie immer noch «die große Stadt Tumbes, eine von Indianern bewohnte Stadt nahe der Küste. Es gibt hier ein großes Haus [einen Tempel, dessen Ruinen noch existieren], das dem Herrn des Landes gehört, mit Mauern aus Lehmziegeln, die vielfarbig bemalt und poliert sind. Ich sah nie etwas Schöneres. Das Dach ist zwar strohgedeckt, aber bemalt, so daß es wie aus Gold und Silber aussieht.»

Tumbes gehörte einst zum Gebiet der Tallanen. Dieser Stamm, der den äußersten Norden der peruanischen Küste – also dort, wo die Wüste auf den Dschungel trifft – bewohnte, war bekannt für seinen Lippen- und Ohrenschmuck und seine glänzende schwarze Töpferware. Er wurde von den Chimú besiegt, dann von den Inka – um 1470 – und schließlich von Francisco Pizarro und seinen Konquistadoren, die 1532 von Tumbes aus zu ihrem Marsch auf den Inkastraßen aufbrachen, die sie zu Ruhm und Sieg führen sollten.

Das letzte Wort über diese prachtvollen Straßen wollen wir unserem getreuen Führer Pedro de Cieza überlassen. «Obwohl die Straße an vielen Stellen beschädigt und zerstört ist, läßt sie immer noch erkennen, was für ein großartiges Unternehmen sie war und wie groß die Macht jener Inka, die ihren Bau befahlen. Sie ist die schönste Straße in der ganzen Welt und die längste, denn eine ging von Quito nach Chile und die andere von Chile nach Tumbes. Ich glaube nicht, daß es in der Erinnerung der Menschheit eine Straße gibt, die mit dieser zu vergleichen wäre: wie sie durch tiefe Täler, über hohe Berge, durch Schneewälle, Sümpfe, gewachsenen Fels und mit Stützmauern entlang der Flußschluchten verläuft. Überall war sie rein gefegt, hatte Tampu, Lagerhäuser, Sonnentempel und Poststationen auf dem ganzen Weg.

Kann man etwas Ähnliches von Alexander sagen oder von den anderen mächtigen Herrschern, daß sie eine solche Straße gebaut haben könnten?»

C. W. CERAM

«Forschung ist Abenteuer des Geistes, und es gibt nichts, was spannender wäre. Ceram, der sich als glänzender Stilist ausweist, verschmäht bei aller Frische seiner Darstellung jegliche Zutat gefälliger Phantasie, er hielt sich an Daten und Fakten, er gruppierte die Schilderungen der großen archäologischen Taten wie ein Dramatiker seine Szenen. Und auf diese Weise reißt Ceram Einblicke durch die Geschichte der Jahrtausende auf, und eine tiefschichtige Welt tut sich auf, Wahrheiten voller Wunder.»

Die Zeit, Hamburg

Der erste Amerikaner

Das Rätsel des vor-kolumbischen Indianers

Mit 60 Zeichnungen von Hannelore Marek · 376 Seiten mit 36 einfarb. und 8 mehrfarb. Tafeln · Geb. Preiswerte Sonderausgabe

Götter, Gräber und Gelehrte

Roman der Archäologie

448 Seiten mit 54 Abbildungen im Text und 51 Bildern auf 9 mehrfarb. und 32 einfarb. Tafeln · Geb.
Taschenbuchausgabe: Mit 51 Abb. u. 4 Karten
rororo sachbuch Band 6790

Götter, Gräber und Gelehrte im Bild

Mit 310 Abbildungen, Zeittafeln und Index
rororo sachbuch Band 6725

Ruhmestaten der Archäologie

Götter, Gräber und Gelehrte in Dokumenten

rororo sachbuch Band 6902

Enge Schlucht und Schwarzer Berg

Die Entdeckung des Hethiter-Reiches

Mit 55 Abbildungen auf 32 Tafeln und 47 Abbildungen im Text
rororo sachbuch Band 6627

Eine Archäologie des Kinos

Mit Literaturangaben und Register im Anhang.
264 Seiten mit 293 Abbildungen auf 168 Tafeln. Geb.

KURT W. MAREK

Provokatorische Notizen

156 Seiten · Kartoniert

ROWOHLT